国家社科基金重大项目“中国近代日记文献叙录、整理与研究”

（项目编号：18ZDA259）阶段性成果

日记研究丛书

张剑 徐雁平
主编

编织的艺术

萧穆日记中的书籍与文学世界

徐雁平 著

凤凰出版社

图书在版编目（CIP）数据

编织的艺术 ：萧穆日记中的书籍与文学世界 / 徐雁平著. -- 南京 ：凤凰出版社，2023.7
（日记研究丛书 / 张剑，徐雁平主编）
ISBN 978-7-5506-3970-6

Ⅰ. ①编… Ⅱ. ①徐… Ⅲ. ①萧穆－日记－研究 Ⅳ. ①K825.6

中国国家版本馆CIP数据核字(2023)第135707号

书　　　名	编织的艺术:萧穆日记中的书籍与文学世界
著　　　者	徐雁平
责 任 编 辑	陈晓清
装 帧 设 计	陈贵子
责 任 监 制	程明娇
出 版 发 行	凤凰出版社(原江苏古籍出版社) 发行部电话025-83223462
出版社地址	江苏省南京市中央路165号,邮编:210009
照　　　排	南京凯建文化发展有限公司
印　　　刷	江苏苏中印刷有限公司 江苏省泰州市经济开发区鲍徐镇,邮编:225315
开　　　本	880毫米×1230毫米　1/32
印　　　张	7
字　　　数	182千字
版　　　次	2023年7月第1版
印　　　次	2023年7月第1次印刷
标 准 书 号	ISBN 978-7-5506-3970-6
定　　　价	72.00元

(本书凡印装错误可向承印厂调换,电话:0523-82099008)

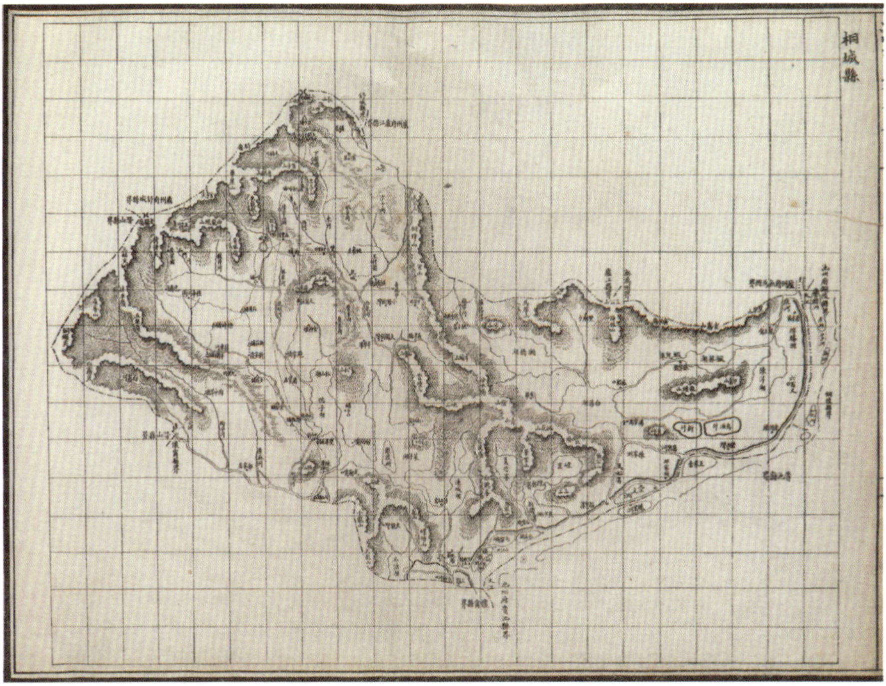

桐城县图，选自光绪二十二年上海点石斋印《江南安徽全图》。此图可大致看出萧穆在桐城县内活动范围。地图右边标出长江中的和悦洲，这是萧穆乘轮船外出或返回的中转站。

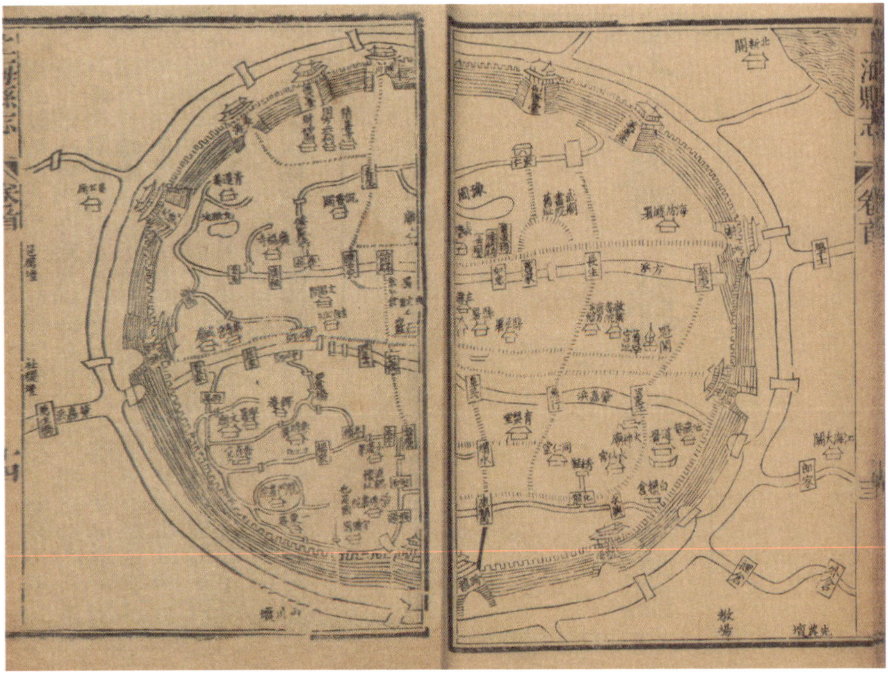

上海县城图，选自同治《上海县志》。其中城门、县署、道署、书院皆标识清楚，萧穆日记屡屡提及。

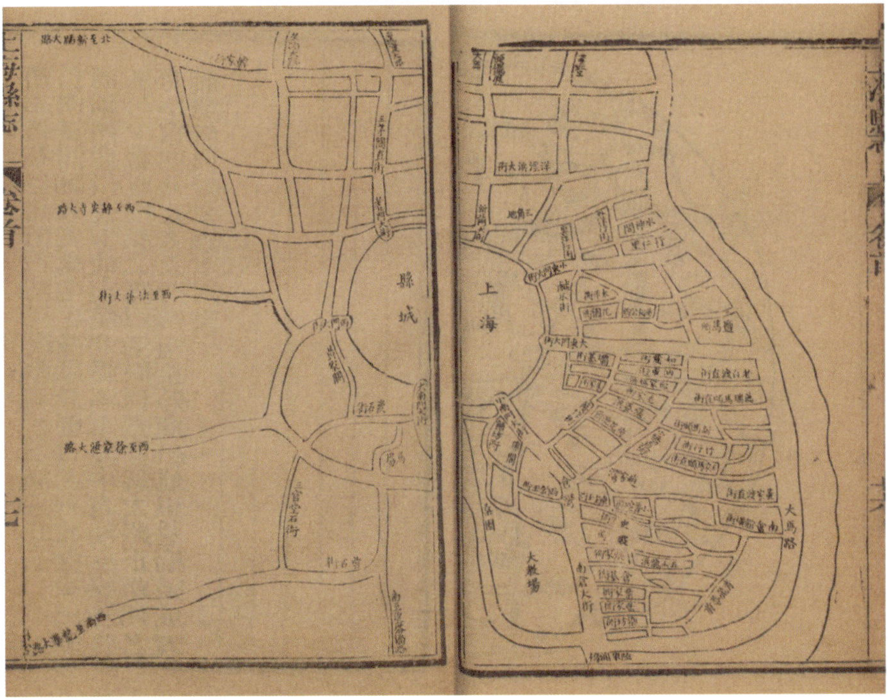

上海县城内外街巷图，选自同治《上海县志》。所示街巷，可与萧穆日记所记对照。

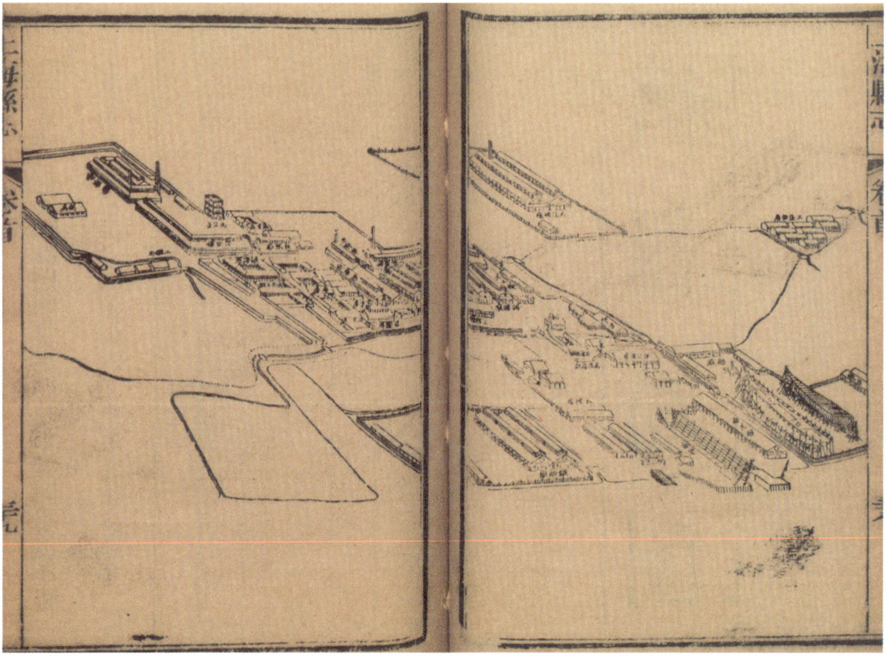

机器局图，即江南制造局图，选自同治《上海县志》。萧穆谋生的广方言馆在图右半部分的中间位置。

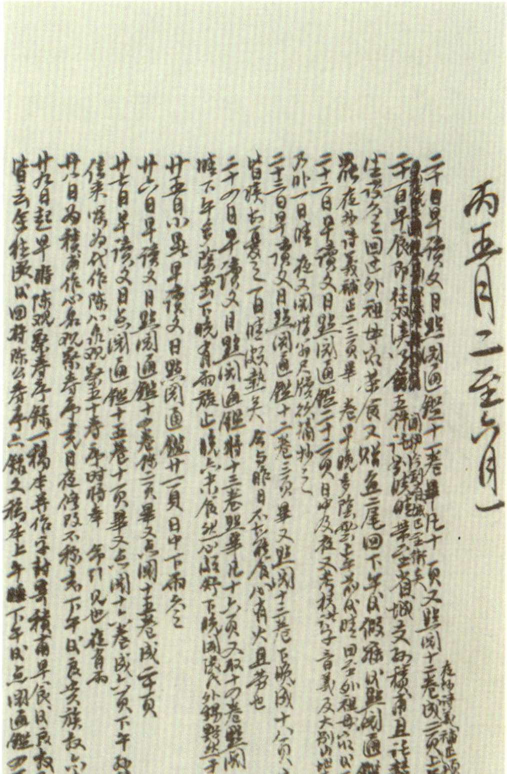

萧穆同治五年日记的一页，选自《上海图书馆藏稿抄本日记丛刊》。

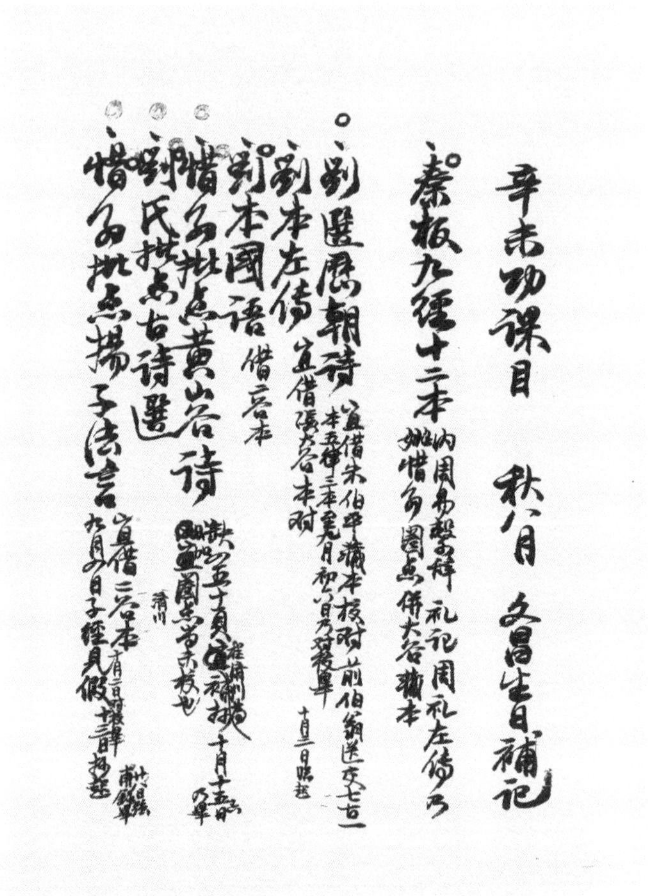

萧穆《辛未功课目》（部分），选自《萧敬孚丛抄》（五），《晚清四部丛刊》本。

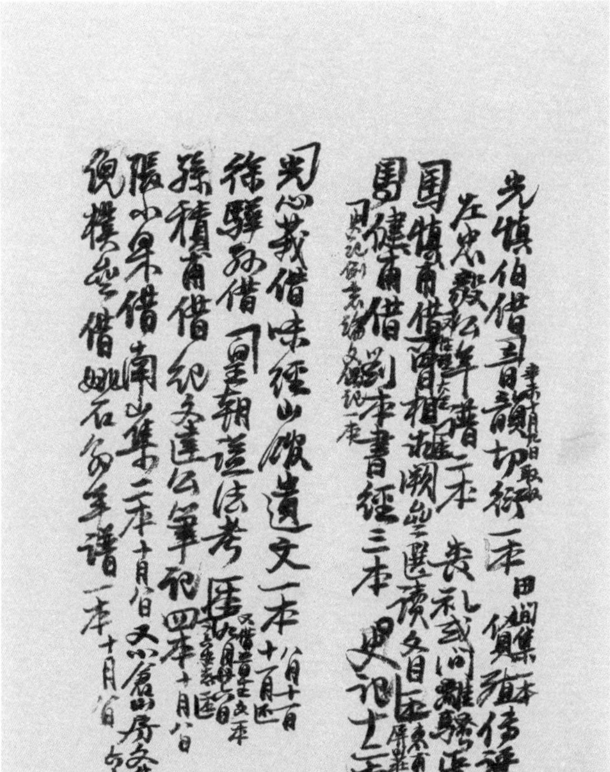

萧穆藏书借出登记（部分），选自《萧敬孚丛抄》（五），《晚清四部丛刊》本。

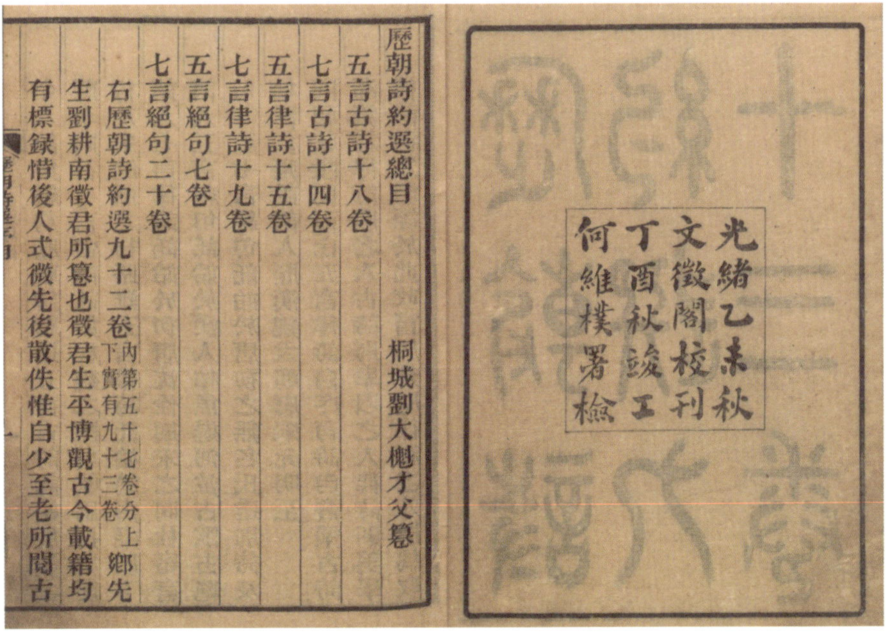

歷朝詩約選總目　桐城劉大櫆才父簒

五言古詩十八卷

七言古詩十四卷

五言律詩十五卷

七言律詩十九卷

五言絕句七卷

七言絕句二十卷

右歷朝詩約選九十二卷內第五十七卷分上下實有九十三卷鄉先生劉耕南徵君所簒也徵君生平博觀古今載籍均有標録惜後人式微先後散佚惟自少至老所閱古

光緒乙未秋

文徵閣校刊

丁酉秋竣工

何維樸署檢

萧穆筹资、编辑、刊印的刘大櫆《历朝诗约选》。

“日记研究丛书”总序

日记作为一种文献类型和书写方式，在中国具有悠久的传统。近几十年出土的秦汉文献中，出现了“秦始皇三十四年历谱”“王奉世日记”“元延二年日记”这样带有逐日记事性质的简牍。命名是考古工作者所拟，反映出学界对此类文书的类型判断还不一致，但不可否认的是，它们已初步具备了日记的基本形态。

降及宋代，“日记”作为一种文体之名开始正式使用。当时名公巨卿多有日记，南宋刘昌诗《芦蒲笔记》卷五即收入北宋赵抃的《赵清献御试日记》，惜宋人日记存世数量不夥。明清以来，日记蔚为大观。据我们不完全的统计，仅 1840—1911 年间有日记存世的近代人物，就超过了 1100 位。时至今日，日记更成为中小学语文课外写作指导的重要内容，其数量之多，已难以具体统计。

在今人观念和多数工具书的定义中，日记一般指对每天所遇到的和所做的事情的记录，有的兼记对这些事情的感受。这其实道出了日记作为一种独特而又重要的文献，内容无所不包、具有百科全书性质的特点。从古人对日记丰富多彩的别称：日历、日录、日钞、日札、日注、日笺、日纂、日谱、日识、日志、小乘、小钞、小录、游录、密记、笔记、游记、客记、征记、琐记、载笔、笔略、纪略、纪程、纪事、纪闻、路程、云烟……也不难领略日记的基本特点。可以说，无论就知人还是论世而言，日记都是难得的第一手史料。日记是一人之史，尽管存在视角受限、立场局限和日常琐碎等诸多问题，但它所呈现的私人化、细节化、现场感等构成了一种独特的历史表现方式，具有其他史料所不能及的特殊价值。日记这些方面的特点，恰好能弥补正史叙事带来的缝隙,与宏大历史叙述之间的有效互动,使历史变得更加情意流转、血肉丰满。近人籍忠寅认为,“求古人之迹,高文典册不如友朋书札,友朋书札不如日夕记录”(《桐城吴先生日记序》),也道出了日记的特别之处。

尽管中国日记有着悠久的传统,但现存的大量日记主要产生于清代。尤其是最近二百年,堪称日记的集大成时期,中国日记的典范也在此期形成群体规模。人们耳熟能详的重要日记,如《曾国藩日记》《越缦堂日记》《湘绮楼日记》《翁同龢日记》等,都出现在这一时期。从各方面来说,这一时期的日记内容最为丰富、体式最为完备、数量最为庞大,可以视作中国日记的辉煌典范。这一时期的中国“历三千年未有之大变局”,古今之变与中西之争成为时代主潮。鸦片战争、太平天国运动、洋务运动、甲午战争、戊戌变法、义和团运动、清末新政、新文化运动、抗日战争……一系列令人瞩目的事件映射出政治、经济、文化、军事、思想等各个领域的新动向。此期,中西文明在“体”“用”诸层面形成有意味的冲击与反应,而内生的中国本位的文化也迎来新的征程。从 1840 年到 1949 年,古老的中华文明经受了历史的淘洗、西方的冲击、时代的检验,最终以全新的姿态迎来新的发展阶段。波澜壮阔的大时代变迁,不仅见诸煌煌正史,而且在诸多私人文献里也有真切具体的传达。日记就是其中极具价值的一种。作为“准传记”和时代备忘录,日记包含自我叙写,承载集体记忆,对于理解当代中国的“近传统”具有特殊意义。可以说,这一时期的日记是中国日记最重要的样本,可以作为分析中国日记传统、探究中国日记文化的范本。

有鉴于此,整理和研究这一时段的日记也成为当前中国日记研究的热点。例如,张剑、徐雁平、彭国忠等人主编的以日记为主要内容的“中国近现代稀见史料丛刊”,自 2014 年起,每年一辑,陆续在凤凰出版社推出,目前已经出版八辑,其中整理的日记超过百种。在相关典范日记出版物的引领下,最近十年,日记的影印、整理以及阅读需求不断升温，仅以近百万字和百万字以上的近现代名人日记整理成果而论，就有《翁心存日记》(2011)、《翁同龢日记》(2012，中西书局新版)、《徐兆玮日记》(2013)、《管庭芬日记》(2013)、《钱玄同日记》(2014)、《徐世昌日记》(2015)、《荆花馆日记》(2015)、《张謇日记》(2017)、《袁昶日记》(2018)、《张棡日记》(2019)、《皮锡瑞日记》(2020)、《王伯祥日记》(2020)、《徐乃昌日记》(2020)、《赵烈文日记》(2020)、《蒋维乔日记》(2021)等。此外，据闻《何绍基日记》《李慈铭日记》《叶昌炽日记》《袁昶稿本日记》《谭献稿本日记》《萧穆日记》《杨树达日记》《潘重规日记》等整理本也即将推出，成果可谓丰硕。

如上这些成果在为学界提供丰富文献的同时，也对日记研究提出了更高要求。早在二十世纪上半叶，日记就不仅是文人案头的读物、交流的谈资，而且成为文史研究的重要资料。由此催生的日记体文学，还在新文学运动中，作为文学生力军冲锋陷阵，为新文学的开拓立下汗马功劳。胡适、鲁迅、周作人、郁达夫、丁玲、阿英、赵景深等人都为日记研究和日记文学的繁荣做出过突出贡献。他们不仅将日记作为静态文献加以研究，也将其视作呈现个人生命历程的“人的文学”大加提倡，试图以此突破“载道”传统，为文学开辟抒情和个人化的新路。但总体而言，此期人们能够利用和乐意利用的日记数量还较有限，日记研究尚处于起步阶段。进入二十一世纪，日记研究特别是近现代日记研究有了长足进步，涉及政治史、环境气候、地域文化、阅读史和书籍文化、传记学和个体意识、经济史和生活史、灾难史和疾病史、易代之际的科举和教育、日记与文学、域外游记和出使日记、日记作者和版本形态、日记研究的理论和方法等诸多方面。然而，与丰富的影印和整理成果相比，日记研究仍显薄弱，还存在诸多尚待深入和丰富的空间。比如，近现代日记“有什么”，这是从前日记研究关注的重心，相关研究也多从各个学科和研究目的出发，挖掘带有倾向性的材料。这固然有助于推动各领域的研究，却不免将每一部日记肢解，使得日记成为纯粹的研究客体。今后的日记研究，应当致力于恢复日记的主体性，在重视史料发掘的基础上超越史料学，即不仅将日记视作材料库，还要更加注重日记“是什么”，充分认识到日记对于中国历史人物的生命世界和文字世界的重要意义；充分认识到从琐碎的衣食住行和个人的纷杂经验中，整体展现中国文人士大夫的家国记忆与生活图景的必要性和特殊价值；进而在更高层次上揭示日记等的特质与表达方式，探讨新的研究方法，提出新的问题，总结具有中国气派的日记研究理论。这些无疑需要文学、史学、社会学等多学科学者的共同努力。

日记作为中国文化宝库中的重要文献，已经走过了两千多年的历程，今人理应充分挖掘日记的价值，使其在当前的学术研究和文化建设中发挥更为重要的作用。因此，我们特推出这套“日记研究丛书”，希望丛书的出版，能为方兴未艾的日记整理与研究提供切实有用的借鉴，同时衷心期待广大读者对我们的工作予以批评、指正和帮助。

目　次

引　言

如果不关注桐城派，可能不会太留意萧穆（1834—1904）。然而这位无科名的底层读书人，引起了钱穆的关注。钱穆先是在写《中国近三百年学术史》时将萧穆列入，到1962年写《学术与风气》一文，再次提及萧穆所在的晚清学人群体："今再自一八二八年起，就我《近三百年学术史》附表摘录其姓名，如：黄以周、李慈铭、谭献、王闿运、李文田、陆心源、吴大澂、戴望、黎庶昌、杨文会、薛福成、刘寿曾、洪钧、杨守敬、萧穆、吴汝纶等，此等人在学术上之成就及其著作，亦当归入为此一时代之业绩。"①萧穆所在的行列颇为可观。现在我们所见关于萧穆的生平介绍，较为直接的文献来源是陈衍、姚永朴、马其昶撰写的传记，以及吴孟复撰《文献学家萧穆年谱》②；萧穆的著述目录，以刘声木《桐城文学撰述考》卷一所录最全，然刘氏列出的十一种萧穆著述，刊出的只有《敬孚类稿》《历朝诗约选》《句容县志》三种。其中《句容县志》是萧穆参与编纂，流传有限，影响力甚微；《敬孚类稿》是萧穆病逝后，由友朋助刊行世；萧穆生前能看见的只有《历朝诗约选》，然这一大书，出自刘大櫆之手，萧穆还是以编刊者身份静立刘氏身后。

---

① 钱穆《中国学术通义》，九州出版社，2011年，第264—265页。

② 这些文献作为附录收录在萧穆著《敬孚类稿》（黄山书社，1992年）"附录"中。姚永朴《萧敬孚先生传》有语云："萧先生讳穆，字敬孚，桐城诸生。少谒曾文正公于安庆，文正语人曰：'异日缵其邑先正遗绪者，必此人也。'先生屡应江南乡试不售。"《敬孚类稿》附录二，第559页。

在钱穆所列举的学人名单中，萧穆应该不会仅凭二三种著述就能立足于这一行列，因而或许还有更多未知的内容或者判断影响力的方式。如钱穆文章标题“学术与风气”指明，要了解萧穆，有必要回到晚清的学术风气之中。就了解萧穆而言，不能只见其著述之迹，而要“论其世”。萧穆日记的留存①，为把握、捕捉或者再现这种风气提供了一条“论其当世行事之迹”的路径②。以下就节选日记的三个片段，初步勾勒出萧穆彼时的身影。

> （同治八年三月初三，在桐城光慎甫家）与慎伯坐谈一切，茶食。慎伯并出其令祖栗园先生手抄藏书目录十余册见示，殊多精本，洵为邑中第一藏书家也。尚有《龙眠丛书》残板数百块堆积堂上，余劝其刷印数部，再行查考，慎伯许之。(30/208)

> （光绪二年十月初六，在上海）入城到龙门书院晤约斋及碘秋，谈话久之。到庸翁处坐谈，翁乃出前刘刻工经手《孙可之集》已刻、未刻板片见示，乃送存约斋处。后到碘秋室坐谈，并阅其所作诗文等件，并留同约斋共午食。后郭筠先侍郎见庸翁谈话，乃同往闻，久之乃去。……（夜间）乃取刻工所写《孙可之集》前后序跋校阅一过。(32/129)

> （光绪十九年十月初一，在上海）上午校徐集卷二十一至二十五，其第二十四卷诸文，陆本无之。……到醉六堂托书伙金云

---

①　萧穆日记收录在周德明、黄显功主编《上海图书馆藏稿抄本日记丛刊》（国家图书馆出版社，2017年），第29—37册。为免繁琐，本书凡是引用该日记，皆依据此影印的“丛刊”本，随文简要标注，如“37/309”表示在第37册第309页。

②　朱熹《四书章句集注》，中华书局，1983年，第324页。

峰代装订前抄《南山集补遗》文诗四本。……接薛叔耘星使八月十八日自英伦敦使署寄信并所作《黎莼斋文集序》一篇，外赠秋节费洋五十元，尚未到。(37/311)

萧穆自咸丰六年二十二岁开始记日记，延至光绪三十年辞世前。今存日记七十二册，缺咸丰六年至九年前四册及光绪二十八年若干册。上录第一则日记记录萧穆在桐城时事，其时他参与编修县志，利用访查文献的机会，到光慎甫家阅书数日，得见光聪谐（栗园）所抄书及《龙眠丛书》板片。这则日记可见光氏后人持守家学，又约略可见雕版印刷时代抄写书籍的风气。稍后几日，萧穆有幸看到光慎伯所出示其祖父光聪谐抄刘大櫆《历朝诗约选》十余册，以及光聪谐校勘的《望溪集》一册。处于隐晦状态的桐城第一藏书家因此逐渐浮出水面，而在桐城一邑，经由萧穆日记还可查考更多的秘本和“稀有桐城文献资源”。

第二则日记记录萧穆初入江南制造局广方言馆时事。其时萧穆入上海县城，到城内龙门书院拜访刘熙载（庸翁）。他先见到沈祥龙（约斋）、袁昶（碳秋），又见到郭嵩焘（筠仙）。郭氏数日后即将从上海出发，出使欧洲。这则日记中还记录萧穆协助冯焌光刊刻《三唐人集》，其中《孙可之集》即将完工，他开始校阅刻工所写该集序的写样。

第三则日记记录了萧穆在书丛中忙碌的一天。他帮助徽商李宗煝编刊《徐骑省集》，其时正在校勘中。日记中所谓“陆本”，或是从陆心源处借到的徐氏集另一版本。重编戴名世《南山集》是萧穆的夙愿之一，他不断抄录累积，此时到书坊装订，可见戴集的搜罗已有规模。在经营这些事情的同时，他通过国际航线与远在英国的薛福成联系，并为薛氏编刊出使日记，又为在川东的黎庶昌自编文集向薛氏求序。在中国西南的黎氏与在英国的薛氏因为萧穆的张罗，建立了关联。

萧穆的日记记录性强，内容颇为丰富，在清代日记的诸多类型中，可归入以日记为著述一类或有意为日记一类。以上所选三则，萧穆所处时间、空间有异，日记中所记载的人与事亦有不同，然其中也有相同处，那就是其中皆有书籍。书籍有奇妙的黏合作用，由静态的书籍延展，可看到抄书、藏书、刻书、编书、校书、印书、著书、售书等活动融合而成的书籍社会。与书籍黏合作用相应的是萧穆的“活动”能力，他不知疲倦地与书打交道，因为书籍的特别力量地推动，他也成为在桐城、上海、川东与伦敦之间的媒介人物。在这个层面上讲，萧穆这三则日记较具典型性，倘若在日记中再找近似的配搭，寻出二三十组应是容易之事。此类现象的常见，恰恰说明这就是底层读书人萧穆的日常生活状态。

从书籍史和文学史的视角阅读内容丰富、记录常态的萧穆日记，不能只看到书和人物，还要看到那些琳琅满目的掌故，以及那些处于流动关系、交流网络和发展过程中的个人与书事①。阅读，或者进入萧穆的书籍世界，就是要在大量的碎片记录中寻找“事情”并阐发其“意义脉络”。文学史的建构，向来是揭示和遮蔽同时发生，在这一框架中引入书籍的生产和流动，可以稍稍松动文学史建构中的策略性和规制，形成更多的缝罅，进而思考书籍史与文学史的构架本身并不自足，需要在多种记载中互补、互释、互照，进而催生新的可能。更进一步，在萧穆日记的范围内，暂不将书籍史视为一种学科或学问，而是一种跨学科、融合多种主题的研究方法。借此方法，在宏观方面，能重审书籍在社会文化中的作用；对于具体面向的文学流派研究而言，能揭示书籍对于文学社群、文学观念的塑造。

目前较常见的桐城派晚期作家日记中，吴汝纶的日记已摘选类

① 就这一研究方向而言，这次萧穆日记的研究延续徐雁平《清代的书籍流转与社会文化》（南京大学出版社，2021 年，收入程章灿主编《中国古代文献文化史》）的研究路径；然也有“书籍史＋”型研究的新尝试，此即“通过问题的关联、研究方法的融合来激发更多问题，贡献更多的方法与理论”，以文学史研究促使书籍史研究更加深入发展。

编;姚永概《慎宜轩日记》记录内容较为简要,且记录者的落脚点时常变动;相较而言,萧穆日记能连续和有意识地集中笔墨记录他在桐城和上海的所见所闻。选择以上三则日记也是有意指示萧穆一生两个主要生活的场景,一是故乡桐城,二是长住之地上海。研究桐城派,当然要重视作为它赖以生长的本土,而陌生、新潮的上海在晚清变动时代进入萧穆的世界,或者说成为萧穆后半生的依托,为考察桐城派提供了一个跳出桐城看桐城派的观察点。这个观察点不仅是地域空间上的位置,也是时代或文化中的立足点,那就是将桐城派诸多人、书牵引进入新的文化环境。在时代的洪流中,上海成为一种融合多种权力、知识、空间的"试验装置",借此"装置",以萧穆日常生活为研究对象,可考察桐城派晚期的诸多变化;而这些变化,在桐城本土不易看到。桐城派在桐城和上海,因为有萧穆的长住和往返,在"落差"和"间隔"之中又保持联系,从而获得更多比照观看其发展的机会。

萧穆现存稿本日记及其繁富的读书杂抄,为研究萧穆及其所处时代提供了丰富的史料。我们当然先要充分开掘萧穆日记的史料价值;其次要考察这些史料赖以产生的背景与关系框架;最后要落实到以书籍为中心的考察探索,那就是如何选择、编织相关记载,形成新的观看角度,寻求晚清文学流派的繁富性质和内部衍生机制。

第一章　咸同时期桐城派的“本土生长机制”

文学流派研究，无论在古代文学研究中还是在现代文学研究中都是备受关注的问题。何谓文学流派，是研究这一问题的必答题。在诸家论说中，以《中国大百科全书》的界定较为完备：“文学发展过程中，一定历史时期内出现的一批作家，由于思想倾向、艺术主张、审美观点和创作风格相近，自觉或不自觉地形成的文学集团和派别，通常是由一定数量的作家群与其代表人物组成的。”[①]然或因篇幅限制，这一界说未对流派形成和发展的动力、机制等重要问题予以论说，此外，也只宽泛地提及“一定历史时期”，对流派延续的时间及其意义亦未能展开。

桐城派作为一个文学流派延续二百余年[②]，在中国文学史或世

---

① 《中国大百科全书》第23册“中国文学”(第2版)，中国大百科全书出版社，2009年，第327页。此词条所涉流派构成诸要素如自觉意识、艺术风格以及命名方式等问题，陈文新《中国文学流派意识的发生和发展》(武汉大学出版社，2007年)有较充分论述。古代文学流派研究，陈文新、陈才智皆认为程千帆先生1983年提出并实践的“唐宋诗歌流派研究”具有标志意义，见陈才智《中国传统文化中诗歌流派范畴的理论性建构》，《河北大学学报》2018年第2期，第18—19页。

② 多数学者认为桐城派延续二百余年。钱穆《史记导读序》将桐城派上溯明代、下迄清末，以为三百余年。见《新亚遗铎》，生活·读书·新知三联书店，2004年，第702页。王达敏以为桐城派应以姚鼐为开端，下限应该到1949年，分别见王达敏《姚鼐与乾嘉学派》，学苑出版社，2007年，第1页；《论桐城派的现代转型》，《安徽大学学报》2015年第6期，第58页。

界文学史上,无论如何评量,都是一个令人瞩目的文学现象。因桐城派所涉问题深广、流派意识明确、作家群体庞大、留存文献丰富、传衍时间久远,对于全面研究中国文学流派而言,是十分难得的"样本",具有难得的典型性,这也是近二十年来桐城派研究兴盛的原因之一。欲探寻这一文学流派延续及拓展的机制,有必要从"较长时间"(亦即"中时段")来考察[①],同时,"较长时间"还要落实到具体空间,也就是说研究桐城派要回到桐城本土。人能弘道,一个文学流派的传承,必须代有人才,尤其是对于桐城派这一有鲜明地域标记的文学流派而言,桐城必须不断有人才应时而出。事实上,桐城派或桐城一县文化达到如此兴盛境地或有持久的荣光,本土人才所起作用至为重要。姚鼐以其高寿延续文脉及其长时间书院讲学造就了桐城人才的高峰;此后,作为姚氏弟子的方东树以讲学培育出一个以桐城籍为主附带来自周边县的文人群;稍晚于方东树的吴汝纶北上直隶,集结部分桐城籍文人,吸纳北方弟子,使得桐城派这棵老树生发新枝[②]。单就桐城本土而言,自戴名世及方、刘、姚以来人才辈出,且皆有代表性人物;这些次第出现的文人群体可以在"内部"或"根据地""大本营"保持桐城派的长久发展。

萧穆咸丰十年(1860)至同治十一年(1861)的日记[③],基本是以桐城为中心,其中有桐城一地文人活动及书籍交流的详细记录,内容

---

① "中时段"概念借鉴年鉴学派学说。见[法]费尔南·布罗代尔著,刘北成、周立红译《论历史》,北京大学出版社2008年版,第32—33页。

② 这两个文人群体大致情况分别见《桐城文学渊源考》卷八与卷十。刘声木撰,徐天祥点校《桐城文学渊源考撰述考》,黄山书社,1989年。

③ 萧穆的日记时间跨度较大,此处选用他现存日记前面的一部分,即从咸丰十年至同治十一年,共计十三年作为研究范围。之所以选择咸丰十年至同治十一年,是因为这一时期萧穆与桐城联系密切,同治十二年后他主要在上海广方言馆谋事,本书后三章展开讨论。这十三年中萧穆有四年多在开封、安庆、江宁等地,故可真正利用的日记有八年。

与他日后长住上海时期的日记有明显不同。本章虽选择较短时段的日记作为分析讨论对象，但萧穆日记颇具“延展性”，所记录的诸多活动是未完成状态，是“进行时”，从中可预推桐城派的未来发展，如吴汝纶作为代表人物的兴起以及马其昶学术地位的确立；同时，因为萧穆所记种种书籍，是过去诸多书籍或学术活动的延续，不是一个静态的存在，其中暗含“前史”或者是“过去进行时”状态，如桐城文人掌故、批点本流传、戴名世著述的保存与复活，皆有或显或隐的轨迹。其中日记中所记录的诵读、抄写、过录批点、重编选本、互批习作，有较明显的“手艺”特征。桐城派研究中引入“手艺”概念或视角，是借用或找回被忽略的、然而存在于日常生活中的“光亮”，循此光亮，有助于重新思考桐城派的发展机制和延续时间；同时由萧穆日记所记，可部分回溯性重构嘉道时期甚至更早时期桐城境内的人文生态，并利用作为媒介的书籍重构一个萧穆所经历的基层文人世界。

要言之，萧穆咸同时期的日记不单是“我史”的记录，也是桐城地域文学史或文化史的一个片断或侧面；而日记作为一种文体或文献类型的特色及其功用，因为萧穆的用心记录，在此得以充分展现。桐城派不单是一个名词、一系列理论，或单指桐城文章，也是指一个动态的流派形成过程，发展过程中有固守，更有吸纳、微调和自我更新。桐城派研究已有丰富的积累，研究所依据的文献也在不断扩展，基于萧穆咸同时期日记的研究，更能揭示桐城可以作为清代地域文化研究的样本的意义[①]，也能证明内涵丰充的桐城派可作为中国文学流派中的“桐城模式”。

① 相关研究，可参看徐雁平《论桐城可作为清代地域文化研究的范本：以世家联姻与文献编刊为例》，见《安徽史学》2019年第4期，第134—142页。

第一节　桐城县境内的“家家桐城”

考察一地人才蔚起，常会联系人才赖以生长的土壤，延及山水、风俗或文化积累等诸多因素。书籍作为文化积累的重要表征，对一地的人文风气有涵养之功是毫无疑问的；然如何涵养，如何作用？通常研究多关注知名藏书家和典型地区（如江南地区）之间的关系，而不入藏书名家行列的一般读书之家以及在江南以外的其他地区，书籍与文化、文学的关系如何展开，其脉络如何，往往因为文献以及研究的缺乏，不能细致再现。

桐城境内的书籍交流网络背后有人际关系网作为依托，人际关系网主要包括三方面：其一，是同宗同族关系，如萧穆交往的马瑞辰子马三俊，马三俊子马复震，方东树从弟方宗诚，方宗诚子方守彝、方涛，苏惇元子苏求庄、苏求敏等；其二，是姻亲关系，由此而串联起来的群体对桐城地方文化的发展，无论在空间层面还是时间维度上皆有决定性的影响①；其三，是师承关系。以《桐城文学渊源考》卷八为例，主要收录师事方东树的弟子或再传弟子，但实际上再传弟子中，转益多师现象普遍②。因为姻缘、学缘的拓展，以同宗同族的血缘关系缔结群体的方式得以改变，特别是学缘，较大地改变或丰富了桐城文人结交的方式。桐城文人多以主讲书院或作塾师为谋生职业，萧穆亦多年以授徒为业，在他的日记记录中，方宗诚也有类似经历；此

---

①　桐城各家族知名人物联姻情况的初步梳理，可见徐雁平编著《清代文学世家姻亲谱系》，凤凰出版社，2010 年，第 168—204 页。

②　如戴钧衡、方宗诚、苏惇元师从方东树，马起升则“师事世父马树华、戴钧衡，受古文法，继复师事方东树，又从苏惇元、文汉光问学”，文汉光“师事戴钧衡、张敏求，复师事方东树”。刘大櫆族裔刘宅俊师事方东树，方宗诚子方守彝师事郑福照。见《桐城文学渊源考撰述考》，第 267、269 页。

外，还有其他桐城塾师的身影。教书职业的流动特征以及与读书之家接触的有利条件，促进了书籍在桐城境内的交流。

萧穆的职业与活动范围与他对待科举考试的态度相关，他的这种态度或人生选择颇有代表性，他明知举业的重要性，拜见曾国藩时，曾氏也提醒他留意；他也多次参加考试，然至少从日记所记来看，并未全力以赴，他对桐城文献及学问的兴趣和投入明显在举业之上。与萧穆的同乡挚友吴汝纶相比，因为吴汝纶考中进士，两人此后便有不同的人生道路；萧穆的道路则是辗转求人，在安庆、开封、江宁、苏州、上海谋出路，做塾师、幕僚、修方志。较为安稳的时段，每月可得十四两银子的酬金，就一位无科名的文人而言，这在咸同时期，应算是较理想的收入[①]。萧穆的人生选择或谋生的路径，是嘉道以来底层文人群的代表，这一数量不小的文人群，因无科名，主要依靠教书、帮显达或知名学者、藏书家编书为生，如朱文藻、黄金台等就在此列[②]，他们没有选择余地，逐步成为“职业读书人”；而清代社会存在的这种空间，也可能成为古代学术向近现代学术转变的铺垫。萧穆在举业之外致力乡邦文献的搜集与编刊，马其昶在《桐城耆旧传》中曾述及：

> 家世为农，小时父督之耕，泣而受杖，潜入塾中问字。遇名流宿学必敬礼，随所往。辄手提布帙，裹书数册。闻某所有异本，必钩致之。……益留意乡邦文献，叩以前闻轶事，其所不知，

① 张仲礼对十九世纪绅士的平均收入有大致推算，若是生员作塾师，每年收入 18—50 两银子，有绅士身份的塾师平均每年 100 两银子。见张仲礼著，费成康、王寅通译《中国绅士的收入》，上海社会科学院出版社，2001 年，第 97—101 页。

② 相关研究，可见陈鸿森《朱文藻年谱》，《古典文献研究》第 19 辑下卷，凤凰出版社，2017 年；徐雁平《用书籍编织世界：黄金台日记研究》，《学术研究》2015 年第 12 期。

未有能知者也。①

一生好学、志向明确以及行迹记录完整,使得萧穆的人生轨迹较为连续、明晰;循此轨迹进入桐城一县之内,众多的文人学者或读书之家,得以串连呈现。经统计,在桐城八年的日记中,萧穆借阅的私人藏书有68家,这些"碎金"式的藏书散布在桐城一县各地。清代桐城,以县城为中心,有东乡、西乡、南乡、北乡之分,萧穆家在南乡(今枞阳横埠乡),离长江不远,据日记所载,他从无为土桥镇乘船回家,朝发夕至;若到县城,如同治九年闰十月日记记载,从家出发到钱家桥,经三十里至孔城镇,再行三十里到县城(30/421);咸丰十一年他在桐城某家教馆,回家路程是先到破岗,行船二十余里至双溪(离龙眠山较近),再到镇管店,经马家山,然后到家②(29/276)。因为古今地名变迁,只能尽力据此还原萧穆的生活空间:家离县城远,出门多舟行,时经过孔城镇。桐城县城很重要,但不是全部书籍的来源地,萧穆有更广阔的天地,他经常走乡串户查访书籍。68个"藏书点"可以用咸同时地名确定者分列如下:

马心锴,王家嘴;程锦,双溪;方振卿,双溪;马木庵,宕村;"某家",新圩;谢省莽,水围大村;鲍氏,陈家洲;光慎甫,县城东门小街;吴棣村,吕庄;徐宗亮,皋庄;周宪印,南山巷;张星五,县城;光慎伯,石庄;左鸿遇,宕村;吴汝纶,刘庄(离县城较远);张大谷,石门冲(离县城十余里);程曦之,唐家湾;周芑诒,老庄;程际云,孔城镇。

萧穆对山野间路线及里程数的记录,贯穿于日记中,无意中勾勒出有特色、有辨识度的"地方空间",其中有书籍的流动,也有在途中或其他人家偶遇其他读书人之事。正是这些不经意的记录与人事,

① 马其昶著,毛伯舟点注《桐城耆旧传》,黄山书社,1990年,第445—446页。

② 破岗在今桐城市区南75千米,见徐成志主编《桐城派大辞典》,商务印书馆,2019年,第74页。

桐城日常生活的一面才得以呈现。据萧穆日记，马心锴家大致位置是：从桐城县城出发，“行三十里到金冲墩，又四五里到王家嘴，乃至其寓”(29/546)。张大谷家大致位置是，出县城到成冶铺，再行二三里即石门冲(29/545)。在以上所列68家之中其他诸家，住在县城的可能有几家；此外，据新修《枞阳县志》，姚莹家在牛集乡，方受畴家在浮山乡，吴汝纶家在会宫乡，汪志伊家在双铺乡(属西乡)，方履中家在南乡，光昇家在北乡，刘大櫆住陈家洲(属东乡)。总体看来，这些大大小小的读书之家，大多分散在各村庄。相较那些聚居型的家族如苏州平江街区、常州白云溪、常熟虞山脚下南泾堂西泾岸一带，以及福州三坊七巷等，桐城境内呈现的是“满天微星式”的分布样态，这一样态更有利于整个区域文化的多方面发展。方宗诚、吴汝纶皆得桐城本土人文资源的滋养，而在他们二人之外，在萧穆日记和姚永概日记中，还有更多声名较小的文人以及散布在桐城一县之内的小型藏书，这是桐城派生长的沃土。星散状态而不是过分集中，使得以家为单位的文化传承在空间分布上呈现相对“均衡”[①]，有利于整体性的地方文化生态的形成。

家中藏几种书，乃读书之家常态。桐城读书之家能更进一步，颇有意于保存旧书旧物，并视之为一种“文化标准”。姚濬昌有一则笔记云：“与诸儿谈人家能出得高曾以上旧物数件，不独知为旧家，且子

---

① 这种“均衡”状态，可为反思“集市辐射说”提供一条路径，提出此说代表人物是施坚雅和杜赞奇，后者认为“集市辐射半径在限定联姻圈和其他社会圈方面有着重要作用。”然而有学者认为此说欠妥，认为历史和家族的因素是主导，联系作为集市中心的桐城县城和关键小镇孔城镇在桐城文学版图中的作用并不突出。笔者认为此一质疑之说较符合本土情状。[美]杜赞奇著，王福明译《文化、权力与国家：1900—1942年的华北农村》，江苏人民出版社，1994年，第18—20页。此处论说参见王庆成《晚清华北的集市和集市圈》，原载《近代史研究》2004年第4期，后收入胡英泽、张俊峰主编《区域社会史研究读本》，中国社会科学出版社，2018年，第223页。

孙必贤。若示人不过珠玉锦绣,则其子孙必不肖。何也?不重祖宗手泽,则心地浇薄;不好古,则感气轻浮。天下未有浮而能久长者也。”[①]重视“旧物”与“祖宗手泽”,造就了桐城“满天微星式”的读书之家。68家的藏书总量或不如江浙一大藏书家之规模,对于萧穆而言,这一散布山野的藏书犹如一个隐伏的网状书库,他要看到书,必须与人交往,或有中间人介绍,或必须与人交谈。萧穆日记中出现频率最高的句式是“与某某谈”。交谈,或谈文论学,或谈掌故轶事,或谈乡间琐事,或谈外间动态。因为密集的交谈,萧穆发现了许多书籍收藏线索,其中有些量小的藏书,他可以一次翻阅,还可将书目借回抄录,如同治九年抄录过叶章民(或与叶酉同族)的书目,在光慎伯处看过其祖光聪谐的“手书书目”,同治十年八月看“强甫”(苏惇元子苏求庄)的家藏书目。也有不少人的藏书是渐次向萧穆开放,如日记中有“抵押式”的“质借”,一部大书册数较多,先借数册还后再借,还有一些书,必须通过深入的交谈,或者终被萧穆热爱乡邦文献的诚心所打动,一些稀见之书才露出真面目,因此如程际云(小亭)、方涛(山如)、许子受、吴棣村、马起升(慎甫)、姚振之、徐宗亮(椒岑)、张星五、方宗诚、张大谷、方小梁、程曦之等人的藏书,萧穆曾多次借阅,其中方涛、方宗诚的藏书在日记中有长时间借阅记录。

萧穆早就有保存桐城地方文献的志向,其中几种大书的编辑,如《桐城文录》[②]以及《桐城县志》“艺文志”的编修,可以促使他长时间对本土文献或相关人物密切关注,为他创造更多的“发现之旅”。特别是《桐城县志》的编修,因为县志通常具有“掌故”与“文征”类目,故对桐城众多文人或读书之家有号召力,更是让他接触到诸多私家旧藏,并得知与旧藏有关的故事。或可如此理解,因为机缘以及萧穆的

---

① 姚濬昌《叩瓴琐语》,附《五瑞斋遗文》,民国铅印本。

② 上海图书馆藏有萧穆编辑批注的《周存斋遗文》《吴理庵先生文抄》等抄本,是《桐城文录》的初稿,其中“可存”等批注,可见萧穆如何编选这部地方总集。

诚心，那些散布在桐城乡野的“花朵”因召唤而“绽放”，因为这一特别时节的存在，桐城地方文化生态也较为全面地呈现。

对桐城文献的访求编刊，定然不是从萧穆开始，他只是继承这一传统，并用自己的精勤和诚心推动了相关书籍的流动（见附录1　萧穆同治十年八月《辛未功课目》）；那68家藏书者也并不全是单纯的守护者，萧穆与之比较，只是对桐城文献的搜求更有计划和规模，更有恒心与毅力。同治七年八月二十五日、二十六日日记皆有他的著述设想：

> 余久有葺乡先辈诗文遗书遗事，欲成书数种，遂兹检县志阅之，欲参阅郡书有关桐城事迹者，随时抄纂成帙。（30/138）

拟“抄纂成帙”的就是萧穆在次日日记中所说《龙眠耆旧传》。马其昶撰萧穆传，称其尝出“所纂《桐城文征》《桐城耆旧传状碑志汇抄》写目相示，谓‘异日悉当归子’”[①]。马其昶《桐城耆旧传》之例与萧穆书之例虽有不同，然可互补；萧、马之书，可与《龙眠风雅》《桐旧集》《古桐乡诗选》《龙眠丛书》等组成一个系列。在萧穆日记中，还有一些书目或收藏可纳入桐城文献系列，同治九年十一月二十一日日记记录光慎伯的祖父光聪谐有《桐故》，同治十年四月二十日萧穆冒雨到张季彝处，“借其所藏乡先辈江燕孙所记《桐城人物及科名录》等”（30/477）。同治十年九月二十九日，吴小圃以其父吴希庸（金圃）所辑《桐城名媛诗》四册见示（30/531）。前后相继，守先待后，此类著述乃多年搜求累积的结果；当然，若著述者周边没有文献留存，或者没有响应的同道，桐城人物的志业与事迹或桐城派传承的本土谱系不会如此完备呈现。

若仅有藏书之家，桐城也只能视为有书香、有文化，并未见其特出之处。在萧穆的日记中，这68家所藏书籍数量有限，只有几家藏

---

① 马其昶著，毛伯舟点注《桐城耆旧传》，第446页。

书有自编书目,书目所录超过百种的不多见;然在有限的藏书中,几乎都收存桐城派文献或桐城地方文献,如桐城人物画像、书札、条幅、试卷、家谱、著作的稿抄本和刻本、过录的批点本等等。如此集中出现,是因为萧穆有意搜求所致。他甚至将友朋所藏"地方特色文献"列出书单,以备借阅,如张大谷、张二谷藏书①;从另一角度看,在萧穆视野之外,可能还有不少藏书之家未被查访记录,或者有更为丰富的桐城文献存在。

桐城人保存桐城派文献可以分为两类:一是著作者的后人;一是在著作者后人之外、对这些著作热爱或珍视的读书人。前一类在萧穆日记中可摘录出如下记载:

> 咸丰十年闰六月十五日,借方宗诚祖"展卿先生批选唐、宋、明及国朝诸公七律一本"。(29/197)
>
> 咸丰十一年正月初十,(往双溪,)"方振卿专人送去岁所借《左传》七本来。……余去岁曾借其高祖息翁批点唐诗三本,临未完"。十四日,又借其高祖所阅李诗二本,苏诗八本。(29/226)

类似方宗诚、方振卿在战乱中抢救保存家族文献者颇多,这也是家族后人义不容辞之事,在此之外,还有一批"桐城派爱好者":

同治三年三月十四,借许子受《明史稿》《大金国志》《契丹国志》《元史类编》,"又取《望溪集》十本","又借吴刻《古文辞类纂》十二本,

---

① 萧敬孚的"丛抄"中留存这两张书单:其一"大谷藏书",列书九种,其中有《左传》十二本(海峰圈点)、《古文辞类纂》十二本(石绮临惜翁批点)、《古诗笺》十二本(惜翁圈点,姚少仲借去);其二"二谷藏书",列书十九种,其中《大戴礼记》二本(惜翁批点)、《说文解字》(植翁临惠校)、《扬子法言》(惜翁批点)、《国语》二本(刘海峰圈点)。萧穆辑《萧敬孚丛钞》(五),《晚清四部丛刊》本,第2377—2378页。

乃苏厚子先生临方刘姚三家批点……姚姬传先生《敬敷书院课读四书文》六本”(29/446—447)。

同治四年三月十八日，借得吴棣村“茅抄三苏文、曾文共十四本，中有海峰选本，借一校对也”(29/498)。四月十三日，“以前借吴棣村所藏海峰批点八家文，以欧文、老苏、大小苏、曾文五家一一对毕”(29/502)。

许子受所藏书中，“望溪十本”，或即《方望溪集》；而《古文辞类纂》所谓有苏惇元临方、刘、姚批点，并不是方、刘批点过这部书，而是苏氏将方、刘某些古文的批点过录到选本中；吴棣村藏书中的“海峰选本”，或指刘大櫆精选茅坤的《唐宋八大家文抄》，且有批点。这类收藏，既是家族后人保存先辈著述的责任感，又出于乡人希贤慕古的珍惜之意。

萧穆所借阅的诸家藏书中，多有零碎容易散落之物，如同治五年正月，观张星五所藏张廷玉遗像二幅，“一为冠带像，一小像也，然与端甫所藏《龙眠山庄图》小像各有不同”(29/542)，此语亦顺带指出“端甫”也有收藏；同治八年正月萧穆到周庄刘二姑家，见刘大櫆曾祖刘心曜、刘大櫆弟画像，其中后者有刘大櫆题诗。“刘二姑”或是刘大櫆一族后人，她出嫁之后，仍有传承保护之责。这些画像，与那些稿抄本、零星墨迹一同构成与单纯刻本有别的文献类型；这一类型文献对于收藏者而言更具有亲切性，能昭示那些先人或乡贤前辈“此时此刻与我同在”。此举对于桐城独特的文化氛围或文化传统有一种“晕染”作用，形成“虽无老成人，然典型犹在”的氛围。如果说桐城人文或文学传统在某一时刻有衰败、断裂、解体之事，其迹象应是这类“亲切性”“与我同在”的文献类型从民间的消失。而这种消失，至少从萧穆的日记看来，在太平天国战争中，因为众多桐城民众或读书之家的抱残守阙，虽遭文献损毁厄运，然大体犹存。

同治五年二月初四的日记，萧穆记录了一则并不十分要紧的文字：“(方小梁)五婶母处为取惜翁破手札一纸。”(29/543)就如前文所及萧穆的“刘二姑”一样，这里是方小梁的“五婶母”。虽说读书之家保存文献“人人有责”，但此处“人人”或多是男性，两位没有全名的女性无意中被写出，真可见桐城一县文化涵养之深。

萧穆的日记中，有头有尾的文献收集、编辑之事颇多，就以“惜翁破手札”关联的姚鼐尺牍入手查看，萧穆同治元年三月开始借阅《惜抱轩尺牍》，此后着手搜辑，日记中留下搜辑“进程”：

同治五年正月二十八日，观刘大櫆、姚鼐尺牍墨迹二页。次日借阅(29/542)。

二月初六，张爱涛赠姚鼐手札一纸(29/544)。

二月十六日，在“良叔”家阅“海峰、惜翁、刘石莽尺牍”(29/547)。

九月初二，在黄仰范家观姚鼐致胡砚农信札(29/572)。

同治六年正月初三、初九、十四日，抄惜抱尺牍(30/3—5)。

同治八年三月二十日，在县城抄惜抱尺牍八纸(30/214)。

三月二十九日，“将补抄马氏藏惜抱尺牍装订一册，又将选补望溪惜抱尺牍续装订于选本上”(30/219)。

同治十年四月十八日，托光慎伯抄录光聪谐手录姚鼐尺牍三通(30/476)。

同治十一年六月十三日，“编订惜翁尺牍十卷目录，陈石士原刻八卷共三百首，余合张冯二家所藏及零星搜得共一百一十二首，总共四百一十二首，为十卷，编次仿陈氏而更有移易增补也”(30/613)。

日记中所称《惜抱轩尺牍》八卷本，陈用光编，陈氏弟子郭汝骢辑，后来的高氏写本、杨以增刊本、李鸿章长沙刊本皆以陈用光编本为底本。光绪五年，徐宗亮刊印《惜抱先生尺牍》《惜抱先生尺牍补编》[1]。今通行本《惜抱轩尺牍》八卷所收尺牍411通，与萧穆所说413通接近，

---

① 姚鼐撰，卢坡点校《惜抱轩尺牍》，安徽大学出版社，2014年。据卢坡提供信息，现存姚鼐信札有507通。《惜抱先生尺牍补编》二卷共收尺牍112通，有徐宗亮序，述及咸丰兵燹之前桐城张炜、马起升收藏姚鼐尺牍之事。

则他在战乱后的搜访累积基本奠定后世姚氏尺牍的格局。日记中所记新辑尺牍来源并不完整，然基本是涓滴汇集，泉源在民间。在搜求姚氏尺牍的同时，萧穆对方苞、刘大櫆尺牍亦用力。萧穆在搜求姚氏尺牍时，还应同乡郑福照（容甫）之请，分享所得文献：“又为郑容甫抄海峰尺牍一首、惜翁文一首、尺牍一首，又为考杂事数则并录毕，后又抄惜翁尺牍三四页。”(30/3)郑福照辑《姚惜抱先生年谱》，有同治六年五月方宗诚序。萧穆同治七年五月收到郑氏所寄赠的年谱四部。得赠书四部，或是因萧穆提供了尺牍并帮助考订姚氏年谱中的事实。

对于桐城文献的保存和传统的弘扬，桐城人一方面做一种“连续性”的工作，如不断出现的桐城地方总集；另一方面也在有意无意中做一种“互补性”的工作。譬如，同是“桐城耆旧传”，萧穆用辑录的方式，马其昶则撰写新篇；同是姚鼐著述，萧穆编尺牍集，郑福照编姚氏年谱。现存的桐城文献有难得的体系性，这是今之视昔式的总结；然萧穆、郑福照等在着手做时，尚不能说有整体规划，然至少彼此之间应该多有交流，“走动”及萧氏日记中频频出现的“谈”定然在发挥作用。从交流或互动的角度来看，萧穆只是桐城境内书籍交流网络中的一个节点，还有更多、更早的一批读书人在做保存、传承工作，尤其是对本土文献，他们特别尽心尽力，这一集体行为关系到一地的教化、民风或者精神，逐渐积淀为地方文化底蕴。

第二节　桐城派的“手艺”

萧穆所置身的书籍交流网络有层次之分：其一，一般书籍的借还；其二，较为珍稀的、各家秘藏的先辈文献的借阅；其三，特定文人群体内的批点本的流通与分享①。所谓“特定文人群体”，首先是指

① 研究姚永概《慎宜轩日记》中特定群体内的批点本流通，可参见徐雁平《批点本的内部流通与桐城派的发展》，见《文学遗产》2012年第1期。

由姻亲结成的文人圈子；还有是因为师承或多年亲密交往形成的文人群。萧穆在书籍交流网络中，在多方搜求吸纳的过程中，也逐渐成为“稀有文献资源”的输出者①，从咸丰十年到同治十一年萧氏日记中有12次为他人代临批点本的记录，其中有孙吉甫、方涛、方振卿、吴汝纶、徐晋生，他们也是萧穆所阅书籍的提供者。方涛是方东树之孙，与萧穆往来密切，萧穆为方涛临《屠龙子》圈点、方世举批苏诗。萧穆为孙吉甫临批点本从咸丰十年延至十一年，包括刘大櫆批点茅抄八家文、刘大櫆圈点《孟子》、刘大櫆圈点《庄子》。刘大櫆的批点本，也是孙吉甫长期关注的对象。

若再看咸丰十一年萧穆为方振卿临刘大櫆圈点《左传》，同治十年为徐晋生临刘大櫆圈点《唐人万首绝句选》，以及同治十年日记中所记载的刘大櫆批点“渔洋古诗选”二本，则可知萧穆对刘大櫆的批点本用心搜求并有一定数量的积累。萧穆的刘氏圈点本收藏以及将此收藏与同好分享，在他与同乡好友吴汝纶的交往中有充分显现。同治十年正月、二月吴汝纶准备北上直隶深州之前，吴汝纶借给萧穆书数种，又赠送三种；萧穆则为吴汝纶临姚鼐批点《逸周书》、刘大櫆评点《楚辞》《庄子》，还有一部是《史记》：

> 余旧藏有张晴岚阁学临震川圈点《史记》，内又有批记。方望溪先生家藏本较今世所传者特为简明，疑是震川晚年阅本，前与挚甫言及，伊欲记其圈点之处，刊以行世，今乃为细检，将红黄

① 萧穆的“丛抄”中有一张约成于同治十年的萧氏借书书单，向萧氏借书者有14人，其中光慎伯借《货殖传评》1本、《离骚正义》1本，光慎甫借曾国藩《求阙斋选读文目》1本，光健甫借刘本《书经》3本、《史记》12本（含《史记例意》《论文偶记》1本），光心莪借《味经山馆遗文》1本，张小梁借《南山集》2本，倪朴斋借“姚石翁年谱”1本，马其昶借韩愈诗4本，孙积甫借刘本八家文4本、朱伯平借刘选七律1本。萧穆辑《萧敬孚丛钞》（五），第2377—2378页。

圈点摘录字句，下晚成十页半。[①] (30/451)

萧穆为人代临批点，在通常的批点本流通之外，刘大櫆批点受人重视是一值得注意的现象，究其背后原因，或是因为萧穆有突出的“刘氏批点本专题收藏”，故众人求之；亦或是因为刘大櫆在桐城县内一直有很高的声誉，这与全国范围内方、姚在刘之上的评判有一定差别。

从桐城境内文人群体的书籍交流以及群体内个人与群体外的交往而言，过录的批点必然会产生效果并向外扩散[②]，如上引吴汝纶所得萧穆所临批点本，必助推吴汝纶的学术；吴汝纶著述丰富，批点本众多，主要是他的勤奋与才学，也不能忽略桐城本土学术的深厚积累以及诸如萧穆等师友的支援。

编选、抄录、批点是清人较为常见的阅读或撰述方式，然在桐城文人中采用此方式者更多，时间延续更长，留存文献也更为突出，而且这些书籍之间、读者作者代际之间，有更为丰富的联系，故可视为一种“典型的群体行为”。这一读书法，大致是划分段落、圈点、附以批语，武义内雄以为这是姚鼐之法，后来桐城众人效仿，变成“桐城派的读书法”[③]。能将此读书法充分弘扬者，当是吴汝纶。《桐城文学

① 引文中张晴岚是张若霭(1713—1746)，乃张廷玉之子。张若霭乾隆十一年早逝，以此时间节点推测，可说明此前桐城一县读书人就有过录归评《史记》之风。

② 萧穆为他人临批点本时，也有人为他临批点本，如同治十一年苏求庄为临圈点《古文辞类纂》，孙吉甫为临《庄子纂义》。

③ [日]武义内雄《桐城派之圈识法》，见朱修春主编《桐城派学术档案》，武汉大学出版社，2016 年，第 44—45 页。将此法归于姚鼐，至少从萧穆日记所记来看欠妥。

撰述考》所列吴汝纶 123 种著述中,评点一项就有 99 种[①]。其他不十分显眼者人数较多,《桐城文学撰述考》中亦有著录,经由萧穆日记所记,后世所认为的桐城派"一线人物"之外其他人物,如方世举、姚范、苏惇元、光聪谐的批点或阅读也可从分散记录中整合出大概,如方世举批点或批阅的书籍,有李白诗集(二本)、苏轼诗(八本)、韩愈诗、孟郊诗、贾岛诗、卢仝诗、李义山诗(二本)、《汉书》。其中贾岛诗,方世举用力颇勤,萧穆咸丰十一年正月二十三日日记评曰:"又临朱圈点,盖息翁阅此本数次,皆用墨笔,晚年又以朱笔为定本也。"(29/229)萧穆日记记录姚范批点或批阅之书有《史记》、前后《汉书》、《南史》、《国朝山左诗抄》、王荆公诗集、《元氏长庆集》、吴天章《莲洋集》、薛西原诗、欧阳修文、曾巩文、《方望溪集》、《曝书亭集》、《潜邱札记》,其中《史记》有姚范批点,姚范又临归有光评点;《汉书》则是姚范过录何焯批点,并参以己意批校。苏惇元的著述或批阅有《四书集注引用诸公姓氏》,《逊敏录》,临方、刘、姚批点本《古文辞类纂》,临姚鼐晚年圈点《古文辞类纂》。光聪谐著述或抄录者有手抄《历朝诗选》十余册、《校勘程刻望溪集》二册、《校勘续刻望溪集》一册、《桐故》。

在方、刘、姚的批点之外,结合以上所列方世举、姚范、苏惇元、光聪谐的"日常慢功夫",可将批点或过录批点视为桐城文人的"读书手艺",是成"家"的必经磨炼。这种行为近似做工,是手工艺中的"耗时

---

① 吴汝纶代表性的评点为《古文读本》十三卷(常育璋私加增损)、《古文读本前后编》二卷、《古文辞类纂校勘论》二卷评点一卷附诸家评识一卷、《评点汉书》二卷(附姚鼐、张裕钊评点)、《评点新五代史》七十卷附梅曾亮评点□卷、《评点方望溪集》一卷、《评点姚惜抱集》一卷、《评点梅伯言集》一卷、《评点曾文正公集》一卷、《评点张濂亭诗集》一卷、《评点古文约选》、《评点历朝诗约选》、《评点经史百家杂抄》一卷、《评点十八家诗抄》三卷。见《桐城文学渊源考撰述考》,第 505—508 页。

手工”。看似简单的抄录与圈点，蕴涵“隐性知识”[1]，“隐性知识”的积累或“手感”的增加，从字法、句法、章法以及一系列作文戒律导向对“艺”的体认。将批点、过录批点、诵读等比作匠人的手艺，不一定完全贴合，民间手艺有其行规、有师徒之制，此处着眼点在技艺的习得和“器物的制作”，如此类比也可为桐城派的发展机制提供一些启发，从手艺传承的私密性、地域性，学习的耗时性，可思考桐城一地总有稳定的师徒群体；传习的背后有社会关系网络作为依托，诵读、抄写、过录作为持久的日课，再结合诗法、文法以及各类指导性的选本，桐城派的传承有较浓厚的“手艺”风习。手艺有较好的稳定性和可操作性，自有一种“内在规格”，这些特性有助于理解桐城派为何发展时能在不断微调中保存“本色”和自家面目，并且延续如此长的时间。

《古文辞类纂》是萧穆的常读书，日记中时有某一时段集中阅读此书某类文章的记载。《古文辞类纂》作为一部享有大名的选本，在萧穆日记中也以丰富的样态存在。咸丰十年萧穆所教桐城弟子借《古文辞类纂目》二本去，同治八年三月孙吉甫赠送《古文辞类纂》一部，同治十年正月萧穆送吴汝纶一部，八月萧穆向姚子襄“借其考鹰青[此处原文作“疓”]太史手抄《古文辞类纂》二本”[2]（30/512），鹰青即姚元之，姚鼐族孙。所谓手抄二本，或是姚元之摘选之本。同治十一年一月为苏求庄临《古文辞类纂》圈点，五月在金陵书肆购买湖南重刊吴刻《古文辞类纂》，八月将该集（或是批点本）送孙诒让，并嘱孙诒让转呈其父孙衣言一阅。《古文辞类纂》作为一个文选范本，被借

---

① “耗时手工”（chronomanual）、“隐性知识”（tacit knowledge）借用自莫尔·利《编织时光的手艺：时间投入在当代西方手工艺中的价值》，见《碧山》第6期，中信出版社，2015年，第14—16页。“隐性知识”是指日常习得的技术或技艺，其中有肢体动作的融入，有“手感”等精神方面的体认。此节论说，还受到张桃洲《诗人的“手艺”——一个当代诗学观念的谱系》（《文学评论》2019年第3期）的启发。

② 书名《古文辞类纂》，萧穆日记中一律作“篹”，今统一用常用字“纂”字。

阅、抄录、购买,被作为礼物赠送;同时,也因为“附加值”的增加,完成了文献再生产。在流传过程中,出现一种苏惇元临方、刘、姚三家批点《古文辞类纂》(29/447)。所谓“方、刘、姚批点本”,按方、刘的辈份、年岁以及《古文辞类纂》形成的时间,方、刘不可能对该书批注。这种看起来近似“时代错误”的批点本,在萧穆的日记中有“错误”酿成的轨迹:

> 咸丰十年八月二十六日,“临刘选韩、柳‘序’、‘书’,圈点于姚本上”。(29/206)
>
> 同治二年三月十五,“临望溪古文,圈点于《古文辞类纂》上,用蓝笔”。(29/384)
>
> 同治二年四月一日,“临古文圈点,用朱笔,盖遵惜抱晚年定本也”。(29/387)

上录三则日记,第三则是萧穆过录姚鼐晚年《古文辞类纂》;而第一、二则是将方、刘其他古文选本中保留的评点过录到姚选对应篇章中,经过汇合,塑造出一个权威性的桐城三祖注本。萧穆在塑造心目中“完美批点本”时,尚不知一年之后借到苏惇元的《古文辞类纂》三家批注本。苏氏在他之前已完成这一工作,并且还有《古文辞读本》,此书与姚鼐的《古文辞类纂》很可能有关联。《古文辞类纂》的谱系较为丰充,除黎庶昌、王先谦的两种续选之外,还有梅曾亮的《古文词略》、曾国藩的《经史百家杂抄》,都在简化或调整姚选结构与容量。在《桐城文学撰述考》中,尚有游甸荣《古文辞汇编》,薛福成《古文读本》,方宗诚《斯文正脉》《古文简要》,曾士玉《古文类选》。不约而同,皆有编选之举,是桐城派文人群体追求完美注本、选本的表现,这种现象较为普遍,只是相较“三祖批注《古文辞类纂》”而言,典型性稍逊而已。

桐城派的“删减”之举,或者“打磨”选本的功夫,不仅用在选本的篇目上,还用在具体的文本上,这主要体现在对前人文章的删改方面,尤其是唐宋八大家的古文。删改主要依据"指导性手册"中的"义法",从"言有序"与"雅洁"两方面展开,采用删除、改字、增添、移动字句位置等方式,此举从方苞、刘大櫆一直延续到晚清的吴汝纶、吴闿生,其意在重塑经典,呈现"完美的选本"[①]。

仍以刘大櫆的批点及选本为例,在过录批点或借阅的过程中,刘大櫆著述的多种形态也有展现。咸丰十一年二月,萧穆临刘选《历朝诗选》七律圈点于刘选《七律正宗》上,此年四月五月,临刘大櫆圈点《文选》《左传》;同治八年九月借阅刘氏批点《高青邱集》,十二月临刘氏圈点八家文;同治十年二月临刘选《楚辞》。刘大櫆的诗文也被桐城后辈编选,同治八年七月六日,"取左叔固先生删定《海峰文集》,以徐椒岑赠本照录之"(30/248);同治十年二月,萧穆为编《桐城文征》,"选择海峰文抽存三册"[②](30/453—454)。刘氏选本并未固定,或者刘氏所选在以各种"组成单元"流传,同治二年十月日记记录姚小五有刘氏选五言律诗一本,同治六年正月借到刘选"茅抄韩柳欧王四家文十本"(30/4),同治八年八月,借方朔(小东)所藏刘氏选订古文,同治十年八月,借到朱伯平藏朱歌堂抄录刘选七古诗一册,同治十一年,借到程曦之藏无名氏抄刘氏五古诗选一本。

刘氏在评点、编选、删订过往经典时,本人撰作、编选的诗文也不断被评点、编选、删订。萧穆的众多编选、圈点书籍中,有两种书他尤为用力,或者说是他的志业。同治九年九月二十五日日记中就有关

---

① 张知强《桐城派的"义法"实践与古文删改》,《文学遗产》2019 年第 5 期,第 111—124 页。

② 据刘声木《桐城文学撰述考》,还有吴大廷《刘海峰古文选》(第 405 页)、张惠言《刘海峰文抄》二卷(第 462 页)、吴育《海峰文录》(第 466 页)、吴敬承《刘海峰经义抄》□卷(第 486 页)。

于此志业的表白：

> 整理刘海峰先生《唐宋八家文选》，并以初选之文拟订四册，附二三次定本十册存玩。又取《历朝诗选》十四册，前为题跋，合存《海峰全书》定本，置一处。倘余尚能延年，必将此二书及搜辑先辈遗书次第刊板，且倩有力者各为刊行也。(30/401—402)

萧穆对刘大櫆的著述有较全面的整理计划，而且已经成型，等待刊刻机会，在萧穆的"丛抄"中有一份"刘海峰先生著述"，列出整理情况：

> 《海峰诗集》十一卷共二百六十九页(内目录二十六页)，姚氏定本古诗二百二十三首，今诗三百六十一首，共五百七十四首，删三百四十一首，古体五卷共二百五十四首，今体诗六卷，共六百二十四首，总共八百七十八首。
>
> 《海峰文集》八卷五百三十八页，共二百三十二首。
>
> 《历朝诗约选》共一千一百卅三页，诗七千八十四首。
>
> 《唐人万首绝句抄》七十八页，五绝百三十六首，七绝四百九十六首。
>
> 《唐宋八家文选》共九百七十七页，文五百三(五)十六首。[①]

编辑刘氏选八家文定本一事，早在咸丰十一年已初具规模："临刘本圈点，久之，成。乃以茅本前所临批点订成一本，此本皆序也。余数年谋临刘选八家文全本，至今日乃告成十本。然此部多凑成，批点多不整齐，俟他日谋得茅抄全本重订一部，而以李、晁、归三家文各抄附之，以成海峰先生《唐宋八家文选》定本，他日谋以刊行于世。"(29/279)此后所做诸事，只是不断充实而已。拼凑、整合，以求刘选

① 萧穆辑《萧敬孚丛钞》(五)，第2444页。

八家文定本①；萧穆整合刘氏《历朝诗约选》，也有与八家文定本近似的意图，同样是持续多年的事业。上文所提数种刘氏诗选零册，多是《历朝诗约选》的“抽选本”，这些选本或与刘氏原选已有差异，同治八年三月，萧穆见到光聪谐手抄《历朝诗约选》十余册，乃光氏“以意选录”(30/210)，与刘氏原选本比较，已作增减。

多种方式的汇合批点及有意增减的编选，如上文所提到的光聪谐手抄《历朝诗约选》、左坚吾（叔固）删定《海峰文集》、萧穆编辑海峰文抽选本，使得至少在桐城境内或特定桐城派文人圈中，各种选本及其批点的源流因不断变异、汇集而有“纷纭”之态，萧穆在日记中就留下不少困惑。

> （同治十年七月二十九日）早及夜临海峰圈点《唐人万首绝句》乃毕。张石绮先生《唐人万首绝句选》二册，卷一上朱批云：“内朱笔依海峰先生圈点。海峰抄万首绝句，较原本多有删益，今于其所删者用└以别之。嘉庆甲子五月十一日元辂记。”案：此本为其孙大谷所藏，余以家藏旧抄本照录，但原本朱└者，抄本不载，而原本所圈点者，抄本亦有数十首未录。今照原本补抄数纸，以成完璧，但张云多有删益，抄本亦有百余首为王氏本所无，当是照海峰阅本所益，今以朱┐为记，俟他觅全本补圈点也。(30/508)

---

① 李兰芳考察刘大櫆《唐宋八家文百篇》多种版本，指出刘氏《唐宋八家古文约选》已经失传，存世的《唐宋八家文百篇》是十卷本《唐宋八家古文约选》的再选本。《唐宋八家古文约选》对姚鼐《古文辞类纂》影响颇深，姚选大幅度删除的刘氏评点，因桐城后学热衷于辑评遂得以多数保存。李兰芳《刘大櫆十卷本〈唐宋八家古文约选〉考论》，《古籍研究》2021年下，凤凰出版社，2021年，第142—153页。

(同治十年十二月初七)借其(马惠甫)尊翁手临姚薑坞先生批点《望溪集》八册回局。是日及夜以余前临姚公批点《望溪集》照马本校对,而字句时同(此处疑有误)增损异同,未知马公实(马树华)通守当时所临,或以意增损,抑据别本否也?(30/555—556)

(同治十一年五月二十日)巳初将惜翁圈点《左传》哀公十七年至二十七年临毕。此专照张石绮传录本临,中有数处以文理论应当有圈点者,此本反无之,未详何故,未知惜翁传本外间尚有之否?又去年借得李海帆(李宗传)方伯家传录本,与张本相校对,时有同异详略,亦未知是惜翁中晚两本固有同异耶?姑留存俟考。(30/608)

三则日记皆与批点本的代际流传与新变有关。王士禛的《唐人万首绝句选》已被刘大櫆圈点,并有"删益",而萧穆所藏旧抄本又与刘氏圈点本存在差异,经其过录,遂成一新本。姚鼐圈点《左传》,姚范批点《望溪集》已有多种版本,并且因为有萧穆等人的"汇合性"过录,版本随之增多,头绪愈显复杂。仍以刘大櫆的《历朝诗约选》及《五七言古近体诗抄》为例,察看桐城诸文人如何以此为基础,不断被编选。

王灼《历代诗选节本》一卷(针对刘大櫆《历朝诗约选》九十二卷编选)。

王灼《增定唐宋五七言近体诗选》□卷(似针对刘大櫆"《五七言古近体诗抄》□卷[方苞同选]"编选)。

朱雅《历代诗约选》六卷(似针对《历朝诗约选》编选)。

姚鼐《五七言今体诗抄》十八卷(似针对《五七言古近体诗抄》编选)。

方东树《五七言古今体诗抄》四卷(似针对《五七言古近体诗抄》

编选)[①]。

在刘大櫆的两种诗选基础上经删益、节选而形成的选本当然不止以上数种,结合上引各种批点本和选本,可大致看出“新本”产生的路径。“新本”不仅是文献的版本问题,而是文学观念的传承与新变的记录。

桐城的诸多诗选与王士禛的《古诗选》有关,有学者指出桐城方氏、张氏、姚氏与王士禛多有交往,《古诗选》乃桐城诗学教科书,刘大櫆编选《历朝诗约选》,与《古诗选》意旨略同,而门径较为阔大[②]。刘大櫆潜心钻研王渔洋诗学,姚鼐亦如此,甚至可以说是王渔洋诗学的一个重要传人。姚鼐论诗虽不讲神韵,然实际上部分吸取神韵诗学的真髓[③]。桐城派人教人学诗,多主张用王士禛《古诗选》,姚鼐、吴汝纶皆有近似之说。以《古诗选》为牵引,作为补充扩充的刘大櫆、姚鼐诸家诗选也可纳入“《古诗选》教材系列”。

在诸路径中,过录圈点、批注形成“累积性”的版本,多为桐城文人采用。作为一种“手艺”,有较多的“器物制作”,如《古文辞类纂》《韩昌黎文集校注》《孟子文法读本》等等。就诗选而言,方东树《昭昧詹言》乃在其“家塾诗选”上批注辑录成书。方东树依据的选本,主要是王士禛《古诗选》《盛唐诗选》《唐诗正宗》等[④]。统计《昭昧詹言》引述桐城诸家之说,姚范最多,有 37 条;姚鼐有 29 条,“先君云”(方绩)有 17 条,姚莹有 7 条,“姚云”(或是姚鼐)5 条。方东树依据的

---

① 以上五条记录,分别见《桐城文学渊源考撰述考》第 409—410、431、496 页。刘声木作《历代诗选》,为与萧穆日记记录统一,改为《历朝诗约选》。

② 潘务正《王士禛与桐城诗学》,《安徽大学学报》2015 年第 6 期,第 62 页。

③ 蒋寅《海内论诗有正宗,姬传身在最高峰》,《文艺理论研究》2015 年第 5 期,第 150 页。

④ 方东树撰,汪绍楹校点《昭昧詹言》,“校点后记”,人民文学出版社,1961 年,第 539 页。

诸多诗选，在桐城特有的范围中，很可能已有过录的批点，这些批点，经其取舍，又在“家塾诗选”中部分得以穿插，如论中唐刘文房《献淮宁军节度李相公》，方东树在引其父之说外，引刘大櫆《七律正宗》，又引姚鼐之说[①]。《昭昧詹言》作为诗选批点本的独立产物，自刊行后，与其他知名诗选相似，也有不少读者。仅萧穆日记中所记，向他借阅或借抄的人就有姚濬昌、方小东、左绳甫、章耀奎、左润皇、“吉甫”。

桐城派的编选与批点，既有有意的保存弘扬，又有无意的个人兴趣与偏爱，然合而观之，这一行为颇具规模，或有长远的用意。戴名世著述在桐城流传作为特例（见下文），已显示桐城文人抱残守阙的心态；而对归有光及方、刘、姚的推扬，则更大张旗鼓、不遗余力。前文对刘、姚著述散布的脉络有不少揭示；归有光文经桐城派文人的前呼后应，到萧穆手中，应该是编选出“最佳状态”的刘、姚批点选本。萧穆同治九年闰十月十八日日记云：“是日取刘、姚所选归震川古文一册（此乃咸丰丁巳左鸿遇抄本），临二家批点于上，刘选用朱笔，姚选用黄笔（刘选三十四首，姚选三十二首，同选者二十三首）。震川集文佳篇大略在此矣。”（30/419—420）经萧穆之手，合成一种全新且有权威性的归文选本。

方苞在萧穆日记中的笔墨不及刘、姚，然亦有可观。此外在现所存萧穆的笔记中有一份方苞文集“评论资料”的汇集，萧穆亲手抄录并名之为《望溪文集自记并诸家评识》，这一汇集，收方苞自记外，录自钱澄之至方道希 138 家评语，有不少评语出自桐城本土文人，如方世举、方辛元、方城、方醴、方观承，以及左文韩、刘大櫆、叶酉等等[②]，更有出自桐城以外诸家评语。资料汇集无疑是萧穆日积月累的结果，较为

① 《昭昧詹言》，第 421 页。

② 《萧敬孚丛钞》（七），《晚清四部丛刊》本，第 3705—3792 页。

真实地展现了方苞集被认可、被评说以及逐渐成为“新经典”的过程[①]。方、刘、姚三大家之外，桐城派中期文人的诗文集也进入批点流程之中，萧穆咸丰十一年日记记录戴钧衡、马三俊(融斋)、方宗诚批点方东树文一部，同治四年日记记录方东树批点管同《因寄轩文集》，同治八年日记记录所见刘开《刘孟涂集》抄本，有圈点，且所收内容与刻本不同。

桐城有经学、诗学、文学之说，其中经学、诗学的声名被桐城文章的光焰所掩。就萧穆日记所记诸多别集、选本，可看出在桐城本土对诗的推崇并不在文章之下，然在全国性的影响，却远不如桐城文章，其中原因有多方面，从作为文学流派拓展利器的选本而言，桐城派的诗选，可能在王士禛的诗集以及诗选笼罩之下，主张及特色并不明显，主要是在桐城本地流传。相比之下，桐城文章既有理论，又有创作，还有类似《古文辞类纂》等大力推扬。以选本为依据推测，桐城文章观念的扩散，就《古文辞类纂》较为广泛的传播，应是在嘉庆年间有刻本之后，产生普遍性影响应在咸同年间。而嘉庆之前，先于《古文辞类纂》为桐城文章发挥推波助澜作用的应是桐城诸家奉为宝典的归评《史记》。

归评《史记》或者《史记》批点，贯穿桐城派的发展。萧穆同治二年日记记录他与吴大廷的交往，论及桐城文章如何传播的细节：“(吴大廷)现年三十九，为沅陵人，讲往在京师，吾邑方进士子观示以归震

---

① 刘声木《桐城文学撰述考》记录了方苞文集被评点选录的过程，范围也不是局限在桐城一地。方苞集被不断编选评注，据刘氏书所录，有：1. 吴敏树《方望溪文别抄》(第389页)，2. 韩梦周《方望溪遗集》(第403页)，3. 吴大廷《评点望溪文集》[“评点五周”](第406页)，4. 姚范《评点望溪集八卷》(第408页)，5. 姚范《评点望溪文集》[“原本藏姚永概家”](第408页)，6. 光聪谐《望溪集校勘记》(第440页)，7. 陆继辂《删定望溪文集》(第464页)，8. 吴育《望溪文录》(第466页)，9. 张裕钊《评点方望溪集》一卷(第508页)。此外，还有苏惇元《方望溪年谱》一卷附一卷(第499页)，王兆符《方望溪年谱》(第399页)。

川《史记》及乡先辈古文。吴乃讲求古文，宗吾邑先辈文法，有才有识，以经济文章自负。”(29/408—409)方子观是方朝覲，同治二年进士，则方氏很可能在应试时将家藏归评《史记》带到京城；同治十年五月，萧穆向吴慕堂借其祖吴逢盛(絅庵)所藏归有光圈点《史记》三十本，约略可推知桐城读书之家，或多有归评《史记》。而萧穆同治三年七月初六日记，揭示有方苞评点本、张若需过录本、姚范过录而形成的新本，三种新本皆以归评本为基础：

> 早至湛士处，取薑坞先生所临震川《史记》阅本校对，先取首本“例意”临其圈点，薑坞手笔也。余即以张小石刻本《史记》“例意”校之，颇有错误。校对一过，乃为善本。薑坞阅本《史记》，其批评多采震川、望溪而参以己意，其圈点一宗震川，乃汲古阁本。余往得张先生若需所临震川阅本，以陈卧子本更临一过，今以此本只将圈点丹黄校其同异，条记夹之，其末数本多用蓝墨圈点，多为余本所无，疑薑坞手笔，今亦加临，以俟他日参考。(29/466)

三个评点及评点过录本，隐约形成一条评点史线索。此处可以切换“镜头”，看桐城文人如何延续过录圈点，保存本土文献的“惯习”。姚永概称其兄姚永楷“博观于诗歌古文，所取忻诵者手抄之若干册，见一人评点本，必手临之”①。姚永概现存日记始于光绪七年，其时十六岁，五月初九日，过录姚鼐评点《渔洋精华录》，七月初一过录姚鼐圈点《五七言今体诗抄》。光绪八年七月二十七日日记又述及此事：“予家有惜抱公自订《五七言今体诗抄》，乃初刻本，而复增删加圈点批注者也，与刻本圈点有异，取校之。”②十月十九日姚永概为二

---

① 姚永概《伯兄行略》，见《姚叔节先生文存》，国家图书馆藏抄本。

② 姚永概著，沈寂标点《慎宜轩日记》，黄山书社，2010年，第76页。

姊姚倚云临《五七言今体诗抄》圈点。光绪九年七月二十八日，“抄《古文约选》目录，圈点批语，以此书明年二兄欲携之湖口也”[①]。这一过录批点的习惯，据姚永概日记所记，仍旧在传承；在吴汝纶著述、被类编的日记及其子吴闿生的记述中亦有迹可寻。

“一个社会是一个连续的存在。连续性是一种跨时间的一致性，它取决于同一性在某种程度上的稳定性”，而这种一致性、稳定性要依靠不断的“重复”和“自我复制”完成，自我复制既出现在个人内心，也发生于个人之间，“复制的机制赋予社会以持续性”[②]。复制作为一种机制，当然不是模型化生产，对于桐城一邑读书人而言，诵读某些经典或选本，以及不断批点或借阅、过录批点，可以视为日常性的“手艺”学习，桐城派诸多层面的传承有“手艺”特征，这一行为或风习是保持桐城学术和文学传统一致性、稳定性的重要条件。

第三节　桐城文人掌故与风习及文章

桐城派“手艺”性传承之外，还有不断被绘声绘色讲起的桐城前辈掌故，为桐城文化在纸本文献记载之外增添一个生动的日常生活层面。一地掌故、逸事之多少，如同前文所言书籍的散布一样，也是衡量一地人文底蕴的指标之一。

桐城文人的掌故，较集中的记录是姚永朴《旧闻随笔》，该书卷四包括“乡先辈遗事”“先世遗事”“外家遗事”[③]，从多方面显现桐城人

---

① 姚永概《慎宜轩日记》，第134—135页。

② ［美］爱德华·希尔斯著，傅铿、吕乐译《论传统》，上海人民出版社，2009年，第180—181页。

③ 姚永朴著，张仁寿点校《旧闻随笔》，黄山书社，2011年。此外，有晚近编集的《桐城掌故菁华》，其中所录明清桐城文人掌故，有一部分是据现存清代文献所记改编演绎，有相当一部分依其风格来推测，很可能来自民间口传。桐城市地方志办公室编《桐城掌故菁华》，黄山书社，1997年。感谢安（注转下页）

物的个性、才学、品格。戴名世因其大名及非常遭遇，掌故也有不少，如“过目成诵”“异乡遇知己”“沙溪续对”“巧续寺联”“一字值千金”“续成绝命联”等。对于一位“危险人物”，官方与民间（或故乡）观感大不相同。稍细致考察有关戴名世的掌故，皆有较浓厚的民间色彩，与过目成诵、对对联有关，而这两种讲掌故的方式，几乎是古代文学名家的传奇文字的述说套式，张英、张廷玉、吴汝纶等皆有对对联的掌故。对联是讲文人掌故的适合材料，方苞也有类似掌故[①]，《旧闻随笔》中的桐城文人掌故涉及对对联者有刘大櫆、叶酉、姚鼐、李宗传、戴钧衡、姚濬昌六人。萧穆同治八年日记曾记录与吴汝纶父吴育泉等坐谈之事，“笛渔言及胡雒君（虔）先生诸著及方拳庄（方于穀）先生等所撰楹联，余因乞为录下二纸，拟他时采入笔记中”（30/193）。对对联，能见参与者的才学与聪颖；就故事而言，整个情节展开过程不长，有趣味性，便于记忆，萧穆将其纳入笔记，为桐城文人以故事形式留下剪影。

与戴名世相关的是戴钧衡，他曾编成《戴南山先生全集》，关于他的掌故，有“毁作投师”一则，来源当是马其昶所撰戴钧衡传：

> （戴氏）少而英特，亮拔不群。年二十余刻《蓉洲初稿》，见者骇为异才。方植之先生笑言：“十年后寻自悔耳！”时方先生论诗，作《昭昧詹言》，传抄得之，伏读三年，不成一诗，果自收前刻，因遂投贽。[②]

（续上页注）徽大学江小角教授搜求此书。《清稗类钞》中有数则桐城派轶事，如“杨绍奭强刘大櫆饮”“姚叔节从母乞茗饮”“方望溪宴客不劝客”“姚得弟侍母蔬食”“刘孟涂为姚石甫好友”“刘少涂蓄老麻猫”。

① 这一掌故是：“方望溪侍郎五岁，父逸巢先生（仲舒）携之郊行，闻鸡鸣，以‘鸡声隔露’命对，侍郎应声曰：‘龙气成云。’”姚永朴《旧闻随笔》，第 179 页。

② 马其昶著，毛伯舟点注《桐城耆旧传》，第 416 页。此事有姚永朴所记更简版本，见《旧闻随笔》，第 189 页。

这则事迹略有传奇性，马其昶以此作为戴氏传的开头，颇能耸动视听。马其昶得知此事，或因其父讲述：

> 文（汉光）、戴（钧衡）两先生幼共学、长相得也，于县北孔城共建桐乡书院，又同辑《古桐乡诗选》。吾先君子从两先生受学，尝告其昶：戴先生交曾公京师时，称公文武大略，异日为国家肩非常，必曾公也。曾公既绝重先生，先生亦夙负经世之略，后曾公果成大勋，广求人才，而先生遂已无禄。①

戴钧衡的事迹，通过马氏口述传给其子马其昶。马氏这段文字又包含一则戴钧衡与曾国藩相关的掌故。与“毁作投师”及马其昶所记有一处表述方式相似，即两则掌故皆用较为肯定的预言式讲述。就“毁稿”（或“自收前刻”）而言，戴钧衡与方东树的故事还有一个“了不起”的映照，此即姚永朴所述一则关于戴名世和方苞的“旧闻”：

> 侍郎（方苞）少偕同邑戴南山编修作文，编修质敏，先脱稿，持示侍郎，入门闻吟哦声，潜听良久，不觉屈服，退而自毁其稿。更撰成，乃敢出示。②

同在一地，同是戴氏、方氏之间，相隔百余年，有相同的讲述方式，而且皆有口头传讲的阶段，从两则故事出发，并结合其他记载可作推论：桐城文人之间多有文学和学术方面的切磋交流，且暗含“竞赛”之意。交流的风气连绵不断，交流可推进诗文、学问的进步，还可能留下附载批语、圈点的作品。

一种文章或诗歌理论，在言传身教的创作或吟诵实践外，还有一

---

① 马其昶著，毛伯舟点注《桐城耆旧传》，第417—418页。

② 姚永朴《旧闻随笔》，第179页。

些“粗枝大叶”演化为诗文世界中的轶事旧闻。之所以称此类传闻为“粗枝大叶”,是因为其中并不包含精细的法则或完备的内容,只是生动有趣地指示一种方向。关于桐城文人的掌故,有常见的类型,如早慧、勤学,以及诸如对对联、作诗的才学之类;更有一些地方文化传统的掌故,其中关键部分可能是“天下文章出桐城”,如以上两则关于方氏、戴氏的掌故,方苞、戴名世一则更涉及桐城派吟诵传统,与此传统相关的掌故亦有记载。张裕钊《答吴至甫书》中论及姚鼐及诸家因声求气之说时,提到一则从方宗诚处听来的掌故:

> 往在江宁,闻方存之云:“长老所传,刘海峰绝丰伟,日取古人之文,纵声读之。姚惜抱则患气羸,然亦不废哦诵,但抑其声使之下耳。”是或一道乎?①

张裕钊在信中所述,颇有时间纵深感。这一段文字,至少有三个层次:长老所传刘、姚诵读文章之事,或已流传较长时间,传到方宗诚;方宗诚将桐城旧事,带到江宁,成为与张裕钊见面时的谈资;当张向吴写信作“如面谈”时,这则听来的掌故,又成为一通信札别具一格的收尾文字。

萧穆自小沉浸在桐城文人掌故的氛围中,相较于纸上文献,这种口述传统可能对他有更多熏染。他的日记记录了他对掌故的好奇及着意搜求:

> (咸丰十年二月二十四)方翁(方宗诚)谈论外间人物、前人轶事,皆条记之,俟他日论次书焉。(29/178)
>
> (咸丰十一年正月初九)至水围大村,见谢省莽翁,与谈。翁

---

① 张裕钊著,王达敏校点《张裕钊诗文集》,上海古籍出版社,2007年,第85页。

年八十矣，少以时文名，然其人颇知道义。余见，盖欲闻前辈事也。(29/226)

(咸丰十一年十一月二十一日)与姚伯厚杂谈前辈及外间时事，颇受其益。(29/283)

(同治八年正月二十七日)(刘开弟子彭泽柳)谈及孟翁(刘开)行状及翁无时不看书、力学等情，余甚思而慕之。(30/198)

(同治八年三月初八)到(马)顺如处辞行，并坐谈一切。顺如述其令祖元伯翁(马瑞辰)及光栗翁(光聪谐)、方植翁(方东树)、姚石翁(姚莹)诸老之规模动静，娓娓可听，令人神往。(30/212)

(同治十年九月二十三日)到杨氏花园……葵翁多谈旧事并乡先生张公元载、李公宗传、方公诸三人同应县试……又言先师朱鲁岑(朱鲁文)先生遗事。(30/528)

萧穆对桐城文献尽心尽力搜求，对未形成文字的史料也颇留意访查记录。他的日记中有密集的“与谈”“久谈”记录，有时一天日记中谈话者有十多位，这类深夜长谈，在日记中限于体例，或不多说，在萧穆文章中，叙说则有舒展，如《周翁寿序》中述及周翁世居桐城东乡施家湾，屡试未售，遂弃举业，勤理家务。萧穆与其子周曰庠同学，“其后尝往来其家，翁必喜，虽有他务必摒去，每谈论至夜深乃罢。言词之雅正，气象之宽厚，极令人思慕，愈久而不能忘也”[①]。依据萧穆兴趣及编撰“桐城耆旧传”、《桐城文征》等著述事业推测，这些谈话中，当有一定数量的桐城文史旧闻，上录数则日记片断只是日记中意图稍为明显者，观其遣词造句，萧穆是主动寻求，且对前辈充满神往之意。所谓“逸事”、掌故乃史策不载而在草野间巷流传之事，就内容而言，这些事情有相当一部分之所以不入史、传等文体中，很可能是

① 萧穆《敬孚类稿》补遗卷一，第453页。

因为内容太鲜明、太直接,或者过于戏剧性,如涉及对人物的品评,如萧穆日记记录了听说的姚鼐经学不如方苞的谈论,晚清有马其昶不作诗专力作文的掌故。这些未被写定、或写定后仍在口传的旧闻轶事,出自桐城一县各乡各镇,在流动中形成桐城特有的文化氛围。

一地的文化既通过建筑、名胜、器物(如书院、寺庙、碑坊、石刻、书籍)等物质文化来显现;还有一种不稳定的、易消散的文化留存,乡野间流传的名人轶事是这种文化留存的组成部分。这一组成部分赋予一县一乡为单位的地域空间更多文化意蕴。桐城文学和学术通过旧闻轶事,融入日常生活,部分实现精英文化向民间文化的转换;通过讲述绘声绘色的演绎、润饰,这些点滴史事变为一种"活态文献",成为有现场、情境、地方特色(如用方言表述)的不断再生的文化。

萧穆《跋朱武曹游道堂集》述录马宗琏所传"姚端恪公逸事",为嗜好"逸事"辩护:"夫街谈巷议,道听途说,不必尽为庸人俗子,即君子亦时有之。"[①]逸事自有其价值,方苞对左光斗之事的搜求,是一标志性事情,亦可见流动的私密口传如何转化为正式的公开记载:"戊子冬十月望后七日,余在桐城,夜坐左秀起斋中,叩其先忠毅公逸事。"[②]夜坐,主动叩问,这类情景或行为,在萧穆日记中经常出现。从萧穆往前回顾,桐城文人写作对逸(轶)事、掌故的关注已略成一系谱,就专写桐城人物而言,戴名世有《书光给谏轶事》,方苞"纪事类"文中标题名"轶事"者有8篇,其中最有名的是《左忠毅公逸事》,此后如马树华,以及比萧穆稍晚的马其昶、姚永概皆有以"逸事"名篇写桐城人物者。因为既成一种风气,不以"逸事"名篇,但包含逸事的文章当不在少数。逸事、掌故成为读书人或乡野间的谈资,是流动的文献,是一种风气;同时融入文章,形成一种文体,一种叙写方法。

---

① 萧穆《敬孚类稿》补遗卷二,第484页。

② 方苞《左仁传》,见《方望溪文集全编》卷十五,《方苞全集》第8册,复旦大学出版社,2018年,第527页。

萧穆对桐城乡贤旧闻轶事的偏爱，首先是有以此命篇名或专写轶事者，如《书方望溪先生汤司空逸事后》（二篇）、《记方恪敏公轶事二则》、《记姚薑坞先生轶事》等；其次就是以轶事掌故入文，如《追录旧游何氏青山石屋寺后记》《记方恪敏公画像》，相关篇幅明显。作为内容构成或表现手法，如写桐城东乡陈家洲刘宅俊墓志铭，中间穿插年幼聪颖作文之事①，写居东乡棋杆岗外祖左知来（号鸿志）事略，中间编织一小节掌故：“一岁凶荒，除夕，不名一钱，所储不过斗粟，即大书门帖云：‘诗书有味堪销夜，爆竹无声也过年。’其风度如此。”②萧穆三岁时，外祖左氏谢世，故此较为传统的对联型轶事，当得之于家人、戚友。写桐城白苓涧姚德森传，结尾用姚氏航海就镇海县赖氏之聘、海上遇散仙之奇遇，而此奇谈，乃姚德森之子姚光灿向萧穆道及③。轶事掌故的巧妙穿插、安排之法当然是源自《史记》诸传写法，桐城派中较萧穆稍晚的马其昶也多有运用，在《桐城耆旧传》中，有张纯叱虎、张廷瑑传梦神语、方观承岳丈梦黑虎当门而卧、吴直京城酒楼条辨经史疑义、马宗琏骂贼、姚柬之狂傲、光聪谐淹博诸事入传记。

掌故轶事的感染力或远在文献之上，借助于事件的选择、细节的编排，可将所讲人物置于一个“新奇”的语境中，其形象更加鲜明。姚永概光绪二十四年撰《方氏读书小楼记》回忆光绪九年（癸未）听方宗诚子方守敦（常季）讲掌故情形：

> 忆昔癸未之春，余与伯兄应童子试，借楼之北屋寓焉，时先生新自北归，年逾六十矣。日坐楼下，点读《通鉴》数十翻不倦，

---

① 萧穆《刘悌堂先生墓志铭（并序）》，见《敬孚类稿》卷十一，第 302 页。

② 萧穆《外祖左鸿志先生事略》，见《敬孚类稿》卷十二，第 347 页。

③ 萧穆《姚晓帆先生暨子植斋处士家传》，见《敬孚类稿》补遗卷三，第 516 页。

> 夜则召余兄弟侍谈先辈文学师承及生平轶事。洪声大口，须眉开张。[①]

方守敦传承的桐城文学的“口述历史”，是有“洪声”或略有“表演”的过往。桐城人日记中关于先辈掌故之事，在姚永概的日记中也有不少记录，如光绪七年五月姚永概与其兄谈方东树事，七月记录其祖“端恪公”（姚文然）《外集》感应事；光绪八年四月，姚永概夜与大伯父谈对联之佳者，其中有姚鼐联语；七月，姚永概大伯父讲桐城左氏、周氏之发达与卜穴的故事[②]。在萧穆、姚永概之后，桐城文人掌故仍在流传，同时也在新生。桐城派收结期人物李诚就有一篇《民初桐城文人轶事》[③]，这正显示掌故的生命力。

西方学者指出谣言是世界最古老的传媒，以为谣言是议论过程中产生的即兴新闻，是一种信息的扩散过程，同时又是一种解释和评论的过程。掌故和谣言相比，自然有不同之处，然也有相似甚至重合之处，如挪用此论来理解掌故的作用，则掌故已由即兴的新闻变成较稳定的故事，每一次传播，不像谣言边流传边衰竭，而是在演变为一个结构完整、具有完美形式的述说。掌故不仅仅具有维持聊天、彼此娱乐的作用，还有教育与激励的功能[④]。

对于桐城而言，口传的轶事掌故可能一直作为谈资流传，其中一

---

① 姚永概《姚叔节先生文存》，国家图书馆藏抄本。

② 姚永概《慎宜轩日记》，第9、17、57、70页。

③ 见李诚著《李诚全集》下册，海天出版社，2019年，第960—962页。此文有吴汝纶、马其昶、姚永朴、姚永概掌故多则，其中谈及桐城读书之家秘藏批点本事：马其昶家藏方苞批改柳文，姚永概家藏姚鼐批点《今体诗选》，与后来刻本有不同处。

④ 此节文字据《谣言：世界最古老的传媒》推衍。[法]让-诺埃尔·卡普费雷著，郑若麟译《谣言：世界最古老的传媒》，上海人民出版社，2018年，第8、117、148页。

部分被文献固定后，渐形成“稳定的叙说”，当然，有些文字还可重新回到桐城乡村城镇的讲谈之中，同其他形态的文化一起塑造或丰富文化和文学传统、习俗、记忆或价值判断模式。

第四节　戴名世著述的复活与桐城的精神氛围

戴名世的被诛，对桐城人而言是一巨大的“精神创伤”，是一极端事件。戴廷杰著《戴名世年谱》十二卷所附《戴名世先生后谱稿》[①]，似仿《史记》“其后……年”之意，记录戴名世被诛多少年之后与戴名世相关之事，戴名世的“后谱稿”自咸丰十年起到同治十一年，就是以萧穆搜集、整理、传播戴氏著述之事形成脉络。因为萧穆对戴氏文献热心，年谱这一时段条目细密，同治八年十月初七日记记录了他保存文献的承续之功：“夜检阅戴订《四书朱子大全》诸条记，此方存翁藏本，传为南山手所批订，欲他日照此重刊。后归戴孝廉钧衡，今归存翁，余往年曾借藏过，今仍向方氏借回，欲以前在金陵赵季翁赠本照此朱墨笔临一副本珍藏也。”(30/284)萧穆日记所记录诸事，乃当下所见所闻，然因其所闻见之事大多与戴氏著述有关；戴氏著述何以能保存流传，则有必要追溯其“前史”。

据《戴名世先生后谱稿》所记，从康熙五十三年方孝标诗写起，乃方登峄、方苞诸人文字，仍可见戴名世身后余波。乾隆二十五年桐城吴肖元编《初学文范》，选戴氏制义二篇，次年又编《初学秘诀》，选戴氏制义三篇。乾隆三十二年，戴钟岳为曾祖戴名世作《南山公传》，录入宗谱。乾隆三十三年，“故学士李绂以集中有与先生同饮诗，几乎牵连削秩”。乾隆三十九年谕各省严访违碍书，乾隆四十二年后，浙

---

① ［法］戴廷杰《戴名世年谱》，中华书局，2004 年。

江巡抚、两江总督先后进呈《戴田有全集》,其他各省随之进呈,直至乾隆四十七年。乾隆五十四年、五十五年浙江巡抚将《戴田有时文》列入禁书。此后,戴名世著述处境稍松弛,道光二十一年戴氏宗人戴钧衡为所编《潜虚先生文集》撰"书后",其时乃戴氏诛后一百二十八年。此后方东树与方宗诚论文,极推崇戴氏之文。咸丰二年,方宗诚与戴钧衡编辑《桐城文录》,方宗诚遂向马三俊(命之)借《潜虚先生文集》,方宗诚有题识云:

> 此吾友戴存庄所编辑,而吾友马命之之藏本也。咸丰二年,余纂《桐城文录》,借读之,见其多闲杂之文,乃为删节而慎取之。其后此书为方子观(方朝觐)借去,而命之又殉节,其家播迁靡定,故此书竟未归马。今年子观归于吾,复为删节,选为定本。[1]

方宗诚咸丰七年删定钱澄之、戴名世文集,咸丰八年《桐城文录》编成,"授萧生敬甫编校之,是书搜罗编订已六年矣"[2]。由此推之,道光末年咸丰初年,至少在桐城境内,戴名世的著述可以在文人圈里谈论、阅读、编辑。其后戴氏著述在桐城的流传情况,有不少保存在萧穆日记中。通过萧穆日记所记及其他文字追溯并合理推测,萧穆这则日记中提及方宗诚、戴钧衡以及江苏丹徒赵彦修(见同治八年日记)皆记录戴氏《四书朱子大全》。方、戴二人之事就是咸丰二年方宗诚题识所述保存戴氏文献之事的延续,然咸丰二年所述之事中提及一位更早且具悲剧意义的保存者马宗琏孙马三俊,这些关键人物的事迹可连结形成保存戴氏文献"历史"的主脉。在主脉之外,萧穆的日记中还记录了其他保存者,下面以萧穆的视角略作梳理:

---

① 《戴名世年谱》,第1008页。

② 《戴名世年谱》,第1009页。

咸丰十年闰三月二十三日，向周丙申借《南山集》校阅。

咸丰十年五月十三日，为章逢源校南山时文一册。

咸丰十一年二月三十，从程际云（小亭）处借《南山集》六本。

咸丰十一年八月二十四日，为庐江黄业良（仰范）校《南山集》。

咸丰十一年十二月十三日，向姚濬昌借《忧庵杂记》。

同治三年九月十七日，还徐晋生南山遗文三本。

同治四年三月十八日，“晤左思翁，云借抄有南山《四王传》一本，又云钱氏藏有《南山集》甚多，余欣然托借，未知能寓目否也。”（29/498）

同治八年七月十六日，借阅赵彦修藏《四书朱子大全》。

同治八年九月二十日，看余作霖藏书，其中有其先人著述，“又出示所藏，有田间、南山、海峰诸集。作翁又云旧藏《南山全集》刊本约有数尺，盖数十大册，咸丰间兵燹失之云云。然翁语似非妄言者，穆以为《南山全集》未闻刊本如是之多，疑未能决也”（30/276）。

同治十一年正月初九，向周芑诒借阅“己丑戴名世会试朱卷一本”（30/569）。

据萧穆日记，保存戴氏著述的人有周丙申、章逢源、程际云、黄业良、姚濬昌、徐晋生、“左思翁”、“钱氏”、马起升、张炜、赵彦修、余作霖、周芑诒，再加上前文提及的方宗诚、戴钧衡、马三俊，15人中黄业良、赵彦修为外地人，其他皆为桐城人，有几人可确定是桐城知名家族之后，如马氏、姚氏、张氏，而戴钧衡为戴名世族裔，是知名家族后人，说明他们的戴氏著述很可能承袭先人所藏，先人所藏或有较长时间的传承，而乾隆三十年之后严酷的查禁时期，这些家族必有保存戴氏著述隐秘的历史。同治八年余作霖所述《南山全集》刊本有数十大册，至咸丰战乱失去，如此“显眼”的大书已经度过乾隆朝危险期。戴名世著述在桐城一邑私密保存及在咸同朝的复出，可以看出以下四方面问题：

其一，制度、法令或因人情及地点在执行过程发生变异，产生“弹性”,并没有出现从制度、法令落实时理应出现的效果。

其二,桐城的家族或“姻亲联盟”在关键时刻可能是地方文化传统的一道保护屏障。

其三,桐城的重文氛围或传统,涵育出一种较为独立的、以道统为内核的评判标准,故戴名世被诛最初若干年,关于他的回忆及文章选编之事并没有消匿;而戴氏著述历经乾隆朝文字狱的大风大浪,也可见桐城的这一氛围或传统并未断绝。诺伯舒兹在论建筑现象学时指出“任何人为场所最明显的品质就是包被”,这些场所是心灵气氛(spiritualaura)的场所[①],挪用此意,桐城已不是地理上的空间,而是有心灵气氛、有“包被感”或安全感的场所,这一场所的长期延续,是桐城文章学术生生不息的重要精神资源。

其四,从萧穆日记及桐城后人文字所存零星记录或掌故中,可判断戴氏文章学术成就之高,不能抹杀;且与方苞等几位人物关系密切,论方苞等或桐城文章学术时,戴氏不得不被关联论及。

萧穆在致力于戴氏文献之外,还接触其他“违碍”人物,如孙学颜(号麻山),雍正末年因序刊吕留良书牵连弃市。萧穆咸丰十年曾作《孙麻山先生遗集后序》。同治十年正月十二日,萧穆向吴汝纶借书数种,其中还有外地作者禁书“吕晚村文集五本”(30/445)。这条记载,也说明吴汝纶家藏中也有禁书。在收藏之外,可能还有秘密的借阅与传抄,而在萧穆日记中,他整理禁书时,就有不少桐城友朋向他借阅,这些借阅者有方涛、吴棣村、苏求庄等。从家族到地方,从康熙、雍正、乾隆三朝到咸同两朝,官方的文字狱、多次查禁,对桐城一地的影响或管控,没有如官方文书所推衍出的“毁伤程度”,就地域而言,不如江苏、浙江那般严酷,其中原因,是桐城一邑位置稍偏,所谓“山高皇帝远”,还是另有原因。

---

① [挪]诺伯舒兹(Christian Norberg-Schulz)著,施植明译《场所精神:迈向建筑现象学》,华中科技大学出版社,2010年,第59、195页。

尝试回答这一问题，可能要回到桐城本土，要留意桐城二十多个知名家族自明代以来不断强化、密集的联姻而结成的婚姻集团所发挥的作用。就桐城文化而言，虽有家族文化与地域文化互动之说，然实际上就是这些家族代表地方，家族的联盟是一种潜在的、扎根深入的力量。当然，考察这种力量时，不必刻意在与官方对抗的格局中拔高，但可确定在有大灾难时，他们会同情、团结，主动避让以求自保。

王汎森讨论道咸以降禁书复出现象，将清代禁书大致归为五种类型，并指出这种查禁或思想文化的赤裸裸的操控，《四库全书总目》“对乾隆以后广大的士人世界起着强大的指导作用，许多人购书、读书、印书、藏书往往以它作为参考依据”[①]。给禁书的大致划分归类比较稳妥，但对《四库全书总目》的“规范”作用，有夸大之嫌，颇值得商榷。《总目》二百卷，是大部头书，不是一般读书人能买得起；印数有限，传播范围也局限在东部地区（从东南、山东到京城），真正的稍广传播，要到光绪十四年有上海石印本后才有可能；即便如此，论及《四库全书总目》的影响，也要有分寸。禁书的观念，如戴名世著述被查禁，更多的是依靠极端事件、舆论或读书人之间的一些传闻来散播。道咸以降，禁书复出，是因为文网的松弛，也因为此前并未完全清除。未能完全清除的原因，王汎森十分敏锐地捕捉到家族的力量。官方搜查，人力有限；同时，地方上的读书人因地缘血脉形成人际网络，予以阻挡[②]。“清代在官方功令（名）之学的鼓励与千钧压力禁忌之下，公开流行的书籍，与乡邦里巷

---

① 王汎森《道咸以降思想界的新现象：禁书复出及其意义》，《权力的毛细管作用：清代的思想、学术与心态》，台北联经出版事业股份有限公司，2013年，第606页。

② 王汎森《权力的毛细管作用》，第610—611页。

之间所藏的,似乎存在相当距离”[①]。戴名世在桐城的传播以及王汎森所论,涉及一个重要问题,就是传统社会的“皇权不下县”。20世纪40年代,费孝通在《基层行政的僵化》《再论双轨政治》中形成对中国社会结构的“双轨制”认识,即皇权并不直接针对每个家庭。“中央所派遣的官员到知县为止,不再下去了。自上而下的单轨只筑到县衙门就停了,并不到每家人家大门前或大门之内的”[②]。此意就是基层社会基本由乡绅和宗族管理。近年胡恒对“皇权不下县”有质疑和反思,认为县以下有其职官体系,并有杂职官、佐贰官等行使权力,在基层社会发挥作用[③]。胡恒所作的细密文献梳理及研究,确实对“皇权不下县”说具有挑战性;然此类官员的作用可能较小,从一些清代文献所记、并结合萧穆所记清代桐城境内禁书的留存和传播情况来看,他们作为一个阶层的力量并不明显。故此处还是认同“皇权不下县”所代表的“双轨制”。

戴名世著述的保存作为一个“事件化过程”,有助于看清包括桐城在内的“任何社会生活的逻辑和规则都不会自行空转”,戴名世著述的前前后后,可将这些逻辑和规则激活,看到内部的运作节奏与风格;由萧穆日记所展现的诸人的“生命历程”[④],更能理解文学和文化传统如何得到传承和延续。从萧穆日记所记,还原这一事件的余波,看戴氏著述的隐伏与复出,所关注的已经不是作为个体的戴名世,因为多层关联,必须注目桐城文人群体,这一群体是指从前人到萧穆身处的群体,以及这一群体所寓居的“心灵氛围”。没有这种氛围,桐城

---

① 王汎森《权力的毛细管作用》,第618页。

② 费孝通《基层行政的僵化》,《费孝通文集》第四卷《乡土重建》,群言出版社,1999年,第337—338页。

③ 胡恒《皇权不下县?——清代县辖政区与基层社会治理》,北京师范大学出版社,2015年。

④ 此处论说,参见渠敬东《探寻中国人的社会生命:以〈金翼〉的社会学研究为例》,《中国社会科学》2019年第4期,第100页。

文章或学术可能就是几大名家短时的闪耀，而不会形成前辉后映的群星闪耀的流派。

笔者曾以家族联姻与地方文献编刊的独特性作为切入点，指出桐城可作为清代地域文化或文学研究的典型性区域[①]。萧穆咸丰十年到同治十一年的日记，再一次强化桐城这一区域的“样本特征”，并可将这一“样本”设想予以拓展和深入。萧穆所记对于桐城派（含桐城诗派、桐城学派）及桐城地域文化研究的意义而言，在于呈现出较为细致的桐城本土文化图景，更重要的是显示一种演化过程或“未完成状态”。从书籍的保存和流动中可见文化土壤的深厚，从戴名世案和太平天国战事的极端事件中，可见一地人物的文化责任感和异于时趋的精神持守；从批点本的过录、融合与追求“完美选本”中，可见桐城文学的多种滋养，以及不拘守、求变通的生发机制。

通常论桐城派多集中于文章，实际上桐城文章的光焰遮掩了桐城经学、史学、诸子学[②]；或可换一角度，桐城文章的长盛不衰，得益于桐城的读书风气以及经史子集并重的传统。以批点或过录批点而言，萧穆日记记录了《诗经》《书经》《礼记》《周礼》《左传》《史记》《汉书》《三国志》《南史》《孟子》《荀子》《老子》《庄子》《管子》《扬子法言》《世说新语》《楚辞》《昭明文选》等要籍[③]，如《左传》《史记》是桐城派

---

① 徐雁平《论桐城可作为清代地域文化研究的范本：以世家联姻与文献编刊为例》，《安徽史学》2019年第4期，第134—142页。

② 欧明俊提出研究桐城派首先应关注桐城学派，不能误解姚鼐主张，将桐城派理解为桐城文学流派。见《“文学”流派，还是“学术”流派？——“桐城派”界说之反思》，《安徽大学学报》2011年第6期，第40—46页。

③ 萧穆日记所记录姚氏圈点或批点之书有“九经”（包括《礼记》等）、《逸周书》、《庄子》、《荀子》、《扬子法言》等。

推崇的经典，方苞称“义法最精者，莫如《左传》《史记》”[①]，其“义法”一语源自《史记·十二诸侯年表》；刘大櫆的“神气说”即源自《庄子》，诸如此类，包括文章选本对经史的重视，直接构成桐城派文章观念趋尚；同时，将经史作为文章来理解，也影响对《庄子》等书的解读，钱穆尝言：“清人重考据，故能注释古书，惟注不好《庄子》。……但王(先谦)著《庄子集解》则并不佳。盖王氏专讲训诂考据，而不懂《庄子》之辞章故也。……而桐城马其昶通伯作《庄子故》，则优于王著。”[②]文章的解读之法，也融合渗透到诗的评说之中，代表例证就是前所言方东树《昭昧詹言》所录；同时，论诗或诗学也在文章理论和古文创作中有回响，方宗诚以为“惜抱先生文以神韵为宗”[③]，吴汝纶曾摘录《昭昧詹言》，以为其中论古诗，“多可通之于文”[④]。要言之，桐城境内诸家批点或阅读经史子集要籍，是一种多样性并存的文化生态，他们并不拘守某一部或某几种书，四部之中集部的批注及创作得益于其他三部较多，较为通俗的比拟，就是桐城自有深厚的文化土壤，土壤中有充足适合的营养。研究桐城派，不能孤立地研究文章，要关注其他诸多学问；研究桐城文章，不能孤立地研究创作，要研究阅读、保存、编选、圈点、评论等多种问题，要重视氛围和传统。

希尔斯在《论传统》一书第二章“过去事物的持久性”中指出，传统有两种：一是知识(技术)传统，一是物质(器物、书籍、手稿)传统。在讨论后一传统时，他特别选择文学作品作为讨论范围，强调文学作品的物质载体保存及传承对文学传统延续的重要性。“物质器物是

---

① 方苞《古文约选序例》，《方苞全集》第 8 册《望溪文集全编》上，第 238 页。

② 钱穆讲授，叶龙记录整理《讲学札记》，北京联合出版公司，2014 年，第 14 页。

③ 方宗诚《桐城文录序》，《柏堂集次编》卷一。

④ 吴汝纶《吴汝纶全集》第 4 册，黄山书社，2002 年，第 1036 页。

一个双重传统。它既是一个物质基础的传统，又是一个概念和信仰的传统，以及融化在物体中的工艺、技术和技能之理念的传统”[①]。借用此说来理解桐城派的传承，物质器物就是处于各种状态的文献，就是以抄录、编选、批点、过录批点等方式“新生”的各类书籍，如前文所言以及希尔斯所指明，这些书籍或“器物制作”中包含“工艺、技术和技能之理念”。关于书籍的种种行为举措，在桐城境内近似一种匠人的“手艺”。引入“手艺”这一概念或视角，就是强调研究桐城派要回到桐城本土，回到桐城人的日常读书生活，关注文化或文献的“器物的制作”，从做工、技艺的习得，从重复、单调或无止境的磨砺式日课中体认、领悟形而上的“义法”“神理气味格律声色”等理论。这两种传统提示研究桐城派及其他文学流派，甚至文学传承，要重视基本的“手艺”、器物以及日常交往形式。

在桐城文章、诗学、经学的承继和弘扬过程中，技术、物质这两种传统呈现的样态颇为丰富，甚至可加深拓展希尔斯的论说，如关于文章技法、诗法及读书治学的方法，独具特色；而关于物质传统的论述，除一般性保存之外，还关联朝代更替、突发政治事件、大规模战争等外在不可控因素与文献保存及复活等重要问题，以及桐城一邑文人内部的保存，如家族性保存，亲密家族内部批点本流通，志趣相投或有师承关系文人的书籍交流，批点的过录、汇合以及“断以己意”的文本新生，诸如此类，皆可以丰富关于传统的论说。

在中国文学传统中将桐城派视为文学流派的“桐城模式”，既是因为它所拥有的丰富资源，有助于后来者从多方面考察这一流派何以延续三百余年生生不息的机制；又是因为桐城派在以文章为主导时密切关联桐城诗学、桐城经学等学问，更能体现中国文学流派的内涵与包容性质。生长机制的形成，需要各种因素和力量的和合，而回到桐城本土中，引入“手艺”视角探寻，可从其他地方性的手艺中得到

---

① [美]爱德华·希尔斯著，傅铿、吕乐译《论传统》，第85页。

启发与印证，如湖笔、端砚、宣纸的制作，如徽州的雕版工艺、建阳的出版业、景德镇的瓷器制作、宜兴的陶艺等等，从这些匠艺的地方特色、匠艺规则、手工制作以及延绵时间等方面来思考桐城派的“手艺”特征，应该不是贬抑，而是提供一种新思路，可在成套理论和系列选本中再思“日常慢功夫”的意义：“每个优秀的匠人都会展开具体实践和思考方式之间的对话；这种对话慢慢演变成持续的习惯，而这些习惯又在解决问题和发现问题之间确立起一种节奏。”[①]桐城文人有一系列的手工实践活动，还有一系列的规则，这些规则在一定范围内可以共享和传达，并且能让学艺者有“入手”之处。由实践锻炼到文章观念的把握，由器物的制作到道的体悟，“手艺”将桐城派的规则、知识“内化”，在不断比照与磨合中，形成一种身与心、感性与理性、经验与理论融合生长的机制。这一实实在在、生生不息的机制，表面上是个案或桐城独有，然在与其他艺术形式的映照中又呈现出典型性或普遍性，因而由“本土生长机制”“桐城模式”或可思考中国文学流派或古代文学传统演进的一条路径。

---

① ［美］理查德·桑内特著，李继宏译《匠人》，上海译文出版社，2015年，第12页。

第二章　上海广方言馆与萧穆的周边世界

对于萧穆的生活世界而言，曾国藩幕府是他赖以拓展的框架或主干，日后诸多枝节，大多从此生发。萧穆不是幕府中的宾僚，然因方宗诚、吴汝纶等人介绍，他依靠自己的学问和积攒的书籍资源，结识了曾氏幕府这一晚清最为知名的读书人群体。

同治十一年，是萧穆人生的一个转折点，是他从桐城走向上海的承启年份。这一年，他遇到人生中对他有特别影响的人物；在转折的过程中，"稀有桐城文献资源"发挥了奇妙的社交黏合作用。此年四月二十二日，萧穆在南京汉西门遇到吴大廷(桐云)，日记中有如此记载："(吴氏)问及桐城先辈遗书及批点诸书存亡。即略举海峰、惜抱诸书批点及选诗、古文等著以对。而刘选诗、古文本及姚本《礼记》《庄子》等书，李公欲借书局发刊，先嘱余为经理副本。余以觅馆为托，李公亦身任之。"(30/599)此后一段时间，萧穆携带的桐城文献频频亮相，在与孙诒让、李鸿裔、薛福成等人见面时，他都展示了自己的珍藏。九月初十，吴大廷约萧穆到上海(30/642)。十一日，萧穆先与吴大廷谈，"回寓以抄本《南山集》八册命如海送呈，盖伊久欲求此不可得也"(30/644)。

萧穆于同治十一年十一月初到上海，十二月吴大廷与冯焌光(竹儒)商量萧穆"馆事"(即广方言馆一职)，大致定下"每月可得廿金"(30/698)。吴大廷乐意帮助萧穆，或因为萧穆是热心文献的读书人。萧穆十一月初到上海吴大廷公馆，就从吴氏处借得其所藏王拯纂《归方评点史记合笔》刊本六卷附归氏《史记评点例意》及刘氏《论文偶记》；稍后吴氏向萧氏借《汉书》三册，萧氏向吴氏借“所临惜翁《庄子章义》及梅伯言郎中圈点《五代史》及《惜抱轩文集》共三种”（30/690）。萧穆已有的桐城文献资源将其引入以上海为中心、范围更广的书籍社会。

吴大廷之所以对萧穆关照，除吴氏欣赏萧穆是勤恳的读书人外，还有一原因，即二人对桐城学人著述尤其是桐城派批点诸书皆有浓厚兴趣。二人见面所谈，必有与桐城派著述相关的内容，吴氏顺势说出自己所藏特色书籍，这就为嗜书的萧穆提供了重要的书源；而吴氏收藏数种桐城派的批点本，说明作为“附加价值”或“附加内容”的桐城派批点，在道咸之后得到读书人或藏书家的重视，桐城派的“特色技艺”或“看家手艺”得到较广泛的认可。萧穆无论在南京、苏州或初到上海都带有数种书，这在他的日记中也有记录，每次出门远行前，都会提前数天整理书籍、行装。这类远行所携带书籍，在一些保存下来的行箧书目中可见。大致而言，萧穆所携多为常用的、卷帙不多的书籍。萧穆所携诸书，从日记中“显露”出的来看，多为用心准备的地方特色书籍，流传较少的批点本、稿本、抄本，萧穆将这些文献带到上海，作为拓展交往的“备用资源”。

第一节　广方言馆中的公事与私事

赵宗抃所写《近代儒林传·萧敬孚先生》一文，记录桐城张子驹所谈桐城诸老逸事。此文先言萧穆留心掌故及版本目录之学，与桐城诸家如方宗诚、徐宗亮、吴汝纶治学兴趣有何不同，继述其逸事：“先生馆上海制造局广方言馆数十年，当时局馆多新进髦士，见先生老气横秋，顽固拘执，绝无域外之观，群目为怪物，嘲讥笑侮，无所不至，先生夷然处之。会制造局总办易人，不知先生，甚轻之，减其俸。时邵阳魏公光焘督两江，过上海特造访先生，纵谈数日始去。总办大惊，急谢过，增俸倍前。先生辞所增，仍受原俸。先生老且贫，然藏书甚富，又尝至日本求善本，日本学士大夫多称异之。吴先生尤推重先生博洽，以为未易及也。晚年客江宁，为李光明书庄编书。书肆状元境，地势卑下，室暗，昼不辨物，先生编校不辍，皆极精审。未几遂卒。先生尝语子驹云：'吾在制造局时，日置身金铁飞鸣之间，然无妨吾诵读编校之工，吾咿唔之声，若与彼丁冬之音相和也。'"[①]张子驹，即张家骝（1867—1920），张英八世孙，马其昶之婿。据所述，他应该见过萧穆，然所述毕竟是逸事，不实内容有不少。所谓"晚年客江宁，为李光明书庄编书"，似指萧穆已经从广方言馆辞职，其实萧穆一直在馆任职，且卒于上海。"日置身金铁飞鸣之间"或是夸张之言，情形未必如此[②]。至于"群目为怪物，嘲讥笑侮，无所不至"之语，则明显是添油加醋、制造隔阂的推想。萧穆的学问是传统学问，但未必会和广方言馆中诸人关系如此紧张，如赵元益就是其好友，又如李凤苞（丹崖）、贾步纬，也与萧穆有交往。同治十三年九月二十五日，"晚食后到舆图局，晤丹崖、玉符、芳伯、雨田及诸人。此局乃新造成，前十数日移此"（31/290）。光绪十年十一月十二日，到泰安栈访李凤苞。光绪三年二月廿八日，贾步纬转交张文虎所寄言及所赠《舒艺室随笔》。光绪三十年二月六日日记：知贾步纬殁于正月初四日，享年七十八岁。"贾兄与余在馆相处三十一年"（39/504）。贾是南汇人，因其数学、天文、英语皆出色，在广方言馆主要负责编译西书。贾步纬同治四年由冯焌光召入翻译馆工作，同治八年任天文学教习。萧穆日记

---

① 赵宗抃《近代儒林传·萧敬孚先生》，《语林》第1卷第2期，1945年1月。

② 江南制造总局的布局是："局滨黄浦，三面缭以高垣；正中为公务厅；局的东部为文案房、画图房、总库房；再东，向北为生铁厂、木工厂，正北一带皆是厂房……厂门外设直道通达黄浦码头。……局西北为翻译馆、广方言馆；再西北为洋枪楼；楼东为熟铁厂。"从一些图片来看，广方言馆与厂房之间有一段距离。见丁日初主编《上海近代经济史》第一卷（1843—1894），上海人民出版社，1994年，第494页。

中对他有几次记录。贾氏在南汇的文人圈中,与张文虎熟悉。张文虎是萧穆的金陵旧识,萧穆到上海,很可能与他们有交往。

之所以如此计较张家驷写萧穆掌故出现的失误与臆想,意在强调江南制造总局或更具体的广方言馆对于萧穆而言,作用十分重要,以致可以将他人生中的这一段命名为"上海时期"。

江南制造总局自1864年9月至1866年8月为草创时期,1866年9月至1869年12月为扩充时期。所谓扩充时期,是以城南沿江的高昌庙陈家港新厂破土兴工为起始。曾国藩有长远图谋,"选聪颖子弟随同学习,妥立课程,先从图说入手,切实研究,庶几物理融贯,不必假手洋人,亦可引伸,另勒成书"①,于1869年将上海的同文馆移到江南制造总局,改名为广方言馆②。曾氏对广方言馆有再造之功,而江南制造总局行政机构中的要人,多多少少与曾国藩有联系,总局每年逢曾氏忌日有祭祀活动,萧穆亦多次参加。萧穆能进入广方言馆,曾氏潜在的影响力不能忽略。

江南制造总局在中国近代化的过程中发挥了重要作用,其中翻译馆和广方言馆在译介新学书籍、培养人才方面多有功绩。然江南制造总局自身弊端颇为突出,如机构重叠,冗员甚多,浪费公款,管理混乱③。萧穆应该就是诸多冗员中的一位;他勤勉从事的是公家之外的文化事业,贡献颇丰,当然要在另一层面予以评估。

梁元生指出,江南制造总局的会办和提调会随两江总督和江苏巡抚的意见被频繁调动,"但是具有讽刺意味的是,一些经过多年幸

---

① 曾国藩《新造轮船折》,《曾文正公全集》奏稿卷二十七,中国书店,2011年,第67—69页。

② 关于江南机器制造总局,据丁日初《上海近代经济史》第一卷(1843—1894),似应为目前所见较为详实可靠的江南制造总局研究。见该书第490—521页。

③ 据丁日初主编《上海近代经济史》第一卷(1843—1894)总结。

存下来的委员却是最不称职的人。例如，萧穆是一个学者兼书法家，他在江南制造局任委员有20多年，但他是一个只拿薪金不出工的受雇者。他之所以得到这份工作，是因为他与老朋友、制造局创始者之一的曾国藩有着密切关系。他对军火生产一窍不通，在他的著述中也没有对近代化表现出任何兴趣”①。梁氏这一判断大致准确，然从萧穆日记及其他文献看来，他不是所谓“委员”；此外，他更不是书法家，对此萧穆也有自知之明。他在广方言馆的三十余年中最初几年也偶尔接受一些长官派下来的杂事。萧穆每月大约按时领取薪水，并逐渐服从或习惯“请销假”制度，已略具近现代上班职员的特征。

从对广方言馆或江南制造总局的服务而言，萧穆确实出力不多。之所以如此，或与广方言馆的办馆方向有关。广方言馆选录年在十四岁以下的文童，文童由官绅保送，赴监院报名后送江海关道面试，录取四十名时文通顺者入馆肄业。生徒每月初一、十五两次课试西学，初八、二十四两次课试中学。有举人、贡生、生员四人为分教习，分授经学、史学、算学、词章四门。两江总督与巡抚虽是广方言馆馆务体制上的核转决策者，然在具体决策过程中，江海关道与同治九年以后的制造局在章程拟订、经费筹拨、教习聘用、学生课试等方面作用重要。同时，江海关道兼任广方言馆监督，制造局总办兼任广方言馆总办。萧穆日记记录总办的次数特别多，所记多与教习聘用有关。从苏精编制的“光绪二十年估计广方言馆每年经费”表所列各项目经费来看，“英文正教习兼翻译”每年薪水1560元，“英文副教习兼翻译”年薪600两，“法文教习兼翻译”1200元，“算学正教习”240两，“天文正教习兼翻译”384两，“中学教习”120两。到光绪三十一年，

① 梁元生著，陈同译《上海道台研究：转变社会中之联系人物，1843—1890》，上海古籍出版社，2003年，第89页。梁氏此说，引自吴杰著《中国近代国民经济史》，人民出版社，1958年，第350页。

国文教习 480 两，西文教习 870 两①。广方言馆重视西学的教育倾向从年薪的明显差距中可见一斑。结合萧穆日记所记薪水略作比照，广方言馆光绪三十一年薪水额度较符合实情。萧穆在光绪中期以前所得薪水较高，或是倚仗特别的人情关系。总之，在这样的机构中，供萧穆施展的空间很小。

萧穆在广方言馆校对译书，几乎是浅尝辄止。从同治十二年到同治十三年，他参与校勘江南制造局的经书刊印之事。新机构刊印经书，此前研究该局历史者似未提及，其原因可能是所刊之书影响甚微。同治十二年正月廿八日，萧穆日记云："局中刻工以所刊《春秋左传》样本送来校勘，旋即校数页。"(31/18)同年十一月，萧穆校局刻《近事汇编》《诗经》样本，十二月校《春秋左传》，这一工作延续到次年四月，然萧穆对局刻经书似乎不太认可，同治十三年四月六日日记云："取局刻《春秋左传》卷一至卷五两册覆校阅之。此书自去年到局即校对，至今未已，然照钦定本，删节太多(钦定本乃取诸儒之说，删所当删。此单刻本《左传》不可删也)，刻工又劣，总不成善本，真浪费工价及校阅工夫，可惜可惜。"(31/211)萧穆的局刻经书校勘工作，到同治十三年九月校对《易经》样本之后，再无相关记录。

萧穆在江南制造总局广方言馆任职时，同时在策划、参与或承接众多来自外界的编刊之事。宋代以来官员喜刻书，然大多数官员并无时间投入这种耗时耗心力之事，但他们有较宽裕的资金来聘请学有专长的读书人。光绪七年起，贵州遵义唐炯(鄂生)经过上海，忽有刻书之想，其原委在萧穆光绪九年代唐炯作《重刊毛诗要义序》中叙说清晰："前年春，余自蜀晋京，秋间返过上海，时同乡莫君善征适官

① 苏精《清季同文馆及其师生》，福建教育出版社，2018 年，第 77—85 页。此节关于广方言馆的介绍，皆据苏精著作编写，特此说明。苏精据档案及其他文献所写广方言馆情况，与萧穆日记所记较为接近。苏著关于年薪计量单位"元""两"，未统一，引用时仍其旧。

斯县，勾留数日，有桐城萧君敬孚过访旅舍，因询此地友朋往还及书肆有无秘本，知郁氏所藏宋元诸旧籍出售殆尽。敬孚复为搜得影写宋本《尚书》《毛诗》两《要义》。""爰属莫君妙拣良工，仿其行款，先行开雕，属敬孚、同乡宦莘斋分校。去年春，炯奉旨补授云南布政使，夏五月，将由蜀入滇。莫君及敬孚贻书，云刊已及半。今年秋，莫君复以书抵滇，并寄初印本十部。"[①]重刻《毛诗要义》《尚书要义》[②]，从唐炯行迹来看，有一定偶然性，上海的枢纽位置，以及莫祥芝(善征)、萧穆在此聚集，皆在偶然之中发挥促合作用。序中所及诸多要点，在萧穆日记中可以追踪。光绪七年八月初八，萧穆应李兴锐之招，往会唐炯、黎庶昌、莫祥芝，"共谈刊《毛诗》《尚书要义》事宜，盖唐公购此二书，即存善翁处，欲余为代校刻也。唐公又以银票一纸见交，凡二百五十金"(33/459)。萧穆与莫祥芝多次商谈如何刊刻。十月底十一月初又以所购《毛诗要义》抄本，参照莫绳孙旧抄本校阅。唐炯时在西南，仍通过书信"遥控"刊刻。光绪八年三月，萧穆以所校《毛诗要义》第五、六两本寄南京李光明，嘱其写样刊刻。九月初，萧穆到南京，将《毛诗要义》样本交李光明付刊。《毛诗要义》主体基本完工，十一月底十二初，萧穆先后代莫绳孙、唐炯作《毛诗要义》的跋和序。光绪九年三月，萧穆据新刊本《毛诗要义》陆续校阅，并将校阅文字寄李光明，不断让刻工补改板片。四月底五月初，萧穆又校一遍，交李豫章三百五十六页，修改板片。七月再校，并改订代唐炯所作《毛诗要义序》。

然在此时，《毛诗要义》刊印节外生枝，据萧穆光绪九年立秋后一日撰《记莫氏旧抄毛诗要义》一文所记："今此书刊本既出，此抄本既多脱讹，不暇为之细注，似可不存，然刊本初竣，余尚有校样本，脱讹

---

① 萧穆《敬孚类稿》卷二，第 24 页。

② 《尚书要义》稍后刊刻，萧穆日记光绪十一年三月初三，在莫楚生处"见苏局刊本《尚书要义》六本，即李眉生假莫善老处唐鄂翁本，乃余所出也"(34/459)。

约二百余字，刻工未为照改，而莫君即属印百余部，寄唐公二三十部，及送其同志数十部，余最后乃知刻工之疏，而书已流传，悔之无及。旋督刻工剜改，尚未重印。”[①]这也是多人合作中的纰漏，则可知此次重刻的《毛诗要义》，存在两个内容有差异的版本流传于世。

相较以上有限的公事，萧穆为一些官员所做私事更多，尤其是江南制造局的顶头上司道台[②]，其中沈秉成、冯焌光在萧穆上海时期日记中出现次数较多。同治十二年十月萧穆去南京考试、回家之后返回上海，去见道台沈秉成，送《望溪集》一部，而沈氏出视所作《小琅玕馆诗序》稿嘱萧穆校订润色。十月初五，萧穆又送沈氏钱澄之所著书三种。显然，萧穆是在用编书、送书建立与沈氏的关系。

同治十二年六月十九日，萧穆到牙厘局访江潮，江氏赠其祖江濬源《独秀山房四书文》，以新刊出的《介亭文集》样本托萧穆校勘。至闰六月初一，萧穆校完《介亭外集》卷二、卷三。十月初五仍为江氏校订《介亭文集》《介亭外集》，校勘延续至同治十二年年底。同治十三年五月底，江氏送其祖《介亭全集》十部给萧穆。同治十三年二月十八日，许国年（雷门）请萧穆代校所著诗文二册并代斟酌润色。萧穆自光绪元年为道台冯焌光（竹儒）校《通鉴》，直至光绪五年底，其时冯氏已逝，此年十二月十三日萧穆记：“作字寄冯吉云[冯焌光弟]观察，并以《通鉴》十函交曹裕送交，此书乃竹儒观察乙亥冬托为校点，今乃

① 萧穆《敬孚类稿》卷八，第213—214页。

② 自同治十一年至光绪三十年，在上海的道台有沈秉成（同治十二年）、冯焌光（同治十三年）、褚兰生（光绪三年）、刘瑞芬（光绪三年）、邵友濂（光绪八年）、汤寿潜（光绪十二年）、龚照瑗（光绪十二年）、聂缉椝（光绪十六年）、黄祖络（光绪二十年、光绪二十一年）、刘麟祥（光绪二十年）、吕海寰（光绪二十二年）、刘麟祥（光绪二十二年）、蔡钧（光绪二十三年）、李光久、曾丙熙、余联沅（光绪二十五年）、袁树勋（光绪二十六年）。据梁元生所编“上海道台（1730—1911）”，其中（　）中年份为开始任职时间。梁元生著，陈同译《上海道台研究：转变社会中之联系人物，1843—1890》，第159—160页。

竣工，竹翁竟不及见矣”(33/186)。萧穆做此事断断续续，不紧不慢，而冯氏似乎也不催促，因为这种雅事对于冯氏而言，或只是点缀。在校书之外，萧穆于光绪三年五月代冯焌光作《六朝文絜》跋[①]，或与此年读有用书斋刻套印本《六朝文絜》有关。光绪三年七月初七，为吴大廷编校诗文集，光绪五年闰三月初二，“取吴桐翁文新刻卷三至卷十一红样本校勘一过，将寄金陵，嘱为开板并补刊也”(33/43)。为这些官员校书，既是萧穆得以在上海立足的方式，又能用其所长，使其爱好转化为具体的实事，这也是他在广方言馆初期用力经营的“业务”。

查检“江南制造局翻译馆译书目录”[②]，未见记载萧穆，这当是因为他不懂外语和西学所致；然同治十二年正月他进入广方言馆时，确实是“校刊翻译诸书”(31/12)。正月二十七日，严子猷送译稿《十六国志略》给萧穆，商量“翻译外国诸事略体制”，“并乞删润文法”，“今阅其大略，叙事既不能皆确，地名、人名复不区别，确有一是，又无他书详考，只得如此，尚宜翻译校勘脱误字句耳”(31/17)。由于学问与知识的阻隔，萧穆基本上不能胜任“校刊译书”的工作，此后他的日记绝少见相关记录。

光绪三年正月二十九日，李兴锐、郑藻如请萧穆兼阅广方言馆中生童课卷。萧穆二月初一日记有记：

> 回室，收贽敬银十两。今年馆中新增小童二三十人，请上海人丁兴民(字墨生)、兴化郑□□(字楚白)分教读。余所课文者，即旧生童张景麒、瞿昂来、甘士溶、应祖锡、沈功章、孙承鼎、华福

---

① 萧穆此文即《重刊〈六朝文絜〉后序(代冯竹儒观察)》，收入《敬孚类稿》卷二，第51—52页。

② 上海图书馆编《江南制造局翻译馆图志》附录，上海科学技术文献出版社，2011年，第185—203页。

瀛、俞书祥、董绍文、黄致尧、李鸿振、吴承绪、吴宗濂、蔡云青十四人也。今同刘省庵、丁墨生三人开馆,省庵教算学,而郑楚白尚未至也。(32/185)

日记中所记刘省庵是刘熙载之子刘彝程。从日记中所谓"旧生童"推测,是广方言馆较早招收的生徒。江苏宝山的瞿昂来,同治十一年入馆学习,后来任驻英使馆翻译、广方言馆教习,有译作五种[①]。从瞿氏入馆学习到光绪三年,广方言馆应该有计划地招收生童多人。培养生徒的制度近似新式书院,分科学习,但也有传统的旧学。开馆仪式亦如书院,如光绪四年正月二十五日,"上午郑玉翁[郑藻如]衣冠来送诸生开馆,乃同刘省庵、丁默生先行拜圣,行三跪九叩礼,诸生亦行三跪九叩礼。从余受业者仍旧十四人,……诸生向余行礼,后玉翁亦行礼,并答拜讫"(32/367)。

萧穆对讲授、考课之事颇为用心,其光绪三年二月日记记录他与诸生谈功课,出题考试,批阅诸生课卷,并记录诸生名次。这项工作对于萧穆而言,是重操昔日教授生徒旧业。馆中生童并不多,六月二十三日萧穆阅"甲乙生十二卷、童二卷",并称"馆中诸生此次全在也"(32/244)。四月十二日,"晚间到甘生室小坐,又到瞿生室坐谈,后董生、秦生亦至,与谈论文史良久。……又晚间闻李生鸿振入上海县学"(32/223)。十八日,"午食后招俞生阅赋稿,又招张生质夫及瞿生鹤汀[瞿昂来]来阅其初八日课卷,与谈话久之,并以施均甫诗文示之"(32/225)。谈话、批订课卷是常规性工作,偶有训示,六月廿四日夜招应、黄两生"训示数端"(32/245)。六月二十八日,又训示吴、蔡二生。此外,萧穆还有针对性地为生徒选文,如"为甘生选读时文"

---

① 瞿昂来译作有《欧洲东方交涉记》《英俄印度交涉书》《列国陆军制》《法国水师考》《格致小引》。瞿氏小传见上海图书馆编《江南制造局图志》,第71页。

(32/223),“为黄生选阅《春霆集》久之”(32/227),“蔡生来,与坐话选《续古文》事”(32/246),“下午黄生来,以《古文观止》乞为选之,并与坐谈”(32/247),“吴生宗濂来,以储本《西汉文选》乞为选读,即为朱笔圈出目录付之”(32/252)。“早间阅《韩文起》,此本乃林西仲批注,颇有可取也(昨李生见示,乞选读也。下午选抄一目)。……晚间到李生室,以《韩文起》付之”(32/258)。“张生来,乃张灯谈话久之,以《古文辞类纂》及纪批苏诗俾携去便读”,“后为张生等选古文,开目录一纸”(32/259)。光绪四年仍记选文事:“下午居、王二生来,乞为选古文读本,与坐谈久之。”(32/390)“又为诸生选时文便读”(32/399)。生徒读古文,多读《古文观止》《西汉文选》《韩文起》等较流行的古文选本,然即使如此篇幅适中的选本,生徒仍请萧穆从中再选。萧穆推荐《古文辞类纂》外,也应生徒(如张生、居生、王生)之请,针对性开列应读古文目录。晚清,一般学生阅读古文的情况以及生徒的阅读储备,即使在各种条件较好的上海地区,亦不乐观。当然,这或与这些生徒面向西学的教育有关。

萧穆日记记录诸生学习情况以及广方言馆生徒培养制度。光绪三年八月二十七日,“招李、俞二生来,示以文赋二首,略言法律”(32/290)。三十日,“张生来还《通鉴》一函,并记所疑数条,见其读史之心甚细,为之欣然”(32/293)。九月十八日,“俞生来谈,并假《曾文正公奏议》阅之”(32/317)。光绪四年三月初三,“夜阅李生诗赋诸作,实为美才,微嫌其诗句有老境,兼有愁苦之音,非十七八岁书生所宜耳”(32/390—391)。三月二十二日,“李生鸿振来,谕以所取课卷名次大略。生先以字来,以取沈生第二名为疑,虽属放肆,念其近日用功有长进,且能细心,知沈生卷有肤廓,又不觉为之喜也”(32/404)。

萧穆与诸生童相处时,了解到诸生的家学。他与算学生马立本(字端甫,安徽当涂人)谈,了解马生叔祖的著述,并借阅马生所读马氏《易经》批注本，过录马氏圈点[①]；从李鸿振处看到其祖、其伯父著述抄稿本。光绪五年八月二十七日日记："余所课文诸生，均学英文多年，现因京师总理衙门缺少习法文者，馆中惟黄致尧、吴宗濂二人习法文，今将进京投总理衙门覆考；而学英文诸生，道台及总办出示，已于六月杪解散，听其各为学业，惟留瞿、韩二生在馆耳。而余亦久有归志，读书养亲课子，当遂所愿也。"（33/131）广方言馆诸生出路似并不理想，而萧穆归乡之言，也只是说说而已。九月，萧穆仍批阅生童课卷，十月十五日广方言馆又招新生。"馆中新添小生徒六七十人，余同子恒等到堂屋拜圣位后，受诸生拜。……余分教五人，上元孙凤翔、香山郑廷槐、丹徒花正亮、番禺胡光耀、□□章还，此五人俟省庵到此再学算法也"（33/160）。

光绪五年十一月十六日，五名生徒及新来的朱正元、谢崇洲来拜，萧穆"因为讲古文《陈情表》，并话久之"（33/172）。二十日为诸生讲《兰亭序》。十二月给诸生讲书及《桃花源记》《五柳先生传》。萧穆讲解篇目，似是因材施教。十一月间，萧穆或因教授不力受责备。"巳刻，李勉翁来责学徒功课，立言互有不雅，均生气，旋各自解，闲话而罢"（33/178）。至光绪六年，萧穆日记中无教授生徒记录，或是此年之后，萧穆失去教职。

李兴锐责备萧穆教授不力，从日记记录来看，或是因为萧穆经常外出，杂事较多；或是因为他让诸生代临旧书批点，如光绪三年十月交张生、孙生《三国志》新点本，嘱代临旧抄本批评；十一月初四，"到张生处以《蜀书》十五嘱为录批校，以录成《魏书》三十批校携回室。下午张生来，以《蜀书》十五批成见交"（32/327）。光绪四年让诸生抄

---

① 萧穆称此《易经》批注本专讲句读及音韵，最便诵读。光绪四年九月十五日录此本卷末题记："鹤船六十二岁抄授孙子立本读，东台西溪书院抄起，同治五年七月四日颍州府尊经阁上抄毕，原抄用场屋卷格书，首尾书法工整。上方记音韵，经中亦有双行小字，乃考订字句者也。"（32/482）

录《尚书要义》。然此类抄书之事，此前书院山长时让生徒代劳，略兼学习之用，不能完全视为役使。

光绪十二年二月初四，胡惟德、瞿昂来、沈功章来见萧穆。瞿、沈是老生，或此时已参加江南制造局的译述和校读工作，如瞿昂来，还有上文提及学法文的吴宗濂。查江南制造局翻译书目①，瞿昂来自光绪五年到光绪十五年一直在广方言馆从事笔述工作。而胡、沈与瞿同行，似可推测广方言馆一直招收生徒。

光绪十二年二月初四，萧穆日记还有记载："胡生来还《古诗选》八本，与谈刘选《古文》及诗文久之，以姚本《今体诗抄》附录圈点。"(35/114)"刘选《古文》"是指刘大櫆编选《唐宋八大家文约选》。萧穆九月日记中有瞿昂来来访之事；此后，还有瞿昂来问学记载。光绪十七年十月二十二日，"瞿生昂来来见，时将赴西洋，乃薛叔耘[福成]星使所招也"(36/580)。光绪十八年六月初七，胡惟德拜访萧穆，胡氏即将随杨子通出洋。大约诸生徒中，瞿氏与萧穆往来较多。

光绪十三年二月初三，萧穆日记记录："通州诸生崔聘臣来见，与谈良久。伊本在南菁书院肄业，尝习算学，今王益吾行文，令到本馆习算法也。"王先谦选派南菁书院生徒到广方言馆学习算学，王氏其时是江苏学政。生徒如此交流，可见一省之内书院运作机制。广方言馆的算学一直在延续，崔朝庆（聘臣）后来是算学名家，著述有多种②，多成于光绪十七年之后，据萧穆所记，其早期曾在广方言馆习算学，可得以呈现。

---

① 江南制造局翻译书目与瞿氏相关书目有：《欧洲东方交涉记》，林乐知、瞿昂来同译，光绪六年刊；《格致小引》，罗亨利、瞿昂来同译，光绪十二年刊；《法国水师考》，罗亨利口译，瞿昂来笔述，光绪十二年刊；《英俄印度交涉书》，罗亨利、瞿昂来同译，光绪十三年刊；《列国陆军制》，林乐知、瞿昂来同译，光绪十五年刊。《江南制造局翻译馆图志》，第113—130页。

② 江庆柏主编《江苏艺文志・南通卷》（增订本），凤凰出版社，2019年，第266—268页。

在上海广方言馆肄业的生徒后来有不少有作为者，在上文所列之外，另有光绪二十三年至二十八年在馆肄业的张君劢（嘉森）。在萧穆日记中以好学形象出现的胡惟德、吴宗濂在苏精介绍同文馆师生的“广方言馆出身的外交使节”部分中各有一篇传记[①]。

第二节　稳定的薪水与连续谋事

因为江南制造总局总办不断更换，萧穆在广方言馆中的“馆事”并不稳定[②]。此一闲职的求得是靠人情，而自始至终的维持，也几乎是依赖人情。光绪二十九年四月十六日，萧穆在南京，写信寄梁鼎芬，托梁氏关照制造局总办赵滨彦（渭卿），留其在广方言馆工作。四月十八日，萧穆到上海，“知余馆已为赵渭卿总办所撤，仍坦然不为意”（39/368），此应为自我宽解之语。四月二十五日，在多人帮萧穆游说后，“赵总办批条云萧敬孚为翻译校对，每月薪水三十两”（39/372）。因为人情关系，萧穆每月薪水还略有增加，人情在继续发挥作用。八月二十日，接李平书信，称已与赵总办商议，批准萧穆预支九、十两月薪水，请假一月回家养病。

从同治十二年到光绪三十年，除光绪二十八年日记缺失外，萧穆的每月薪水稳定，并且由银洋二十二元缓慢上升到四十一元。从日记所记来看，萧穆只要在上海或每月外出一周或十天之内，都可正常领取薪水。当月薪水基本在当月中旬发送，多在十二日至十六日之

---

① 分别见苏精《清季同文馆及其师生》，第171—174、178—180页。此外，据薛福成《庸庵全集》本《出使英法义比四国日记》所标该日记著者和参与者是：“无锡薛福成叔耘纂著；如皋顾锡爵延卿、新阳赵元益静涵参校；鄞张美翊让三、上海王丰镐省山、嘉定吴宗濂挹清、归安胡惟德馨吾、鄞陈星庚钧侯采译，桐城潘承烈星周缮录。”吴宗濂、胡惟德是薛氏使团成员。

② 光绪二十九年四月十八日返回上海，即遭新任总办赵滨彦裁撤，后经人疏通游说，赵氏同意让萧穆做翻译校对，每月薪水三十元后来也调至四十一元。

间；这一“薪水节点时间”似乎也给萧穆的外出予以“内在规划”。节点时间不是十分严格，然从萧穆对往来银钱的详细记录中，也能推测他错过了不少领取月薪的时间。

萧穆在十二月份领薪水时，一直能同时领取作为“福利”的正月薪水，正月他一般回桐城。领薪水的规则，以光绪二十一年为界限，自同治十二年至光绪二十年，萧穆基本上按在上海“工作时长”领薪水，即使在可以得到资助的赴南京应试时期（一般有两个月），薪水却并未补发。然自光绪二十一年起，萧穆每月薪水有银洋三十多元，还能在返回上海时补领此前月份工资，有时他还能在和悦洲（铜陵大通镇附近）的钱庄接收从上海汇过来的薪水。光绪二十一年，萧穆六十一岁，进入“老病”状态，或引起总办的同情，所以发放薪水规则放宽；更为直接的原因是萧穆还不断借钱，落入病、老、穷的境况，他在桐城写给总办等人的信中偶有提及。查检萧穆光绪五年以前日记，未见借钱记录；光绪五年因妻桐城左氏去世后，他入赘川沙冯氏，似有入不敷出的状况。此年四月，萧穆托同乡马端带儿子萧受谦回家，带洋三十元，两洋作船价。十五日，“后至帐(房)，晤虎、秀二兄，以二百四十洋票交还，外取四十番回室”(33/65)。二十三日，“入市买帽靴等件，久之乃别。到县署晤莫善翁，假袍褂，翁又以花衣、朝珠、凤冠、霞佩等件见假”(33/71)。此后至光绪十八年，有零星借钱记录，同时，给桐城家中日用钱记录和数目渐渐明显。光绪六年五月二十五日，“自前月十四日自上海回家开发各事及零用，凡一百六十余洋”(33/260)。萧穆出自贫寒之家[①]，世代务农，收成受天灾影响；且近六十

---

① 萧穆先祖本姓陈，由徽州婺源陈村来桐城南乡会公里，赘于萧氏，因从其姓。乾隆中，迁居汤家沟东十五里土名钱氏小墩(今属枞阳县)。萧穆祖父萧永兴，为里中富室刘氏司事。父萧锡光，屡试不中，年三十二，遭水灾，乃弃举子业，复为刘氏司事。母左氏，继母范氏。参见吴孟复《敬孚类稿》附录，黄山书社，2019年，第365页。

岁时，家中要事、变故、灾难渐多，如二儿、二女的婚嫁，继母去世，葬父等等，借款的额度或往家寄钱的频率也明显增加。旧债刚去，新债又来。萧穆在疲于奔命中，不能摆脱，时典当画册或者皮衣，勉强度过年关。

萧穆光绪二十八年日记在从桐城到安庆的轮船上被人偷走，这一年的收支、借债情况缺失。然从这年的前后两年看，状况不会有多大改观。光绪二十八年有件较为特别的事情，《申报》刊登“长江水灾春赈”，其中有一条：“萧敬甫，安徽桐城县赈洋五百元七钱四分计元三百七十两。”[①]这笔捐款对于萧穆而言是巨款，不知从何处获得？因为日记缺失，暂无从查考。

萧穆家有田地，日记中曾记录用本洋二十五元买过一头水牛，当是耕作之用，田地是雇人耕种，工钱付出不少，然收益并不明显；还经营过当铺，似乎也不成功。或许还有别的经营，但据日记，没有赢利记录。萧穆的薪水，还有借款汇寄或带到家中，除应对家中重要事情外，还要弥补萧穆儿子的败家，有时以致子债父还（见附录2“萧穆在上海广方言馆领取薪水及借款简表”）。同时，萧穆继妻冯氏对于萧穆的家庭境况多有抱怨之意，字里行间，夫妻不和之事常见，冯氏似无持家能力。萧穆的借款，有一部分是从熟识者处借的无利息款，还有一部分是要偿利的借款。借款越多，负担越重。种种压力交织，萧穆要用一己之力缓解或解决，谈何容易。

萧穆在上海糊口之外，还有唯一的买书嗜好。薪水显然不够用，所以必须时刻寻找经济来源。他帮助袁昶刻书从中获益，是其增加收入较典型的例子。

光绪十年袁昶就为若干年后问世的萧穆文集作序，序中称萧穆“橐笔游诸侯间以治生”，似是其一生概括。“丙子秋识敬孚海上”，袁昶初见萧穆在光绪二年，此处记录准确，然今整理本袁昶日记未见记

---

① 《申报》1902年8月22日，第10540号。

录，据萧穆光绪二年十月初五日记，沈祥龙（约斋）陪袁昶来晤谈，袁昶阅萧氏藏书目良久，并得赠《皇甫集》《麻山集》各一本；次日入城，到龙门书院访袁昶。萧穆日记中记录与袁昶交往有数处，而袁昶日记目前所见整理本中，仅有两处无关紧要的记录。这仍是友朋日记记录中的“不对等现象”。袁昶与萧穆的交往，主要是围绕刊刻耶律楚材《湛然居士文集》、西清《黑龙江外纪》、额英额《吉要外纪》三书展开。袁昶对这三种书颇为看重，或者说，这三种书与其学问、文章、功业趋向紧密相关，故其用心刊刻。

袁昶光绪二年二月日记提及耶律楚材《湛然居士集》，光绪十年、十九年日记引用其中论说，光绪十八年三月日记中有“烛下校抄本《湛然居士集》二卷，诗中多用宗门语录、《传灯》偈颂”[①]，六月日记中有对其学问功业大加推赏，以为《湛然居士集》，“根柢不出药山、临济”[②]，光绪十九年日记中论曾国藩古文四象时，再次提及。光绪十三年二月，袁昶阅《康辅纪行》《黑龙江外纪》，称之皆有用之书，“校《黑龙江外纪》毕，西员外清著，西林鄂文端公子孙也。此书详于风俗物产、管制兵额，而边势蕃情则略。盖员外足迹仅至卜魁，而未过精奇里河以北也”[③]。光绪十五年又请人抄写额英额所辑《吉林外纪》十卷，称是书可与西清《黑龙江外纪》并藏。袁昶日记中关于黑龙江事务记载颇多。袁昶心目中占如此重要的书籍刊刻，在现在整理本日记中未留线索，除个人写日记自有法则之外，还可能有一原因，即现在所见的日记是经过选择整理的札记型日记，并非袁昶日记原貌；属于此类著述性日记的，还有谭献刻本日记、吴汝纶日记。作为编刊三书的重要参与者，萧穆在日记中有较为清晰的记录，时间集中在光绪二十年九月至光绪二十二年四月。

---

① 袁昶著，孙之梅整理《袁昶日记》中册，凤凰出版社，2018 年，第 948 页。
② 《袁昶日记》，第 961 页。
③ 《袁昶日记》，第 679 页。

光绪二十年九月二十日,萧穆补写袁昶所批《湛然居士文集》六、七两卷批语,“示写工照写小注”,又续校写工所写卷十三,补抄序跋,寄宁波童惠甫付写工、刻工(37/489)。光绪二十年九月二十二日,抄袁昶《黑龙江外纪》批语四五条,接李光明写《黑龙江外纪》格式一页。光绪二十年十二月初七,收到李光明所寄“刊印《黑龙江外纪》全样”(37/526)。十五日用朱笔校阅完毕。二十日收到南京李光明寄来的新印《黑龙江外纪》四部、《拙尊园集》西部。廿一日寄袁昶《黑龙江外纪》一部。光绪二十年十二月二十八日,收袁昶回信,并洋票三百元,其中二百元为刻书之用,一百元作为萧穆月俸。稍后寄李光明一百零八元。光绪二十一年四月十七日,在芜湖见袁昶,得本年前四月俸洋八十元。光绪二十一年十二月二十三日,收到袁昶信及英洋四十元。光绪二十一年八月二十八日,袁昶送洋票五十元。光绪二十一年六月十九日,到醉六堂取《吉林外纪》书板及书四十部,托人带至芜湖交袁昶。光绪二十一年闰五月二十七日,收袁昶信并汇英洋一百十一元。光绪二十二年四月二十八日,写信给袁昶,托为转兑英洋百元付李光明子李仰超。梳理萧穆助袁昶刻书之事,可作五点分析:其一,《湛然居士文集》由宁波童惠甫刊刻,两部“外纪”由南京李光明庄刊刻。这两家书坊与萧穆有长期合作关系;其二,无论袁昶与萧穆,还是萧穆与两家书坊的编刊往来,是用邮寄方式进行,包括书板和书籍,皆用邮寄传递;其三,萧穆同一时段编校多种书籍;其四,刊刻一部书,费用不低;其五,萧穆助袁昶刻书,每月领取俸洋二十元。此外,可能还有袁昶赠洋。

往来之中,袁昶出手大方,光绪二十二年五月初九,萧穆收到袁昶复信,送萧母九十寿轴及英洋五十元。事后,为保持交往关系,萧穆也多次寄信送书,光绪二十二年十一月初五,在桐城寄袁昶信并附张裕钊诗文二本;光绪二十三年二月初四,到上海二酉堂取钱澄之《田间诗学》《田间易学》《庄屈合诂》三书,拟带芜湖送袁昶。所送书中,桐城派或桐城先贤著述仍是一特色。

第三节　徽商李宗煝的赞助与萧穆的集资刊书

李宗煝(1828—1891),安徽黟县西武乡人。据王先谦光绪十四年《李爰得生圹志铭》:"翁姓李氏,名宗煝,字辉亭,晚遂号爰得,安徽黟县人,以商成业,入资,得官江苏补用道,虽迩荣利,处已弥约,力于种德,不私其材,行事多逴绝可称诵。"[①]李氏以经商起家,在铜陵、大通一带开设十余爿店铺,后转营盐业。曾捐千金修复黟县碧阳书院,捐万金修筑铜陵江堤七千余丈,多次输赈巨款救灾[②]。李氏富而好文,据徐学林统计,李宗煝刻书至少有26种以上[③]。

萧穆主要为李宗煝编刊书籍,有时也代购书籍,如光绪十三年底为购扬州书局刻《广雅疏证》;也代李氏作文,如光绪十五年代作《杨公光先墓表》。李宗煝对萧穆多有资助,光绪十五年正月赠萧穆本洋二十元,此年七月底,萧穆在金陵应试,李氏托人转交萧穆洋二十元。光绪十六年九月十八日,李宗煝送本洋四十元为萧穆之子婚事之用,二十三日李氏又引萧穆至其银房,"拣银手指介子十余对,为内人及

---

① 王先谦著,梅季标点《虚受堂文集》卷十,见《葵园四种》,岳麓书社,1986年,第232页。

② 安徽省地方志编纂委员会编《安徽省志·人物志》,1999年,第948—949页。李宗煝所做善事在《申报》上留下不少线索,光绪十四年捐药,光绪十五年"劝募奉天赈粮启"中捐洋二百五十两(《申报》,1889年8月23日),光绪十六年《申报》"栽培寒酸"中有语云:上海六马路仁济善堂"历年举办义塾,承大通李爰得观察大善士每年慨助经□钱一百二十千文"(《申报》,1890年5月30日)。光绪十七年又为仁济善堂捐购药费一百两(《申报》,1891年4月4日)。

③ 徐学林《徽州刻书》,安徽人民出版社,2005年,第207页。秦宗财在此基础上补充刻书具体信息,见秦宗财《明清文化传播与商业互动研究》,学习出版社,2015年,第268页。

女媳之用”(36/428)。光绪十七年八月初十萧穆回家，李氏送本洋三十元为过节之用。

李宗媚所在的或常住的和悦洲以及与和悦洲隔水相对的大通镇，成为萧穆进出桐城的落脚点。和悦洲由江心荒洲崛起成为商业巨镇，是晚清的战争导致①。在这样的格局性变动中，和悦洲成为萧穆出桐城到南京、上海的必经中转站，大轮船在此停靠，萧穆有时就住在李宗媚的店铺中，据他日记所记，他在和悦洲可以收到从上海广方言馆转寄来的《申报》、信件，还有汇寄来的薪水。近代的变迁造就了引人注目的大上海，催生了文献中记录不多的商业巨镇和悦洲，同时也改变了包括萧穆在内的诸多读书人的行旅轨迹，塑造了新旧交替时代更加丰富多元的活动空间。

光绪十三年十二月底萧穆从上海到大通镇，除夕未回家，“同爰老等共燕会守岁”(35/405)，此一寄寓，直到次年正月十七。萧穆得李氏赠资赠书之外，也多次观览李氏藏品。如光绪十三年七月，萧穆得李氏寄《癸巳类稿》《癸巳存稿》之后，又于次月在李处见到所藏《癸

---

① 和悦洲是位于安徽段长江中不足两平方公里的江心洲，太平天国战争之前，是一片居民寥寥的芦苇地。太平天国战争起，清帝国财政体系渐趋崩坏，厘金逐渐成为其维系命脉的关键。咸丰十年，为解决军费之急，曾国藩派员驻扎和悦洲办理厘务，接济湘军。此举直接促进和悦洲勃兴，遂成为皖南茶叶聚散地。厘金之外，盐务亦推动和悦洲从荒地向巨镇演变。同治元年，曾国藩核定淮盐运销安徽章程，和悦洲为淮南盐务中路销售总汇。研究者李发根指出：“太平天国战争是近代中国商业格局的转折点，华南的动乱为上海逐渐取代广州成为中国的对外贸易中心提供重要契机，从而带动长江流域商贸的发展。就常理而言，这一格局的演变为皖江主要港口城市(安庆和芜湖)的发展带来了重要机遇。”见李发根《荒地、巨镇与村落：国家意识与近代安徽和悦洲的百年轮回》，《中国历史地理论丛》2018 年第 2 辑，第 141 页。以上关于和悦洲的介绍，皆依据李文编写，特此说明。李宗媚成为富商，得益于这次盐务调整。

已剩稿》，其中未刻稿有六篇。光绪十四年二月初九，李宗煝赠新刊汪文台所辑《七家后汉书》六册，又向萧穆展示陆心源所进国子监古书旧本、抄稿本，凡百余部(35/419)。

光绪十三年四月二十五日，萧穆收到李宗煝信并所寄《紫石泉山房诗文集》五本，属为刊印。“惟中有缺页十数，俟觅全本补抄耳”(35/307)。数日后萧穆找到扫叶山房朱槐卿[①]，托觅刻工，结果联系到宁波的童惠甫。从稍后的编印过程来看，朱槐卿成为联系中介，刻工费用及写样、初印书稿由朱氏转交。闰四月初一，收到李氏重刊费用洋百元。闰四月初五，写信向陆心源、丁丙借《紫石泉山房诗文集》，以备补抄校勘之用。闰四月二十七至扫叶山房访朱槐卿，时宁波刻工童惠甫亦至，因托童氏刻《紫石泉山房诗文集》，“谈议一切，约后日交洋五十元”(35/322)。五月再送刻工五十元，五月十六日到扫叶山房取童惠甫从宁波寄送的《紫石泉山房文集》写样，并校阅。编刊工作因有萧穆张罗，得以顺利展开。

在萧穆助李宗煝刻诸书中，《紫石泉山房诗文集》与《徐骑省集》最有代表性，相关细节萧穆在日记中多有记录。以《紫石泉山房诗文集》为例，为提高工作效率，编刊是“流水作业”，不是某一工序全完成再进入下一步骤，如光绪十三年十一月初七寄童惠甫修改红样《紫石泉山房诗文集》八十页；二十二日收到童氏寄卷二及诗抄一本红样。到十二月初三，“童惠甫来交到红印《紫石泉山房诗文集》十部，展阅颇佳，与谈久之，乃去，约他日找洋六十八元。其板即属交朱槐卿并托代印墨本百部”(35/399)。次日萧穆到长源泰栈，送谢上松(筠亭)

① 朱槐卿或即朱槐庐。朱槐庐生于道光二十八年(1848)，卒于民国壬子年(1912)，本名朱记荣，字懋之，一字槐庐。朱氏同治中叶入扫叶山房。扫叶山房在上海开设分号，由朱氏经理。其人其事，参见许静波《〈朱槐庐行述〉整理并序》，见《中国出版史研究》2020年第1期，第126页。

三部红印本[①]。刻板、校勘、修改在宁波进行,这一工序完成后,在上海扫叶山房刷印。光绪十四年正月,萧穆住在大通镇,“作字寄朱槐卿,并以□□□所校《紫石泉山房诗文集》五本封之,交啸轩代寄。托朱槐卿召刻工修改,即为开印百部”(35/411)。二月二十日,萧穆在上海,到扫叶山房找朱槐卿。朱氏已为李宗媚印好《紫石泉山房诗文集》百部,为萧穆印装十部。

接续《紫石泉山房诗文集》编刊的是《徐骑省集》,萧穆出力颇多,如同编校金声(正希)年谱一样,他对此事也很有主见。《徐骑省集》萧穆曾于上海城北肆见旧抄宋明州本,以书价昂贵未得,后于吴兴书估处见徐氏文集旧抄本五册,有金侃跋,其原本乃钱谦益崇祯间从史馆摹南宋大字本。“念余三十年前即思得徐集善本付梓,久不可得。偶与黟县老友李君宗媚言之,前年(光绪十六年)秋,李君于扬州假得南陵徐氏所购旧抄本,因刊于金陵书局,去年秋间完工。余以他务及沉疴未除,未及阅也。今年(光绪十八年)春二月初旬,乃取刊本粗阅之,乃知脱讹之字极多,因得金氏抄本校对一过,补正新刊本脱讹,得千余条”[②]。光绪十六年八月初七,回桐城经和悦洲,“晤李爰得……言南陵徐氏得《徐骑省集》,将为刊板,余力赞成之”(36/423—424)。光绪十六年九月初七,从和悦洲出发到南京。“前者爰老得《徐骑省集》旧抄宋明州本,今以原书出示,乃商定在金陵李光明处付梓,以英洋二百五十元为度”(36/433)。

据萧穆《跋朱竹垞先生所藏徐常侍集》一文,光绪十七年秋李宗媚印十余部送同好,而刻工李光明亦印百余部售于应乡试士子。萧穆对朱孔彰以意改订数十处多有批评,同时表明自己用心力甚勤:

---

① 谢上松(1845—1924),字筠亭,安徽祁门人,在上海开设长源泰茶号和报关行,曾协助李鸿章办洋务。董建《印象:与印章有关的人和事》,合肥工业大学出版社,2014年,第5页。

② 萧穆《跋徐骑省集金迂斋手抄本》,《敬孚类稿》,第161—162页。

“余校黟县李氏所刊《徐骑省集》三十卷，先后得旧抄本七八部，虽各有脱讹，均不下二三千条，而篇目次第无二致也。最后假得归安陆存斋观察心源所藏徐公文集旧抄本，其脱讹亦复不少”①。萧穆推动此书刊刻，李宗煝资助并借得徐乃昌所藏旧本，又得朱孔彰校对；萧穆又利用吴兴书估所提供金侃跋抄本，借得缪荃孙、陆心源藏本。一书重刊，乃天时地利人和促成。此书刊成后，萧穆又以所得赠书，自光绪十七年至光绪二十九年作为礼物赠送多位学人或藏书家（见附录3“萧穆赠送《徐骑省集》记录”）。

李宗煝去世后，萧穆请王先谦为李氏作墓志铭。李宗煝子李子嘉对萧穆友好相待，延续刻书的风雅善举。光绪二十四年正月二十二日，萧穆在和悦洲，日记有记录：“前李子嘉世兄许助刻书资银五百两，去年李仰超已收二百□十□两，今初旬本庄又寄二百两，为之心慰。”(38/361)李子嘉助萧穆刻成《历朝诗约选》。同年闰三月，萧穆代李子嘉作《校刊罗鄂州小集跋》。徽商李氏父子因为与萧穆结缘，得萧穆有力参与，刊书多种，留名于世，延续了徽商的重文传统。萧穆请王先谦撰李氏墓志，也是晚明以来儒商合流传统的余波。

不断得到李宗煝的资助，就萧穆而言，可将其认可的好书转变为刻本或新刻本。因为有此类编刊之事相联，萧穆可与李氏保持长久关系，并从中不断获得支援。这是萧穆在特殊境况中摸索出的生存之道。他为薛福成、黎庶昌、李承渊等编刊书籍，皆是同类性质。萧穆接受资助（尤其是劳动报酬），表明他必须在刊行的著作中保持署名的低调或沉默，署名权通常归资助者。萧穆当然知道此类事情中关于名利的分寸，然他也想亲手以自己的名义编刊两种书，据萧氏日记的长期记录，这两种书是戴名世集和刘大櫆《历朝诗约选》。前书因为有桐城人先刊刻，他兴致稍减；《历朝诗约选》的刊刻遂成心愿中

① 萧穆《跋归陆氏所藏徐公文集旧抄本》，《敬孚类稿》卷六，第163—164页。

的首选。

萧穆谋划刊刻《历朝诗约选》一事是在同治九年,其时他还在桐城,此年二月二十日日记云:“夜中与小轩谈及刘海峰《历朝诗选》及《八家文选》,共刻不过八百金或千金。小轩甚悦之,约余代校刊,可为出资也。”(30/327)此事后沉寂二十多年,至光绪二十年七月始有集股刊印之举,此年九月二十日取《历朝诗约选》第一册设定格式,“将为他日手校付写工照写付梓。盖余所藏旧抄本乃姚惜抱先生及张石绮先生故物,不敢径付写工,致有损污也”(37/489—490)。此后就进入《历朝诗约选》的募捐与编刊时期。募捐记录自光绪二十年七月至光绪二十四年八月(见附录4“《历朝诗约选》募捐集资记录”),将各种捐助数目统计折换,所募集编刊经费远超过二十多年前预期。考虑到银钱比价、刊刻地点等诸多因素的变化,二十多年前后比较或意义不大,然比较中有新的变化产生,那就是预想的编刊之地的变化,从桐城或安徽某地变为上海编校及南京刊印。

编刊之地的变化,已略有跨越地域空间的意义;若再结合捐助者的来源,意义或更明显,与萧穆关系密切的吴汝纶、马其昶、姚永概所得捐助皆不是来自桐城本地,而是来自北方或者扬州,而来自安徽歙县李子嘉的助资,是因为其父李宗煝是以盐业起家的徽商。刊印依赖桐城之外的捐助,一方面说明桐城本地经济实力稍欠,殷实之家并不多,特别是太平天国战争之后,刊印书籍的经济实力大为降低;另一方面是科名竞争力的衰落,桐城本地读书人多,以教书为职业者亦多,但与萧穆同时代,以及稍早、稍晚一二十年者,以桐城派为范围,中进士者屈指可数,中举人者亦不多。查检《桐城派大辞典》“作家编”中所录,方苞、姚鼐所在时期,似是桐城派科名辉煌时代,徐璈、姚莹、姚柬之、戴钧衡仍身处闪光时代,此后有些声光黯然,方东树、方宗诚、苏惇元、徐宗亮等晚期名家皆无科名,幸有吴汝纶、方铸、马振仪三进士及姚永概、姚永朴撑持,稍存科名时代的余晖。

总体看来,与萧穆同属一阶层的桐城派读书人是绝大多数。

科名往往与财富、权力相关，桐城科名的相对匮乏，得到外在力量的补充，如陈用光、梅曾亮、曾国藩等，还有薛福成、黎庶昌、王先谦等在桐城派之外。在捐助萧穆《历朝诗约选》的名单中，更有在《桐城文学渊源考》中未见、或不以文字见长的人物，这既是萧穆的精诚所至，又可显示桐城派于道咸以后在读书人中已经获得较为广泛的认同。

萧穆募捐的成功，实际上也有几位同乡好友的合力推助，如吴汝纶、姚永概、马其昶皆向他人募集，姚永概其时为何氏塾师，当时勉力而为。张星五是桐城张廷玉之后，对萧穆多有帮助的人，自己捐助之外，又代其二兄捐助，似有义不容辞之意。光绪二十三年十月二十八日萧穆日记，“又以《诗选》四本及助刊诸公名氏银两一纸托为向他人再为资助之”(38/321)，《历朝诗约选》当为抄写本，附以助刊名单是希望发起更多的捐助，稍后童米孙代向江蓉舫募集，或因为同乡与兴趣相近的原因。光绪二十三年九月十九萧穆在扬州，到江都县署访十多年未见面的童米孙，“谈话十□年离别及近情事，并以募刊《历朝诗选》原委及印本及草稿序例示之。伊留下，将于廿三日商之于盐运使司江公”(38/289)，江公就是江蓉舫。此类辗转请托式募捐，似不止一例，此年十二月廿二日日记，“作字寄裴伯谦[裴景福]大令，闻伊有约王松山大令助刻《诗选》之资，更请别为劝募之”(38/348)。借助刊刻《历朝诗约选》留名，或是一些扶持风雅的官员的想法。萧穆日记有一则记录：

> 晤李时泉，伊即以严筱舫观察助刊《诗选》二百金一票见交，又代刘康侯观察助资二百金一票见交。盖刘公子以此二百金酬时泉，时泉不欲直受，以刘公生前未及助此，特向刘公子言，即以此款助余刊《诗选》之用，为刘公留后世之名。此等用意深厚，当于古人求之也。(38/321—322)

这是李承渊（时泉）为友好刘麟祥（康侯）留后世之名。作为助刊的“回报”，萧穆会向助刊者寄送《历朝诗约选》，比照助刊名单和送书名单，大多数助刊者有回应性赠书，也有一部分未得“回应”。比照之中，送书名单的“溢出”现象正是萧穆以《历朝诗约选》为媒介的新一轮人际关系拓展。

光绪二十五年，萧穆在与《历朝诗约选》校阅同时进行的编校还有《海峰诗集》《张文端集》。在十月《历朝诗约选》校阅本印出之前，萧穆与李承渊在商议桐城派的另外一部要籍的刊印。四月十三日日记：“入小南门，至道署访时泉，不值。乃至其寓访晤，谈话久之。伊前有意刊姚氏《古文辞类纂》，今复言之，当怂恿玉成。”(38/579)次日，萧穆即致函吴汝纶，“乞其所阅《古文辞类纂》本寄来，将为时泉兄参校付梓”(38/579)，则此事的初步讨论稍早，而《历朝诗约选》的编刊成功，可能是推进《古文辞类纂》吴刻本重刊的动力之一。九月十三日，“至道署晤（李）时泉，以苏钦斋先生所录姚惜翁晚年圈点《古文辞类纂》本示之，伊欲重刊定，以照《历朝诗选》格式乃为合款”(39/43)。苏钦斋即苏惇元，萧穆又利用手中的桐城派文献资源延续其编校工作，他随即进入编辑状态，阅读《古文辞类纂》，过录姚鼐圈点，并加句读，并以一册寄南京李仰超，嘱其付写工精写行款。校阅以及校改初印本之事延续至光绪二十七年五月全套《古文辞类纂》十二册印出，其中还代李承渊作校刊序，初稿完成时间在光绪二十五年十一月十五日[①]。要言之，萧穆在帮助他人编刊书籍的过程中，积累了丰富的工作经验，并形成自己的人际网络，这些都为他编辑理想中的《历朝诗约选》作了有力的铺垫；而《历朝诗约选》的编刊经验，又有助于为李承渊刊刻《古文辞类纂》。

---

①　关于萧穆助李承渊编刊《古文辞类纂》的情况，可参第三章“流动中的人物与桐城派晚期文化景观”第一节。

第四节　上海的书籍世界

萧穆长住上海的最大乐趣，应该是他能见到从各地汇聚来的书籍。书籍是萧穆疲于谋生时安顿心神之物。这些书籍，或来自私人收藏，或来自上海的书肆。

萧穆同治十二年初到上海，那些熟知他的官员向他展示了各自的收藏。

同治十二年正月二十六日，萧穆在江潮（海门）处见其祖江濬源藏陈岷雨尺牍卷子及姚鼐批阅其父诗稿册页。稍早，江氏曾向萧穆借姚鼐为其祖所作墓志铭(31/16)。同治十二年四月，萧穆借到道台沈仲瀛藏《史通削繁》及评点本《文心雕龙》(31/50)。同治十二年五月二十七日，借到吴大廷所临姚鼐批点《庄子章义》、梅曾亮批点《惜抱轩文集》(31/66)。同治十二年十月二十一日，在冯焌光处看其所购李祖陶选元明及本朝诸公文集，还有何绍基行草手卷(31/135)。同治十二年十一月十日，李凤苞（丹崖）告知萧穆家中藏有宋版书七八种，又有何焯、钱大昕手校书数种(31/145)。同治十三年九月初七，萧穆向李凤苞借《全唐文》七册(31/282)。

桐城派诸家相关文献仍是萧穆借阅的重点，同时他还有更丰富的书籍世界。广方言馆中赵元益的藏书不少为萧穆借用；在此之外，还有李邦黻（梯云）的藏书。光绪五年二月二十一日，萧穆看李氏所携诸书，并得其赠书；同年闰三月初四，又看李氏藏书，并借阅两种。光绪八年九月十九日，在上海访俞松韵："伊有俞理初手校批点四书五经、《文选》等书。其家又有其手校阮刻《十三经注疏》，他日思[原文作"他思均思"]照临一部。"(34/83)后萧穆也借阅其藏书。光绪九年五月，到医士凌德（嘉六）寓所，观其藏书，光绪十年九月十七日，至上海崇德里，访凌德，还书，知其"近编汉魏六朝人文凡一千三百余篇、总目一本"(34/384)。

萧穆对书籍动向的关注,或凭有限财力搜求书籍,一方面是得益于南京、苏州、上海的众多书坊,还有偶去的杭州、安庆等地书坊。特别是上海的扫叶山房、醉石堂等集中的书坊群,更是萧穆的乐土。另一方面上海又是众多读书人、藏书家、官员来往、汇聚之地,萧穆在此结识了不少藏书家,如同治十二年二月,他向龙门书院沈祥龙借书[①];如有较多交往的陆心源,光绪九年互访的汪康年,以及在光绪二十三年认识的叶德辉等等。

上海开埠以来,是人来人往之地,自然也是各种掌故、文人动向的汇合之所。萧穆对文人逸事、书林掌故颇留意记载。这一喜好,从故乡桐城到他乡上海,有增无减。记载闻见掌故,也是他日记的特色之一。光绪七年六月十九日,"叔篑(薛福成)来谈,并知宁波天一阁之外,尚有蔡氏、卢氏藏书颇多。伊于乙亥年曾为蔡氏编其书目,有《四库》所未收者,另为提要八九十篇,仅有经部,余俱未及也"(33/427—428)。后数日薛氏示以《诸经提要》一本、《墨海楼书目》。天一阁大名遂留存萧穆记忆中,又常听人谈及。光绪十年九月初九,何松慈陪萧穆访天一阁,萧穆日记中有近似游记的访书记录。光绪十五年四月二十一日,陈庆年来访,谈话中萧穆得知缪荃孙主讲南菁书院,缪氏有章学诚《湖广通志》稿本及未刻文集等,又知陈氏里中有人藏汪中父子批驳《望溪集》一部(36/181)。

以上海为中心,苏州的藏书家也在萧穆求访之列。光绪十八年九月,他曾去绍兴看周星诒藏书。南京的私家藏书,如同治十二年看赵彦修(季梅)、吴汝纶藏书,光绪元年看范志熙(月槎)所藏书目,光

① 沈祥龙,江苏娄县人,贡生,有词学著述传世。沈氏是龙门书院生徒,萧穆同治十一年十二月初到龙门书院,曾见到他。据萧穆记载,光绪七年沈祥龙还在龙门书院。沈氏后似入袁昶幕府,光绪二十二年,萧穆日记中还有沈氏的记载。沈祥龙是萧穆在龙门书院往来密切的朋友。今人编沈祥龙年谱,未注意到沈氏与萧穆的交往。

绪三年八月阅蒯光典藏书。因为身处藏书家网络之中，萧穆还可通过中间人借用某一藏书家的书籍。光绪十八年三月十七日，孙文卿向缪荃孙借得朱彝尊所藏旧抄本《徐骑省集》，萧穆借回覆校其所藏校本(37/27)。四月初七校毕，“朱本误字亦多，亦时照录之，以备参考”(37/35)。

萧穆住在作为交流网络中心的上海，其活动的脉络可以往周边延伸，在一些著名的文士或藏书家之外，日记中还有一些基层读书人的身影，在与萧穆的往还中，关于他们的细碎记录也可整合出一个有意义的人生片断或侧面。陈容民是江苏武进人，萧穆同治十三年三月在上海与他相识，陈氏“以所藏汉碑帖数种及其父□□[陈亮畴]所临张□□、吴仲伦二人圈点《文选》(胡刻本)二函来示，展阅久之”(31/203)。陈氏行箧中有不少好书，约略显示他也出自读书之家，光绪五年三月十日，“同容民谈论常州先辈学行，又及其家世”(33/33)。陈氏光绪元年中举，九月二十二日，“访陈容民并贺乡试捷喜，以《麻山集》《可久处斋文》《邓析子》及秋石一包赠之”(32/120)。陈容民对常州本地文献、《史记》评点有兴趣，这或是萧穆与他往来的基础。光绪三年六月十六日，“到静涵处取容民临归本《史记》回室，据其所记，乃照临张皋文临本录出也”(32/255)。次日“问其临张皋文手临归本《史记》原委，并嘱为录张氏题跋一则”(32/256)。二十八日，陈氏来借《茗柯文》(32/261)。光绪五年闰三月十五日，陈容民来借《文史通义》、“上海志修例”(33/49)。九月二十九日，请陈容民代录俞校《说文》(33/151)。光绪七年闰七月十三，陈容民以旧录张惠言圈点《汉书》二十本“见交”(33/447)。

陈容民或与赵元益一样，在广方言馆中任职，然地位或作用不及赵氏。陈氏有时也在书院活动，如光绪三年五月底，萧穆就在求志书院见到他。一位有科名的人仍在上海处于“待业”状态，这在当时也是较普遍的现象[①]。

对于萧穆而言,最自在的书籍世界自然是上海的书坊,可从以下所录光绪元年十月十九日日记中看出书坊在他日常生活中的位置。

> 早间出门……乃到龙门书院晤沈约斋,以前借《李吏香诗》还之,又借其原本,袖回。又晤葛子源、章韵芝,均坐谈久之。出,到仲武处观所录其太翁碑帖题跋一卷,与谈论良久,茶食后别。至扫叶山房取《书传音释》,又到松筠阁晤灿生,伊出陆敕先照宋本校勘《二陆集》及何义门所校《苏子美集》见示,与谈久之。又到牙厘局,晤椒岑,谈话。午食,伊又出文数首见示,均雅洁可喜。申刻出北城到千顷堂、剑光阁二书坊。又回德昌店与云翰等略谈,取书一包入城,过裱工处付洋乙元,取刘文清堂幅一轴出城。回馆已晚矣。(31/467)

从早到晚,沿路办事,基本与书籍、碑帖有关,可谓"书籍之路",其中穿插扫叶山房、松筠阁、千顷堂、剑光阁书店。若无书坊"转接""消磨",其日常生活定黯然失色。萧穆同治十一年至光绪三十年日记记录了上海较多书肆,上海城内有述古堂、醉六堂(似城外有分店)、松筠阁、槐泽堂书坊(四牌楼)、醇雅堂(新北门大街)、扫叶山房(西城彩衣街,"南号");上海城外二马路上有千顷堂、瑞文桢堂、万卷楼,三马路上有剑光阁,东城外有文正书房,此外租界有读未楼、扫叶山房(棋盘街,"北号")、醉六堂、江左书房、文玉山房、抱芳阁、著易

---

① 关于陈容民,萧穆日记还有更"枝节"的记录。光绪五年十一月二十二日,见陈容民妻管氏,"为礼,与话,有大家风韵",见秋隄新妇,"新妇□□氏出见行礼,乃答拜,并有风韵可观也"(33/176)。此数语或有感而发,萧穆带新妇到桐城,十月二十五日,"晚间妻以意不能适,哭泣,并恨其兄,余亦怒其不明大义"(33/164)。

堂、文瑞书坊、传是楼、鸿文书局、文明书局、积山书局、芸缃阁、娜嬛小筑。据萧穆日记所记路线推测，松筠阁与扫叶山房、千顷堂与万卷楼、文瑞书坊与醉六堂、著易堂似相距不远。大马路即南京路，二马路即九江路，三马路即汉口路，四马路即福州路。光绪二十三年正月二十五日，孙宝瑄至棋盘街书肆购书，大约是指河南路（福州路至广东路段）两侧，其时是鸦片烟馆、旅馆、茶馆、妓院汇集的闹市。

孙文杰指出晚清上海图书市场主要集中在福州路、汉口路西段和广西路一带及城隍庙三个地方，然他所整理的“晚清上海旧书肆一览表”所录 32 家书肆，主要依据朱联保《近现代上海出版业印象记》、阿英《小说闲谈》所载旧书肆，时间偏晚，有不少是民国初年成立的，不能反映同治末年至光绪二十年前书肆状况[①]。从上海书坊发展史角度来看，萧穆日记所记，正是早期书坊活动情形。

上海书业的兴盛在同治三年之后，各省书业纷纷来上海创业，“苏州浦氏之绿荫堂亦分设分店文瑞楼来沪，如湖州吴氏之醉六堂、常熟鲍氏之挹芳阁、宁波之文玉山房及黄氏之千顷堂。该堂自光绪初年开盘，归宁波鲍氏楼下开设，均随至来沪营业。从前之法租马路，李氏开设还读楼，凌氏开设万选楼，黄氏开设读味楼。邑庙内，卫氏开的翼化堂善书佛经书店”[②]。这段文字中所列文瑞楼、醉六堂、文玉山房、千顷堂、读未楼正是萧穆常去的书坊，与萧穆所记重合度较高。

同治十二年四月二十六日，萧穆入城，“过述古堂裱画铺，以惜翁

① 孙文杰《清代图书市场研究》，武汉大学博士学位论文，2010 年，第 175 页。

② 叶九如《书业历史》，上海书业同业公会档，S313－3－1。转引自许静波《何以代刻：上海近代书业技术革新多元因素考察》，见《中国出版史研究》2018 年第 3 期，第 73—74 页。

对联嘱为精裱。又过大文堂,以《南山集偶抄》旧刊本,嘱为装订作二册"(31/55)。萧穆所抄之书较多,或得残书,常请书肆代为装订。如光绪十三年六月二十三日,到松筠阁付《宜稼堂丛书》书价、装订诸书,共用洋五元。同治十二年六月二十一日,入城,到扫叶山房为"仲瀛"买纪昀批点《文心雕龙》《史通削繁》、苏诗,共用洋四元。同治十三年正月十三,"在扫叶山房、松筠书坊、醉六书坊三处开列所有志书目录,问其实价,以寄(黄)仰范"(31/201)。同治十三年十一月四日,"到二马路,过□□书坊看书,乃购得翁注《困学纪闻》、唐文恪公《占星堂集》《叶忠节公遗集》《鲒埼亭集》《尔雅蒙求》共五种,又到剑光阁一坐。……入城,过醉六堂书坊,买得《鹤征录》及《勉行堂诗文集》。又过醇雅堂书坊,代友人买得《黄石斋九种》全部。又过扫叶山房一坐,并阅新到书目"(31/311)。光绪二年二月十五日,萧穆也有逛书店的记录,先到剑光阁阅书,再到瑞文桢书房,后到千顷堂与黄氏闲谈并购《贞素斋集》一部。萧穆是往来于书坊间的代购者。此外,他还到申报馆为吴汝纶买书,到叶三堂封寄。在书店多次遇到其他学人购书。如光绪九年二月二十三日,在醉六堂,"晤杭州汪穰卿名康年,与谈书帙,后即同伊至吉仙宫(公)寓看所携诸书"(34/139)。

上海作为南来北往的交通枢纽,旅客歇息的客栈也成为萧穆的访问之所。在上海县城北城的客栈长发栈、春申福栈、泰安栈、天保栈等,萧穆常去见路过的熟识者和同道,如在春申福栈见过范当世,在天保栈访问过谭献和刘开之子刘继,在长发栈见过唐炯,在泰安栈见过彭观亭、李凤苞,到同庆公客栈见李士棻(芋仙),到吉星公寓见姚濬昌。此外,常到凌德(嘉六)处就诊,又观其藏书,在安康里访问章善庆(小雅),筹划《章氏遗书》刊印事。在怀仁里访问王韬,并同至第一楼。黎庶昌出使前、归国后都住在天后宫,萧穆皆去访问。光绪十三年十月十日,"到二摆渡桥访莫梅城、楚生于舟上……莫世兄此来为看黎莼斋。莼斋以初二日由京到此,后奉出使日本之命"(35/383)。萧穆在这些地方所访的过客,大多也在其书籍网络之中,在日记中多次亮相。

第五节　萧穆好友赵元益与江南藏书家群体

萧穆在上海时期诸多师友中，应是与赵元益（静涵）交往时间最长。赵氏较早入广方言馆编译西书，前后参与笔述、校对的翻译著作有二十余种[①]。赵元益辞世后，萧穆撰文追忆："癸酉（同治十二年）春，应制造局总办南海冯观察焌光校阅本局所刊各书，亦任广方言馆，居室与君相近，朝夕相晤。余亦携带古书抄校本数笥与君互相借阅，以故两人益加亲密，特异于他同事者。"[②]萧、赵相识之事，在萧穆日记中有记录，同治十二年正月十九日萧穆回访，"至其寓楼，并观临本惠定宇校勘《礼记注疏》及顾千里、黄荛圃校勘《蔡中郎集》。伊家尚有旧本诸书，他日当借观也"（31/13）。二十七日，借《大云山房文集》；十月十六日赵元益出示所藏段玉裁校曹刻《集韵》；十一月借旧本《论语》。这一年只是萧穆借阅赵氏藏书的开始。萧穆日记所记两人借阅记录颇为丰富，这又是借助日记这一独特文献保存的晚清读书人"共享文献"的记录[③]。

同治十三年三月初一，萧穆日记记录赵元益自苏州回上海时所

---

① 赵元益在广方言馆时间包括 1869—1890 年、1894—1902 年两个阶段。裘陈江、杨奕望《"输入泰西医学之一大关键"：赵元益及其江南制造局翻译馆的译书事业》，《中国出版史研究》2020 年第 3 期。

② 萧穆《赵静涵哀辞并序》，《敬孚类稿》卷十二，第 351 页。萧穆是同治十一年末到上海，同治十二年初入广方言馆。

③ 此类凭借日记得以呈现的"共享文献"阅读，作为一种突出的过程性记载，还出现在管庭芬、黄金台、姚永概等人的日记中。

携之书[①]，可谓琳琅满目：

> 出示所携书籍十数种，均可宝贵。因先假《孔子家语》二本（临惠半农、陆敕先阅本）、《集韵》五本（段茂堂手校）、元版《周易参义》一本（元人梁寅著）、《读书敏求记》二本（临黄荛圃校本）、明仿宋板《嵇中散集》一本（有毛子晋旧藏印章）、《李文公集》四本（汲古本，有批校，未知何人）、《孙可之文集》一本（王文恪公鏊刊本）、原本《韩昌黎先生集考异》二本（李文贞公光地刊本）、抄本陶宗仪《游志续编》一本、抄本《亭林余集》一本回室。（31/193）

萧穆能一次借到如此多的珍本秘笈，可见赵元益对萧穆的信任。萧穆在所借书中，首先发现了《亭林余集》抄本。“此集文十六首，乃潘次耕刻全集时以有忌讳删下。乾隆间彭进士绍士于昆山书肆得全集底本，取刻本校之，得未刻者十六首，乃另刻也”（31/195—196）。《亭林余集》五月请人抄录付本，并对照旧抄核对，拟他日借刊本校改误字。光绪元年八月初一，萧穆在江宁应试期间又核对《亭林余集》，“此书抄本有误字，刻本亦有脱误，今互相参校，可成一善本也”（31/430）。此书稍后蒯光典得萧穆之助，补充赵本佚文，刊刻行世。这些书借到后，萧穆记录诸书格式、题跋，先归还六种，又借数种：

> 旧本《尚书》一册、《集篆古文韵海》二册（抄本，孙伯渊家

① 赵元益祖赵文彬、父赵之骥皆为举人。赵元益在太平天国战争之际，随舅父华翼纶移居上海，并不时往来上海与新阳荡口之间。在此期间，苏南旧家藏书大量散出，赵氏不惜典当财物购置，故多珍秘之本。裘陈江、杨奕望《“输入泰西医学之一大关键”：赵元益及其江南制造局翻译馆的译书事业》，《中国出版史研究》2020年第3期。

> 藏）、成化版《虎邱山志》五册（黄荛圃家藏）、《东国史略》二册（抄本，亦黄氏本）、昭文张金吾《爱日精庐书志》八册、《汲古阁珍藏书目》及《季沧苇藏书目》一册、汪阆源《艺芸书舍宋元本书目》一册、《琴清阁书目》一册、顾千里集二本。（31/197）

萧穆借回后，照旧抄录，十日又还书六七种。赵元益“又以所藏明吴文定公丛书堂藏本《山水诀》及《林泉高致》旧抄本一册、旧抄本宋人朱无惑（名彧）《萍州可谈》一册、抄本《惠松崖文抄》一册见示”（31/199）。十月二十九日，又借惠士奇等校《孔子家语》、十一月初一借汲古阁本《李文公集》四本，其中《孔子家语》到光绪元年六月萧穆过录完批语：

> 此书乃去年借静涵所藏陆僎临惠半农及陆敕先评阅本，原刻乃善庆堂本也。又有邵泰（北崖太史）照北宋本校勘数十字，并改正卷第，先后是正。书经邵、惠、陆三先生批阅校勘也，今细案尚未能无憾，亦有原刻错误，未能校订者。特以今世旧本甚少，此本经诸先生批校，亦为希有之秘笈，特以坊本照录一过，他日当以家藏宋本再参校之，且更求藏书家精本对勘，成一精本也。（31/408—409）

《孔子家语》经邵泰、惠士奇、陆敕先批校，成为秘笈，然可以借给萧穆[1]。归还此珍本之后，萧穆又向赵元益借到稍早被展示的《惠松崖文抄》一本，请人代抄。光绪二年二月十六日，赵元益向萧穆出示宋本《通鉴》、严州本小字本《通鉴纪事本末》《西山先生读书记》。光绪三年正月赵元益从苏州返回上海，又带书多种，并与萧穆共赏：

---

① 关于此书及其与萧穆的关系，可参见张学谦《关于宋蜀大字本〈孔氏家语〉及其衍生版本的考察》，《中国典籍与文化》2017年第2期。

> 静涵以所携旧抄本《张乖崖文集》二本、钱牧斋手抄陶宗仪辑《草莽私乘》一本、严修能诗抄手稿一本、《蕙櫋杂记》一本来示。与谈久之,余乃留阅其书,亦以《扬子法言》及严氏批点《鲒埼亭集》示之携去。(32/183)

萧穆借到严可均《蕙櫋杂记》之后,手抄一册,三月十一日日记:"此书共一百条,乃静涵于甲子秋七月借湖州章紫伯所藏严修能手抄本照录者也,因其记事及考订经史疑义,大半可取,乃照录之。"(32/206)章紫伯即章悚,湖州知名藏书家,较陆心源年长。萧穆因为赵元益之助,得用其珍藏。二月初,赵元益来借萧穆所藏《望溪集》,并向萧穆展示旧刻《花间集》一本、郑敷教(桐庵)手书文稿一本、旧抄笔记一本、陈氏临顾千里所校毕刻《墨子》四本(32/186)。

光绪三年六月十一日,赵元益来借《茗柯文》二本(32/254)。七月十二日,赵元益"复以所有十数种见示,乃次第阅其大致,即各记其本及首尾题跋,至夜间犹未毕也"(32/269)。

光绪四年正月二十日,赵元益赠新刻《震川集》一部(32/364)。二月初四和初七,萧穆到赵元益处看所藏《宋学士文粹补遗》、旧抄本《宋玉集》、《元晏遗书六种》、《宋考功集》、《苏许公集》,后借阅其中数种(32/374)。三月十五日,赵氏以所藏旧抄本魏了翁《尚书要义》六本见示(32/398)。此书萧穆稍后请广方言馆诸生抄录,并于八月加以核对装订。十一月十五日,赵元益从苏州回,赠萧穆《游定夫集》《可久处斋文抄》《甘泉乡人稿》(32/509)。

光绪六年三月二十一日,萧穆抄录《茗柯文》批语十余条,"乃吴仲伦、恽子居及茗柯自记。昨假之静涵手也"(32/234)。六月赵元益往天津,入李鸿章幕,九月底又自天津回上海(33/271, 33/328)。九月,赵元益赠萧穆新印《震川集》。

光绪九年六月二十六日,赵元益"以昔所录惜翁圈点《扬子法言》见示,余本已焚,今将重录一本也"(34/185)。七月十六日,萧穆借阅赵元益藏《季沧苇书目》(34/192)。九月，赵元益赠秀水杨象济《汲庵文存》(34/213)。

光绪十年三月十五日，赵元益又来借姚鼐批《渔洋菁华录》五册(34/280)。九月十六日，萧穆与赵元益谈，知赵氏"欲刊惠定宇文抄，因以应补及原本编次无法告之"(34/383)。十二月初六，赵元益以借到的冯氏批点《震川集》示萧穆，"朱笔临宝云上人阅本，蓝笔临彭尺木选本，绿笔照冯仲廉手抄本，又黄笔标圈十一首乃黄梨洲《授读》本，均有可取也"(34/416)。

光绪十一年二月十日，萧穆"至静涵处坐谈良久，并假《震川集》批点本……静涵今往新阳，将葬其亡兄"(34/449)。此后有录《震川集》批点，延续至年底，十一月初一仍在过录，"此本乃静涵旧假冯竹儒观察藏本，乃常熟张雨生代临某氏藏本。……下午又取姚惜翁批点本，以墨笔照录"(35/67)。十月，赵元益示萧穆以旧藏抄本《鸡窗丛话》(35/65)。

光绪十二年四月初二，赵元益示新刊杨凤苞文二本，萧穆送赵氏《屈子正音》(35/145—146)。

光绪十三年十一月二十七日，赵元益"以长洲吴翌凤所选抄《国朝诗》五册见示，前三册凡十卷外编一卷，后二册《国朝诗补》六卷圈点颇精，凡诗人大约据其所见者录之，颇多不经见不及知之人也，向无刊本，此其原选原抄，当谋诸好事者为之刊版，亦为选本之佳制也"(35/397)。

光绪十四年二月十三日，赵元益还《昭昧詹言》(35/421)。六月初五，萧穆让赵元益割爱，原价让出李北海《岳麓寺碑》，又补送初印本《望溪集》一部。"又静涵兄旧刻仁和沈赤然梅村《寒夜丛谈》三卷一册、云间蔡澄练江《杂窗丛话》一卷、归安严元照修能《蕙櫋杂记》一卷共一本、阳湖张琦《战国策释地》二卷一册共三本，前日各赠二部，今又各赠一部。尚有刊朱子《韩文考异》原本及张古余《通鉴识误》等书，亦将次第印行也"(35/464)。七月初二，萧穆向赵元益借《国朝诗》五本(35/473)。九月初六，赵元益赠宣琴山所印明初人《蓝山》《蓝涧》二集六本(36/6)。

光绪十五年二月初一，萧穆得赵元益赠书《韩集考异》《通鉴识误》各三部以及其他书(36/141)。二月初五，赵元益辞行北上。十月二十七日，赵元益自苏州回上海，萧穆赠《黎氏家集》(36/273)。光绪二十五年十月廿四日，赵元益送萧穆新刊《桐庵文稿》五部(39/61)。

光绪十六年正月，赵元益随薛福成出使西洋。光绪十六年、十七年远隔重洋，偶有书信往来。

光绪二十年五月底，薛福成回上海，六月二十日在上海病逝。七月十一日送薛氏灵柩回无锡时，萧、赵重见面。光绪二十三年二人偶有晤谈。光绪二十四年二月二十五日萧穆日记："到静涵兄家假得席氏《唐百家诗选》中李益、杜牧、韦庄三家诗本。回馆，校刘选七绝各首，下晚乃罢，照改补十多字。静兄又以旧本顾嗣立删补《韩昌黎诗集注》两巨册见赠(余去年曾以方息翁本送之)。"(38/373)此时萧穆在编刊《历朝诗约选》，向赵元益借书用来校勘。所谓"方息翁本"应是光绪二十四年萧穆赠送给赵氏的方世举校韩诗。

光绪二十六年二月，赵元益以新刻赵用贤奏疏及诗集两本赠萧穆。

光绪二十八年十月二十三日，赵元益代刘葆良送萧穆《澄衷学堂字课图说》八本，这或是萧、赵二人最后的交往记录。

萧、赵能如此长久交往，如前引萧穆文中所言，当是二人兴趣相投。赵元益有意收藏批点本，据赵元益子赵诒琛编《赵氏图书馆藏书目录》，其中著录不少赵元益过录的名家批点本，如《尔雅注疏》过录惠栋评注、《说文解字》过录俞正燮校点。《资治通鉴》是赵元益随薛福成出使欧洲所带之书，过录了张古余、张仁卿批校。《赵氏图书馆藏书目录》很可能著录了从萧穆处借来的书籍，较明显的记录至少有两种，一是《扬子法言》，用朱笔过临姚鼐批点、蓝笔过录刘大櫆批点；另一是《望溪集》，用朱笔过录姚范批点。相较而言，萧穆借阅赵元益藏书较多，而赵元益特别留意萧穆所藏桐城派的批点本。

赵元益在藏书家网络中也成为中间人。光绪元年十一月初八，萧穆因校刊《三唐人集》，托赵元益致函常熟李叔兰，借李氏所藏李、孙、皇甫三家集校本。十三日即得李叔兰回信，并借到旧抄本李翰、孙可之二家集。萧穆随即以孙集照校，录于自藏抄本之上。二十日，"下午刻工□□来，以《孙可之集》写本一卷付校，即以李氏校本对校，久之毕，并以前校二卷四页统付携去，照改上板"(31/480)。

昆山赵氏之外，萧穆经常去借阅的藏书家，还有贵州莫氏。萧穆与贵州莫氏家族诸人多有交往，同治年间在金陵就向莫友芝子莫绳孙借书。光绪五年九月十四日，萧穆到上海县署见莫祥芝(善征)，观其藏书，此后多次借阅，并得莫氏赠书。莫祥芝子莫棠是莫与俦以来莫氏家族第三代中收藏最富、精于版本目录之学的人，他在苏州寓居，亦常来上海。光绪十年四月三十日，萧穆到莫公馆，莫棠出示《徐健庵文集》旧抄本三本、王氏补注《陈检讨四六》四本。光绪十三年五月初九，还莫棠《牧斋外集》；莫氏赠送其旧买阮刻《十三经注疏》一百八十册(其中破烂残缺数册)、东洋本《食货志》《尔雅》，借给萧穆《郘亭所见书目》四册(35/326)。十四日，萧穆送莫氏成化版《元丰类稿》七本，莫氏回赠知不斋本《两汉刊误补遗》二本。莫棠在苏州的藏书，萧穆也有两次阅览。光绪十五年十二月初三、初六，在莫氏处看古书多种；光绪十八年七月初七，萧穆看莫氏近年所得书。

苏州诸家藏书，据萧穆日记所记，光绪七年九月初七，看沈秉成藏书；光绪二十五年六月廿日，在北张家巷访江标，见所藏书，七月九日补记所阅诸书记录；光绪二十六年九月二十一日，在苏州阅查燕绪所藏查慎行注苏诗、无名氏批点《震川集》《望溪集》。

萧穆与陆心源于光绪三年初在上海相识，此后未见交往记录。光绪九年初，萧穆在上海醉六堂看《皕宋楼藏书志》，光绪十二年三月二十七日记录在此前后过录顾千里校《墨子》，此书有道光二十九年海盐陈氏过录本，为陆心源所得，"近蔡二源兄假来为孙仲容照录一部,余又借录此本,然尚未为尽善也”(35/142)。孙诒让的《墨子间诂》前期工作在萧穆日记中找到一点线索,而萧穆因地利而得过录机缘。陆氏乃著名藏书家,刊刻书籍多种,故萧穆多得其赠书,如光绪十四年四月得《潜园总集》《皕宋楼藏书志》,光绪十六年得《元祐党人传》,陆氏还托萧穆售《尔雅》单疏本十部。萧穆因为校刊书籍,也利用地利之便,写信借陆氏藏书,如《紫石泉山房诗文集》及《徐骑省集》的校勘。光绪十三年闰四月初五,萧穆写信给陆心源、丁丙,借吴定(殿麟)《周易集注》《紫石泉山房诗文集》(35/312)。数日后接陆氏回信,并赠所刊《续考古图》二本、《娱亲雅言》二本、《金石学录补》一本。光绪十九年六月二十日,萧穆致函陆心源,托陆氏以其家校宋本代校萧穆所刊《徐骑省集》(37/259)。后得回信,陆氏答应七月间来沪带交,萧穆日记中有利用陆氏藏本的记录。光绪十四年五月十八日,萧穆寄陆心源《常山贞石志》《紫石泉山房诗文集》。光绪二十年二月二十七日,萧穆寄陆心源《四国日记》《徐骑省集》。

萧穆在上海也结识了藏书家缪荃孙,日记中有数条记载。缪氏对萧穆颇为认可,其日记中有少见的称赏文字。难得的是,萧穆过世后,缪氏对萧穆文集的刊印尽心尽力,对萧穆的藏书与萧穆儿子的情况也有记载(见附录5“缪荃孙日记中的萧穆记载辑录”)。

第六节　书院,萧穆的另外一个去处

在书肆、私家藏书之外,上海的书院也是萧穆交往网络的一个组成部分,他常去上海龙门书院。刘熙载自同治六年至光绪六年主讲书院十四年[①],以刘氏为中心的龙门书院师生是萧穆师友网络中的另外一个群体。萧穆能多次拜访刘氏,中间或有刘氏子刘彝程(省庵)的介绍与沟通。

① 杨抱朴《刘熙载年谱》,辽海出版社,2017年。

同治十一年十二月萧穆到上海时，就到龙门书院请刘熙载题字，同治十二年正月初一，萧穆又入上海县城到刘熙载住处贺岁，或是二人初相识，刘氏对萧穆因为生疏而略有距离感，如正月二十三日访刘氏，未得晤面。但萧穆似乎较快与书院其他人（或是生徒）建立了友好关系，以下是他二月初七的日记：

> （到龙门书院）在约斋（沈祥龙）处同诸人杂谈久之，茶食，并观约斋等诗及他书久之。又到（童）米孙及清士处，坐谈久之，乃出。……携约斋所赠《夏节愍公集》十卷，子美送章次柯选《淞文传》单片一册，又借约斋所藏扬州张符骧良御《依归草》抄本二册。(31/21)

“坐谈久之”之类，是萧氏日记中常用语。与读书人交谈，并及学问及学人旧事、书林掌故。沈祥龙所得夏完淳书，乃购自松江的旧抄本，“杂文共一百十三首，首有双虹老人陆舜序，未知前此有刊本否。然此集文笔颇雅，有关文献，他日当倩人抄一本，为之流传也”(31/21)。萧穆借回书，一般翻看，遇心动之书，必抄录副本或有抄录计划。《依归草》是十六日阅读，称“张氏虽以归震川为宗，而文气尚未见古茂，未能自成一家也”(31/24)。十七日，萧穆到龙门书院还诸人书。二十三日，或是看书后有余感，“作字与章次柯及沈约斋，劝其搜辑松江文献也”(31/27)。萧穆光绪二年十月十四日日记，仍有《依归草》记录：“点阅《依归草》二十首，灯下乃毕。此书乃癸酉春借自沈约斋，去年秋乃倩江益斋抄之，今秋乃毕。余乃以朱笔照阅，今乃阅竟二册，共文一百零十二首，他日当借刘恭甫所藏刻本补抄成一完帙也。”(32/133—134)同治十二年从沈氏借得，光绪二年请人抄录后再校，并拟再借刻本校补编成完帙。日积月累，精心编校，从而形成完帙或善本，是萧穆编书的追求。

萧穆多次拜访交谈，两人彼此理解逐渐加深。萧氏日记记载每次拜访，刘熙载多有回访，且多是“衣冠来晤”，刘氏之讲求，与其理学家的日常践行相关，如五月十六日，刘氏来访，两人坐谈后，萧穆又陪刘氏到徐寿（雪村）处坐谈。大约这一年，萧穆已得刘氏认可。这一消息是萧穆同事刘熙载子刘彝程（省庵）透露，十二月十七日记录萧氏在龙门书院与刘氏谈良久之事，补记一句：“先生深器穆之为人，盖闻其长嗣君省庵之言也。”(31/163)萧穆入城访刘熙载次数较多，有时差不多半月一次，日记中，也记载到龙门书院访其他友人，大约是访刘氏未晤，如十一月二十七日，“到龙门书院，晤米孙、幹臣、约斋、仲英、渊甫等”(31/153)，多次访谈，萧穆逐渐融入了在书院活动的读书人群体。

萧穆因为心诚脚勤，得到刘熙载的认可，从此后日记中也能看出。光绪元年三月十八日，“到书院晤约斋、仲英、渊甫、幹臣、平书等。融斋先生自外回，招谈书、碑良久，又谈各处山水名胜，久之乃别”(31/374)。刘熙载主讲时期的龙门书院是萧穆定期访问之地，“往来无白丁”，书院几乎成为他暂时逃避纷攘的“精神驿站”。在书院，他可聆听刘熙载讲谈，也可接触到访书院的其他读书人，如光绪六年七月初一，“到龙门书院问融翁疾，时章韵芝在此，与谈论先辈著述及故事久之。又阅仲英手圈《说文》”(33/277)。

同治十三年起，萧穆日记就有两人谈论学问的记录。二月初八，“(刘氏)亦衣冠来拜，共坐谈书籍久之”(31/184)。十一日，萧穆到龙门书院，刘氏以“新刊所著《持志塾言》(共一册)二卷见赠(送二部)，后与先生杂谈书籍、碑帖，久之乃辞别”，“夜阅《持志塾言》数十条，语语切实，均融斋先生心得之言，近日士大夫未有能及也”(31/185)。五月初四，萧穆向刘氏索赠此书，“先生复送五部，乃收藏之，以赠同志君子也”(31/227)。光绪元年二月十八日日记：

> 刘融斋先生衣冠来访，坐谈书帖并茶食久之。又谈及天文算法云：“人专精此道，不甚相宜，所谓察见渊鱼不详也。然当日圣

祖仁皇帝及梅文穆公又不以此论，是天特昌明此道也。”(31/361)

这则日记与九月三十日日记所记并观，可见刘熙载晚年学思的印迹。萧穆记录了刘熙载闲谈所涉及的丰富话题：“入城至龙门书院，拜刘融斋先生，并贺其二世兄展程中式之喜也。先生留坐谈文史及习乐、算法、书法等事。又知先生近时习篆、隶书，甚可喜也”。(31/456)光绪六年三月初六，“(萧穆)乃以代作《沈孺人传》呈之，先生阅毕赞美至再，乃谈及汪谢城补正江氏《四声切韵表》，云主客不分，后人不见江氏原书，则不知孰得孰失，古人著书无此例也。又云江氏之深处，汪尚有未能领略辄妄加讥评，微先生言，穆尚不知也”(33/227)。

刘熙载著述传播之事，据萧穆记载，同治十三年七月回桐城后自藏《持志塾言》一本，送黄仰范一本；光绪元年七月初三得刘氏寄送新印《艺概》两部，随即朱笔圈阅；七月初在刘熙载处取《艺概》二十部。自七月二十四日到八月十九日，先后送赵彦修、洪汝奎(琴西)、李联琇、马其昶、张裕钊、光慎伯、方朔各一本，在南京送范志熙三本。光绪四年四月，刘彝程先送萧穆《艺概》十部、《昨非集》五部，稍后送《持志塾志》十部、《昨非集》五部。光绪五年十月十九日，“到书院见融斋先生告别，坐谈。先生以《音韵》三种各五部、《艺概》及《持志塾言》各五部见赠”(33/162)。

刘熙载在龙门书院之外的活动，萧穆也有记载。光绪三年十二月初四，“融斋先生衣冠来辞行，并询《昨非集》是非大略，又太息吴桐翁(吴大廷)之病”(32/343)。光绪四年三月初一：“巳刻，融斋先生衣冠来晤，盖前日自兴化回书院也。坐谈桐翁事及著述，久之乃去。”(32/389)萧穆日记两次记录刘熙载从上海返江苏兴化老家之事，两次航行路线不同。光绪元年十二月十八日，刘熙载返乡，由其子刘省庵及书院诸人送他上船，航线是从长江口溯航至镇江。十九日日记：“在舟同融斋先生及赵朴斋、李春浦等杂谈。又范月槎观察之第四子子范自杭州回湖北,亦此舟。……夜半到镇江,融翁及朴翁均辞别,乃回兴化及高邮也。"(31/494)光绪六年七月十三日刘熙载回兴化,船行内河水路,"午食后,命曹玉等将行装送至江干,乃坐舢板船到大东门大码头,上刘融翁船。时竹一、约斋、鸾斋等已先至,共谈,后融翁及省庵乃到,融翁弟子及相知数十人均上舟相送,久之乃去。申刻开舟,乃局中小火轮船拖带也"。十四日,"夜半后开舟,巳正抵苏州胥门外,小停后,别融斋先生及省庵、鸾斋等"(33/284)。十一月十六日,刘彝程来晤谈,"乃知其太翁融斋先生疾未全愈,不至再剧也"(33/336)。光绪七年正月十八日日记:"惊悉刘融斋先生于本月初三日□刻殁于兴化。"(33/378)

刘熙载卒后,萧穆偶去龙门书院,仍有谈论的记录,仍有旧友,如光绪九年十二月初三,"到龙门书院,以《诗义补正》、国史四传、吴桐老集付龚鳌峰托交顾香远。晤幹臣及子美、鸾斋,各在其室坐谈久之"(34/243)。然氛围明显不及从前。萧穆仍热心刘氏身后事,其中联络者是刘彝程。光绪八年三月初九,"省庵来,以融翁行述一本见示,阅之,尚雅洁可行也"(34/23)。光绪十年三月二十五日日记仍与刘氏碑传相关,他到龙门书院见沈祥龙,"以俞樾所作刘融老墓碑文二件托交省庵"(34/284);二十六日,"将俞樾所为刘公墓碑及陈茂亭、沈约斋改本参阅,并自删润,为刘公别传书一本。下午并录刘公诸书序于别传,以备参阅"(34/285)。今人编刘熙载年谱,据萧穆文章所记,能提出几条交往行事记载,若能参考萧穆日记,则刘氏年谱当更加丰富,尤其是刘氏言谈举止、著作刊行等,有更多细节性记载。此外,关于近代算学名家刘熙载子刘彝程的研究,也可从日记中梳理出若干条史料。

后任龙门书院山长、与萧穆交往稍多的是瑞安孙锵鸣。孙氏家族诸文士,萧穆在金陵就结识,在上海时期,仍多有往来。光绪十年孙氏到任,次年九月,萧穆往访,孙氏送新刻《永嘉丛书》多部,萧穆回送《金石三例》《诗义补正》《六朝文絜》《三唐人集》,又以吴大廷《小酉腴山馆集》请孙氏转交其兄孙琴西(35/50—52)。但并非每位山长都接纳萧穆,光绪二十四年三月,他去访龙门书院山长吴大澂,不知何故,日记中记录“未晤”。此后,萧穆未再访龙门书院。敬业书院山长钟文烝光绪三年六月卒,萧穆悲叹平时交往不多,日记中也确实少记载。接任山长是杨长年(朴庵),光绪五年六月萧穆访问,零星记载持续到光绪八年四月。

萧穆某一时段往来某一书院,主要是因为书院中有趣味相投者。蕊珠书院山长戴兆春在光绪十一年二十三日日记中只提及一次,还特别点明莫楚生从其受业,应是无更多交往。萧穆访求志书院有两个时段,一是光绪三年到光绪四年,以及光绪十八年到光绪二十二年,中间有一次是光绪九年三月到书院看冯建侯兄弟曝书。第一时段主要是访冯焌光,光绪三年四月十一日,萧穆访冯氏,谈刊布事宜,次日再访,冯氏示以王芑孙手批《金石三例》(32/222)。此后数次访问,然后至龙门书院,光绪四年三月底冯氏卒后,萧氏日记未见访问记录,直至第二时段。求志书院山长龙继栋是龙启瑞之子,龙启瑞乃桐城派“岭西五家”之一,家学传承,萧穆与龙继栋应有共同话题。光绪十八年闰六月廿六日,萧穆访问,得龙氏赠书。十二月初二,萧穆再访,送龙氏《庸庵文编》,次日又到书院查阅《古今图书集成》。光绪十九年,萧穆两次应邀参加龙继栋在书院的聚会,其中十二月六日一次,参加宴请者有何诗孙、凌丽生等,龙氏又赠萧穆书。光绪二十年九月九日,“入小南门,至求志书院晤龙松老,谈话时事及故事良久”(37/481)。十二月初八,又有“谈话时事良久,种种令人叹忿”(37/526)。光绪二十二年六月,在桐城老家的萧穆收到龙继栋信函并所藏《卫藏通志》,其时龙氏可能已返回南京。

晚清上海有龙门书院、求志书院、敬业书院,在龙门书院之外,自光绪六年起,萧穆也常访敬业书院,这或与杨长年主讲该书院有关。光绪六年七月初一,萧穆先访龙门书院,“后入市,乃到敬业书院晤杨朴庵山长,时周石卿亦在此,共谈。朴翁述及其受业师江孝廉文熙及胡副贵[1]镐之博雅，工诗文。又述及壬辰应乡试，晤吾邑张君聪智文学之佳，张即以本科中式。又云清河诸生张时谦字子牧，文学记诵，卓卓过人。又谈话良久，他日当详记别纸，以备掌故”(33/277)。

上海作为近代人才的渊薮，为萧穆的交游提供了多种选择。光绪十年三月二十三日，萧穆购买王韬《瀛壖杂志》《遯窟谰言》，忽然买新式人物笔记杂书，看日记中的上下文，或与赵元益有关。赵氏中西学兼通，赵与王韬可能交往颇多，且相识较早。十五日，赵、萧二人见面，五月初一，“静涵(赵元益)兄邀同到洋厂怀仁里访王紫诠，晤谈。又同至第一楼茶话，……王紫诠，名韬，长洲人，才气甚豪，旧寓香港，并游历西洋，中外情形无不熟悉。著书十数种，均有可传。云他日当以刊本见赠也”(34/299)。初八，萧穆与袁敬孙同访王韬，得赠书《瀛壖杂志》二本、《弢园文外编》五本、《尺牍》四本、《火器略说》。

光绪十年对于王韬而言，是一个有特别意义的年份。此年他得李鸿章默许，回上海定居，翌年出任上海格致书院山长[2]。从萧穆日记看，王韬至少五月已回上海，而且似很受人关注；而次年主讲以讲授西学为主的格致书院，也成为一个文人交往的处所。光绪十一年十一月十八日，萧穆“到美华书馆，又到格致书院晤华若汀(华蘅芳)、王紫诠，谈话，并言摆印书与刻书事久之”(35/75—76)。华蘅芳是萧穆旧友，同治十二年萧穆来上海时相识。王韬似有其偏向西学的朋友圈，赵元益、华蘅芳当在其中，这一朋友圈相较龙门书院群体而言，离萧穆稍远。日记中只有零星记载，且间隔时间长。而这些偶然的相见或记录，多因为另外一位人物的介入，如光绪十五年六月出洋大使薛福成路过上海，二十日萧穆回访薛氏，其时王韬亦在，“共谈久

---

① 原文如此。

② 王韬著，汤志钧、陈正青校订《王韬日记》增订本“新版前言”，中华书局，2015年，第1页。

之”。光绪十六年十一月初九，“访王紫诠兄，坐谈良久，并以今年所摆印著述廿册见赠”(36/461)。十三日，“访王紫诠，取其致薛叔耘及赵静涵书信送交文报局”(36/462)。

王韬还在曾国藩另一弟子黎庶昌的交游圈中出现。光绪十五年二月初四，萧穆访王韬，赠黎庶昌所著《入都日记》，“与谈论各家纪述外洋事，并以旧所撰辑《普法战纪》二十卷凡十册见赠”(36/143)。光绪十七年七月二十三日，黎庶昌在北江孚轮船到汉口，临行前宴请友好，萧穆记：“赴莼斋之约，时王紫诠、陈哲甫已先至。”(36/535)光绪十八年六月初三，日本岛田重礼信、市村瓒次郎在海天春“番菜馆”设宴，赴宴者有上海黄梦畹、苏稼秋、姚斌秋，海盐陈哲甫，吴门王韬(紫诠)。萧穆与王韬约定初五在张氏味莼园回请，然未果。萧穆日记最后一次记录王韬是在光绪十八年六月十三日，送王韬《四国日记》，仍与薛福成有关联。现存王韬的日记不完整，留存自咸丰八年至同治元年日记；而萧穆所记王韬点滴自光绪十年延至光绪十八年，可略补王韬日记之不足，有助于考察晚清过渡时代读书人群体活动。

萧穆在桐城的活动及其师友圈的形成，由其对本土文献的挚爱推动。在萧穆谋生的路途中，这一师友圈不断扩大，地点也在变化，从桐城到安庆、南京，又扩展到上海。在上海又以广方言馆为立足点，以书、学问等为媒介，在上海地区发展，并将共同兴趣的交往圈扩散到周边地区，如宁波、苏州、杭州等地。萧穆的向外拓展，都从人际交流形成的熟人网络中进行，他所做之事，有谋利、谋生的成分，但他更多地保存了读书人、学者的本色，没有成为完全的文化经纪人。交游、关系再造新世界，肯尼思·J. 格根(Kenneth J. Gergen)曾提出“关系流动(relation flow)的过程”一说：“关系裹挟着参与者的身份前行，没有人能控制它的无限延展”，“在每一个关系的时刻，我们都需要与周围环境发生共振，吸收它的潜能，创造新的生成物，并将它们纳入更大规模的关系流,我们正是在这样的关系流中被构成。”[①] 交往是一种生成性关系过程,对萧穆而言,这一过程具有催化作用,可以为其人际关系网络不断注入新的活力。每一刻萧穆都站在重要的联结点上,在过去与未来、不同人之间的多重关联中寻找新的可能。在这一过程中,萧穆应该十分敏锐地察觉到多种关系的路径,这不是一种工具取向(instrumental orientation),而实为一种生活[②]。相较于捉襟见肘、困难纠结的家庭生活而言,以书籍作为媒介或者作为推动力而建立的学问世界、读书人社会,他更有从容、投入之感,他在书籍和读书人群体构成的世界中获得了令其愉悦的认可。

---

① [美]肯尼思·J. 格根著,杨莉萍译《关系性存在:超越自我与共同体》,上海教育出版社,2017 年,第 61 页。

② [美]肯尼思·J. 格根著,杨莉萍译《关系性存在:超越自我与共同体》,第 62—63 页。

第三章　流动中的人物与桐城派晚期文化景观

萧穆因好学而得曾国藩称赏，又因好学及曾氏赏识而结交曾氏弟子及宾僚，逐渐建立自己的学术交流网络。曾国藩的赏识影响萧穆至深，促使其人生选择更加坚定。萧穆在《与溥玉岑大司空书》中也有表述："年二十六七，值曾文正公开府皖江暨江南，毛寇肃清，驻节金陵，其幕府及他宾僚，英俊群集。下走承曾公延誉，并与其幕府及诸宾僚往还，稍增广见闻。彼时吴越耆旧尚有存者，又不惮跋涉造访，从之问业，终以质薄才劣，各种学问门径，虽稍有所知，迄今年近七旬，一无所就。惟承文正公遗训，专以朝章国故为问学大宗。自文正公薨后，即客于海上，专为留心四方文献起见……下走寓海上二三十年，耳目闻见，自度精力已衰，不能附和维新诸人，仍确守曾文正公遗训，时时仍以朝章国故为念。"[①]道出萧穆走出桐城后的人生趋向。

萧穆一生行事，基本可分为桐城时期和上海时期。时与地虽有不同，然对桐城文献和人物的关注前后一致，只是在上海时期，关注方式已有不同。从信函中"年近七旬""寓海上二三十年"之语推测，此信或作于光绪二十八年或二十九年，应是萧穆的学术总结，与"承文正公遗训，专以朝章国故为问学大宗"大致符合，然若以日记所录及一生学术兴趣，所谓"朝章国故"，确实是他上海时期的文献视野，然其关注焦点，终究还是要归结到桐城文献。

---

① 《敬孚类稿》卷四，第92—93页。

第一节　萧穆与桐城文献的保存

萧穆二十八岁时被方宗诚视为“后起之英”[①]，如此被认可，也意味着被寄予厚望，作为一位有志向的读书人，也会被赋予传承桐城派的责任。萧穆远离家乡，如在上海期间或者游历其他地方时，对桐城或桐城派的书、人、事处处留心。但就关注桐城文献而言，已不是此前身处桐城时期的那种琐细，而是重点关注桐城派几位大家。

在桐城派初期大家中，萧穆对刘大櫆有持续的热情。梳理他与刘思安的交往，其中就有刘大櫆文献贯穿其中。同治十二年九月十九日，萧穆为刘思安临刘大櫆圈点唐人绝句十余页(31/121)，到次年正月临刘氏圈点完毕。同治十二年八月二十日，在南京应试时，“刘思安来谈，并言所藏海峰所选《七绝正声》一本、《七律三谱》一本，十月间当见借，并还顾亭林《左传补注》抄本也。又以渔洋《唐人万首绝句选》二本托代临海峰圈点，谈话久之乃去”[②](31/112)。同治十三年十二月二十八日，在桐城家中，“接到刘思安信，并寄海峰选本《七绝正声》一本，乃唐至元止也。又《七律中谱》一本。比即作字复之。后对校家藏本一过，次序均同也”(31/335)。光绪元年正月十八日，在桐城家中，归还刘思安刘选七绝诗及《七律三谱》。光绪十六年二月十二日，“接刘世安信并海峰《小称集》二本，一为旧抄五言古诗；一为初刊本，古文三十篇、七言古诗八首、时文五首。古文有《明分》一

---

① 同治元年，萧穆请李濬为其文稿作序，李氏序中记方存之语：“桐城自癸丑后，复再复陷，一时文章气节经济之士，或死王事，或避他乡，风流尽矣，独遗东乡。东乡一再被兵，独遗萧敬孚里。……桐城后起之英，无不推敬孚者。”《敬孚类稿》卷首，第1页。

② 查《桐城文学著述考》所录刘大櫆著述，未见刘氏所编《七言律诗谱》。

篇，七言古诗乃题《穆西林杂拟宋元山水八幅》八首，皆后来刊本所未有。而五言古诗一本亦有后刊本所未有者，大约皆所删去也”(36/324)。刘大櫆《小称集》版本差异问题，自萧穆之后，无人提及，直到近年汪孔丰撰文重新考察[①]。光绪十九年正月在桐城，萧穆归还此前向刘世安借阅的《小称集》；光绪二十三年刘世安子刘文朗帮萧穆抄录刘大櫆选唐诗。从收藏文献的稀见程度推测，刘世安似为刘大櫆后裔。刘世安(即刘思安)保存的《小称集》，其旧抄本和初刊本的差异，萧穆应是首先注意到。同类版本的异同问题，在他日记中也有多次记录。萧穆在光绪年间主要在上海等地活动，偶尔回桐城，仍旧留意搜集桐城文献，刘大櫆著述因其日记记录，多有他书所不载的信息。光绪十五年五月二十七日，萧穆在天津，“合甫来谈，并及《海峰文集》，因出示旧本，乃乾隆间刻未圈点者，较后刻少文十数首。又有四首后刻删去，拟补抄之”(34/311)。次日，“录海峰文五首，有四首为后刻所删，其《春秋究遗序》即后刻之《春秋发微序》，而大同小异者，俟回申江参考之”(34/311)。

萧穆对刘大櫆著述的搜集刊刻贡献卓著，他在自己不断借债的境况下，还奋力集资推动《历朝诗约选》的刊印[②]。光绪二十二年八月十八日，萧穆以宋本《家语》、宋拓《岳麓寺碑》向刘世珩质英洋五百元，作为印刷刘氏《历朝诗约选》资金。刘大櫆诗集也是由萧穆经手整理刊印，附《历朝诗约选》而刊行。在《海峰诗集》之外，他又筹划《海峰文集》重刊。光绪二十二年九月二十四日，“以四月间所得刘瑞亭所藏《海峰文集》照旧所录左叔固先生删订本，仍用朱笔重录之，不及半日即毕。……盖叔固亦深于文律，其删订多当，他日有人重刊

① 汪孔丰《三种稀见刘大櫆〈小称集〉及其文献价值》，《文学遗产》2018年第4期。

② 关于《历朝诗约选》的编刊，笔者另有文讨论；其中萧穆筹资刊刻情况，参见本书第二章“上海广方言馆与萧穆的周边世界”第三节所述。

《海峰文集》,遵之可也。其诗集已照惜翁删定本,春间已付写工,他日当附刊《历朝诗选》之后”(38/118—119)。左叔固即左坚吾,是左周之子,而左周,据《桐旧集》卷二十六所记,是刘大櫆之婿,桐城的姻亲网络中有亲密的书籍和学问的传承,推想这位刘瑞亭与刘世安或为刘大櫆后人。萧穆的桐城文献资源,即使是他到上海后,仍有不少来自故乡。

萧穆因为长期关注刘大櫆文献,故对自身关于刘氏文章的判定比较自信。光绪二十年八月二十九日,萧穆在杭州,看谭献日记中所论《大亭山馆丛书》中有张惠言所录刘大櫆文抄二卷。“仲修取校《海峰集》新旧刊本,字句异同,往往张本为胜,皆前所未闻,他日当觅此本审定之,附刊海峰《八家文选》之后”(37/474)。九月初二,萧穆到谭献家,看张惠言所选刘氏文:“只廿六篇,中有不必选者四五篇,其他杰作遗者颇多……张公如此眼界,不足令人钦佩。”(37/475—476)张氏选刘文[①],是常州派与桐城派关联的实证,而萧穆认为张氏选目可以调整,则呈现桐城派重要作家、作品自清代中期以来,在读书人中有不同的评价,在纷纭的众声中形成自己的地位[②]。

如同《小称集》初期版本的发现一样,稍早萧穆还在上海发现了《望溪集》的初印本。光绪十四年六月初二,萧穆在抱芳阁书店,“取《望溪集》初印样本一部,多载李文贞(李光地)、韩文懿(韩菼)、朱文

---

① 张惠言选《刘海峰文抄》目录是:《江若度文序》《徐昆山文序》《王天孚诗集序》《见吾轩诗集序》《江文川诗集序》《与吴阁学书》《再与吴阁学书》《与李侍郎书》《与某翰林书》《送倪司城序》《送胡先生序》《送姚姬传南归序》《送沈维涓序》《浮山记》《游大慧寺记》《偃师知县卢君传》《江先生传》《方楷林墓表》《海门鲍君墓志铭》《方府君墓志铭》《舅氏杨君权厝志》《下殇子张十二郎圹铭》《祭左和中文》《祭尹少宰文》《祭史秉中文》《祭舅氏文》。《刘海峰文抄》收入《大亭山馆丛书》,光绪十年刻本。此目录由丁思露在南京图书馆查检抄录。

② 桐城派在被批评中发展,可参徐雁平《贬抑桐城派的众声及其文学史意义:以“局外人”日记为考察范围》,《南京大学学报》2019 年第 3 期。

端(朱轼)、梅定九(梅文鼎)、万季野(万斯同)、钱钦光(钱澄之)、杜苍略(杜岕)、张孝先(张伯行)、程廷祚、蔡梁村(蔡世远)、姜西溟(姜宸英)、翁止园(翁荃)、陈榕门(陈宏谋)、庄未生(庄受祺)、刘古塘(刘捷)、王崑绳(王源)、徐贻孙(徐念祖)、宋潜虚(戴名世)、王若霖(王澍)、李清芳(李同侯)、刘言洁(刘齐)、张彝叹(张自超)、孙子未(孙襄)、杨农先(杨椿)、徐蝶园(徐元梦)、庄复斋(庄亨阳)、李穆堂(李绂)、陈大受(陈占咸)、汪武曹、胡袭参(胡宗绪)、朱字绿(朱书)、刘芳霭、陈沧洲(陈鹏年)、刘北固(辉祖)、蔡九霞(方炳)及刘大櫆、雷鋐、程崟、王兆符、单作哲、赵青藜等凡五六十人评语,后来再印定本将诸家评语尽削去之,以故吾乡老辈皆不之知,惟姚薑坞太史批本言及之耳。今取此本,以存旧底本之式,且为后来重刊《望溪集》者采取也”(35/462)。他惊喜地发现,日记中记录赵元益当天下午来看此书。六月初四,萧穆开始过录《望溪集》中诸家评点。大概是评点较多,或是事务繁杂,到光绪十五年四月初七他仍在抄《望溪集》诸批点,日记中有记录:“此乃望溪先生初刻之集,全载诸家评语,旋觉其陋而铲除之,故外间绝无有评之本。此乃是初印样本,在今亦可贵也,故将诸评另抄一本,以示邑之人士焉。”(36/174)萧穆的杂抄诸稿中收录评语过录本,其中另抄一本以示邑人之语,最能看出他保存桐城文献之心志。

萧穆有编《桐城文征》的计划,并在不断着手准备①。光绪二十年三月二十一日,萧穆接廉泉信并代抄吴汝纶文一本、马其昶《桐城文略序目》一本。廉泉此时也已成为桐城派内部交流网络的新秀。萧穆托抄吴汝纶文,或是想读挚友近作,或是备编《桐城文征》之用。

---

① 桐城文人有编辑本县诗文总集的传统,本书第一章中有所论及,此处再补一条史料:安徽博物院藏方宗诚辑《国朝桐城文录》30 册,是咸丰八年稿本。此稿完成时间较萧穆动手早,而且规模不小。安徽博物院编《安徽博物院古籍普查登记目录》,国家图书馆出版社,2020 年,第 302 页。

这一点与求马其昶《桐城文略序目》相关。萧穆有《桐城文征》编选计划,或与马其昶编选《桐城文略》(即《桐城古文集略》)有重合,故求马氏"序目",以作比照。萧穆于光绪十八年、光绪二十二年两年张罗《桐城文征》,光绪十八年五月十六日日记有记载:"检理乡先辈诸书,并取叶花南(叶酉)、方息翁(方世举)、马相如、张兔床诸家文,录其目以备文征之选。"(37/48)光绪二十二年,他先后抄录《刘氏家谱》《周氏家谱》中的传和序,并选录光聪谐等先辈文,作为编选《桐城文征》之用。现藏上海图书馆萧穆抄本《吴理庵先生文钞》,有多篇标注"可存",其中标注"选入桐城文录"有五篇。萧穆应是以人为单元编选,《吴理庵先生文钞》(吴士鼎撰)或是编选工作的样例。本来萧穆与马其昶选本可并行推进,形成竞争,然萧穆经营之事过多,生计负担重,自己的编选事业只得被迫搁置,甚至放弃。

萧穆鼓动李承渊(时泉)重刊《古文辞类纂》,是在刘大櫆《历朝诗约选》刊印工作即将结束之际。对于萧穆而言,这两部大书,乃是其刊印桐城著述系列计划的柱石,既将桐城派本土人物著述以刊印方式延续,又将所能得到的"稀有桐城文献资源"如苏惇元(钦斋、厚子)所录姚鼐晚年圈点加以转化,这一转化还包括向其时在北方的吴汝纶求助。刊印不是简单的翻刻,而是再加工、再整合,形成新的版本。《历朝诗约选》的即将完工,表明萧穆的编校工作、萧穆与李光明书坊的合作方式、李光明的工作效率皆值得信赖,因而也积累了编刊卷帙较多著述的经验。最直接的一条例证,就是《古文辞类纂》格式照用《历朝诗约选》格式。

光绪二十五年五月十三日,萧穆访李承渊(时泉)。李氏有意刊姚氏《古文辞类纂》,萧穆遂致信吴汝纶,求其所阅《古文辞类纂》,以便为李氏重刊作参校[1]。二十五日又与李氏商议刊刻之事。九月十

---

[1] 萧穆帮助李承渊编刊《古文辞类纂》之事,可参本书第二章"上海广方言馆与萧穆的周边世界"第三节。

三日，萧穆在上海见李承渊，以苏惇元（钦斋）"所录姚惜翁晚年圈点《古文辞类纂》本示之，伊欲重刊定，以照《历朝诗选》格式，乃为合款"(39/43)。在刊刻之前，萧穆先有过录圈点、校对工序。十七日，萧穆"取《古文辞类纂》碑志上编，用朱笔点阅，凡五页乃罢。此因李时泉欲刻此本，用姚惜翁晚点本，更加以句读，以便后学之读也"(39/45)。

关于《古文辞类纂》一书编校刊印过程，萧穆有较详细记录，如光绪二十五年九月二十二日萧穆日记："点阅《古文》碑志下编四五毕，又自上编一至此一册通录惜翁晚年圈点，夜间乃毕，即据苏厚子先生手录惜翁晚年阅本也。"(39/46)二十三日再校，寄《古文》一本给李仰超，"属其付好写工，以《诗选》格式照原本行款精写"(39/46—47)。十月初十，萧穆开始校阅该书传状，并补加圈点。光绪二十五年十二月初七，萧穆以《古文辞类纂》写本、校本送李承渊过目，又提示李承渊汇李仰超刻书洋一百五十元。到光绪二十六年五月，萧穆仍在校《古文辞类纂》，十九日，校完哀、祭两类，"又取康刻本校其脱讹之字，成四卷"(39/139)。故李承渊刻本在编刊过程中，又利用康绍镛刻本校勘。同此前助人刊书一样，重刊《古文辞类纂》序亦由萧穆代作，时间在光绪二十七年正月。二月初四，萧穆在桐城，"仍用朱笔改《古文》后序，久之，另写一篇将寄李时泉。又录康刻《古文》序一篇，将寄李仰超付写工"(39/231)。五月初，萧穆已收到书坊装订好的十二本《古文辞类纂》，六月底，萧穆到李承渊寓所，交李仰超所寄刻《古文辞类纂》工资总目。整部书是按文体分成若干单元交叉推进，这样可保证刊刻和编辑的连续性，而书稿在上海与南京或桐城之间以邮件来传递。《古文辞类纂》刊刻史上的三个重要版本，似乎在光绪二十七年已定型，然还有校刊"余波"。

光绪二十九年四月二十四日，萧穆访李承渊，李氏交所校《古文》句读及误字；二十七日用新印本录吴汝纶印本中姚鼐圈点，再录李氏所校。五月初三，萧穆将李承渊校本《古文辞类纂》录毕，将其中就改之处十条写信给南京的李仰超，嘱刻工照改。李承渊送书二十部嘱萧穆校改，以便送人。至五月初七，"将昨校古文两部校毕，复取去年冬所校两部及由金陵带一部回馆所校之本，三本互勘，至晚未竟"(39/377)。

查已类编而非原貌的吴汝纶日记，光绪二十八年三月二十四日有如下摘录：

> 《古文辞类纂》校毕。此书余久欲再刻，曾集资买纸，校勘吴、康二本误字，拟于上海石印。庚子之乱，集资尽失，而吾友萧敬甫为李时泉观察承渊在南刻成此本，仿汲古阁字体，用吴本而加姚氏晚年圈识，去秋寄余令代校，俟吾校后乃出书，数月以来无暇为此，今归保定始能卒业。[①]

据吴汝纶所记，光绪二十七年刻本未能利用吴氏校勘；而此后补刻改进本，是否部分采纳，暂无法判断；然据萧穆光绪二十九年日记，李承渊刻本的后印本吸收了吴汝纶石印本《古文辞类纂》圈点。光绪二十七年，萧穆协助李承渊校刊《古文辞类纂》，所用底本为萧穆家藏姚鼐晚年手定圈点本。萧穆藏本得自苏惇元，苏氏所藏出自姚鼐子姚执雉[②]。据汪祚民考证，《古文辞类纂》部分吸收吴汝纶的校勘成果。

光绪二十九年五月初三至五月十六日，萧穆校《古文辞类纂》数

---

① 《吴汝纶全集》日记卷十三，第814页。

② 汪祚民据吴汝纶《古文辞类纂校勘记》所引萧穆语梳理，姚鼐晚年定本在选文方面有特别之处，归有光《题文太史书后》《二子字说》《女二二圹志》《女如兰圹志》，曾巩《学舍记》《齐州二堂记》，苏轼《祭柳子玉文》七篇文章只在《序目》中有篇名而正文中未收录，袁宏《三国名臣赞》在《序目》中标出节录五人评赞，然正文中未收录。以萧穆校藏本为底本的李氏刻本最后收录上述归、曾、苏七文，而删去袁宏《三国名臣赞》。汪祚民《〈古文辞类纂〉李刻本校勘原委与学术价值》，见《安庆师范学院学报》2009年第5期。

部，其中有一部送李钟钰（平书）。李氏曾入张之洞幕府，光绪二十九年转任江南制造局提调。光绪二十九年五月十七日，“入东城仁和里，晤李时泉并缴还所校《古文》一部，坐谈久之。取白纸本《古文》两部回馆，皆伊自校本也”(39/382)。光绪二十九年八月初，萧穆从李承渊处取《古文辞类纂》三部；二十二日李氏送萧穆十四部，并赠洋四十元。李承渊重刊《古文辞类纂》，不完全是附庸风雅，在刊刻之后，还校阅刊本，校正句读及误字，并有自校之本。萧穆在新出刊本之上再整合加工，寄南京李仰超，嘱刻工照改。若以上所提诸本皆存世，则《古文辞类纂》在光绪二十七年到光绪二十九年间有诸多版本，而最重要的是标明二十七年刻本融合了光绪二十九年李、萧、吴的相关校读成果。

光绪二十七年，刻《古文辞类纂》七十五卷附校勘记一卷及附录一卷，此校勘记一卷出自李承渊之手，其中有语云：“承渊校刊此书……一时难得善本互证，未免因仍阙疑。老友萧君敬孚，博学多闻，颇邃考据，相与扬搉，雅有裨补。辛丑夏，以漕运北上，携至京师，复就正于吴挚甫京卿，慨为审核一过，良多匡益。然近年反复细勘，犹正讹不少。……顾是版成后，数数刓改，固与吴、康二刻大有径庭，即前后印行，亦颇殊异。”[①]此处辛丑是光绪二十七年。李氏此语，再次表明《古文辞类纂》光绪二十七年五月刊刻后，吴汝纶对此重刻本或有贡献，然贡献大小，不易判断；不过，李承渊1929年在自刻的《古文辞类纂》题识似乎可借以区分：“此册所加圈点系据吴挚甫京卿依陈硕士侍郎所藏先生另一订本，较予刻益加精备，足见先生评点此书精益求精，日臻极诣。惜予刻已成，未能补入，耿耿引为遗憾，特识数语，以示不忘。”[②]则吴汝纶所传陈用光批点，此前萧穆并未融入李刻本。

---

① 姚鼐编，黄鸣标点《古文辞类纂》，中华书局，2022年，第1297页。

② 北京荣宝拍卖有限公司2019年秋拍李承渊、秦更年批校本《古文辞类纂》。据网上公布图片，《子虚赋》眉批所录有张裕钊、归有光、方绩(注转下页)

郭立暄在研究初印、后印本差异时已注意到李刻《古文辞类纂》的典型性。“李刻有初印、后印之别,正文有挖改。清光绪三十二年,李氏又附入《校勘记》一卷,印本也有详略之异。《校勘记》前有丙午年李氏识语,早印本文字简短,晚印本有增改,说明李刻先后经萧穆、吴汝纶、李承渊校勘修版。结合《校勘记》,比对李刻之不同印本,可了解该书如何逐步摆脱吴刻,成为一个更精善本子的全过程”[①]。郭立暄比较《校勘记》李氏识语,前文所录部分几为晚印本加入,着重说明萧穆、吴汝纶之功,以及与吴、康二本的区别,尤其是萧穆的学识与付出,得到较有分寸的表彰,而不是初印本将功劳全划归自己:“承渊校刊此书,类在公务之余。”郭立暄试图以版本比照还原李刻本形成过程,这是一法;然若结合全程参与者、主导者萧穆的日记,则李刻本的形成过程以及版本的复杂性,似能更全面揭示。

第二节　桐城文献作为交往中的特殊文化资源

桐城文人对戴名世著述的搜集与保存,如前文所言,不是个别行为,相较而言,萧穆的热情和持续的时间更为突出。他在搜集、编订、校勘,以及促进戴氏文章流传方面,在同治十二年以后,已不再局限于桐城一地,现将《戴名世年谱》“后谱稿”中有关萧穆与戴氏著述的记载梳理(见附录6“《戴名世年谱》‘后谱稿’中萧穆辑录戴名世文献

(续上页注)(方东树孙)评语。据拍卖公司介绍,李氏对该书有整体批校。秦更年有题识云:“此本为李时泉所刻,卷中评点亦时泉所手录,盖其自藏之本,传之异时,亦自可贵。不知所录评语与近岁徐又铮印本有无异同耳。此刻出康、吴两刻后,校订加详,最便诵读。顷从怀白仁兄借观因记。”

① 郭立暄《中国古籍原刻翻刻与初印后印研究》,中西书局,2015年,第110页。

事辑”）以见其坚持。据这些史实，萧穆时时搜辑、整理戴氏文献，似有编《南山全集》的设想。光绪十年正月二十一日日记，记载他续抄南山文，“南山文余旧抄辑颇多，此乃钱白渠先生抄本，中有《赞理河务佥事陈君墓表》文一首，凡六页，乃向所未见，今补抄入《南山全集》也。夜又以朱笔检对一过”（34/255）。二十三日，“下午以钱抄南山诸文照校二三篇，又阅《南山文外编》数首，拟他日均编入正集，而以代作及时文、序之不甚工者编入外集也”（34/256）。光绪十六年十一月十七日，“取《南山文续编》分定卷帙，装为四本，欲自补抄总目而精力不及”（36/463—464）。

《南山集》及相关文献是萧穆在上海谋生时与桐城本土文人或外地的桐城文人保持交流的媒介，如与方守彝的借还、抄写交往，如钱文翰的托售等等；同时，也是萧穆拓展与外界交流的媒介，如与苏州李鸿裔、江宁杨长年、上海郑辅东等人的交往；值得特别一提的是，他为廉泉选南山文一百四十余篇。萧穆对戴氏文献的保存，毫无疑问是出自他对乡贤文献的挚爱，但也不可否认，萧穆对这类“不合时宜”或曾在违禁之列的书籍相当敏感。自光绪二年闰五月起，萧穆频频送出孙学颜《麻山集》。萧穆推崇孙氏之文，尝有语云：“先生之文，词气汪洋，酣恣飒爽，似不得与南山争衡；而简倔严重，析理精深，心平气和，皆南山所不逮。顾所遇之境，亦与南山先后一辙，此又理之所不能穷，而大造之不可知者也。”[①]在萧穆眼中，戴、孙有某种内在关联，然孙氏声名远不及戴氏，故据萧穆日记中所记，少有人向他借阅《麻山集》。待出桐城后，他以赠送作为推扬之法，先后向方朔（小东）、沈秉成（仲复）、刘履芬（泖生）、黄尔澂（渊甫）、赵元益、李兴锐（勉林，即日记中的“勉翁”）、郑藻如（即日记中的“郑玉翁”）、陈容民、熊育钖（纯如）、袁昶、李鸿裔（眉生）、王先谦等人送《麻山集》，所送《麻山集》当为方宗诚同治十三年刻本。萧穆在上海所做之事，对于

① 萧穆《孙麻山先生遗集后序》，见《敬孚类稿》卷二，第38页。

方宗诚刊刻而言,有助推之用,而受赠者皆为较重要官员。钱澄之的著述也在萧穆赠送之列,光绪二年八月他在南京送蒯光典《藏山阁遗集》,光绪六年十一月在苏州送李眉生《田间诗集》七本(十一月二十六日寄还)。

萧穆赠送或与他人谈论钱、戴、孙三人著述,尤其是赠送与借阅,是在晚清禁书管控的松弛背景下展开,同时,也多因读书人"读奇书"的念想而起。这些书因为查禁以及相关故事被赋予传奇性,或在闲谈中耸动听闻;同时,这些书在此风气中,逐渐成为萧穆所拥有的文化资源中较为独特的部分,或可称之为"异军";而在萧穆赖以扩展交往世界的文化资源中,方、刘、姚及其他桐城名家的批点本是其"常备书"。在诸多与桐城派有关的著述中(见附录7"桐城文献作为交流媒介辑录"),姚鼐出现的频次最高,远在方苞、刘大櫆之上。流通的姚氏著作有:《惜抱轩十种》《惜抱轩书录》《惜抱轩尺牍》《惜抱轩文集》《古文辞类纂》《惜抱轩三种》和姚选四书文。其中《惜抱轩十种》先后在同治十二年、光绪十五年、光绪十八年作为萧穆的重礼送给冯焌光(即日记中的"竹翁")、方兰坨(即日记中的"方兰老")和刘麟祥(康侯)。在流通的书籍中,最有桐城特色的是批点本,其中姚鼐批点的书籍有:《荀子》、《庄子章义》、黄山谷诗、《大戴礼记》、《渔洋精华录》、《庄子》、《望溪集》、《震川集》、《汉书》。

仅从萧穆所记来看,可推知桐城派的影响或被广泛的认可,在诸家著作之外,选本和批点本亦发挥作用,尤其是批点本中有众多经典,这更扩大了桐城派的影响范围①。然桐城派的批点本有一定程度的封闭性,在特定的小群体中传抄,且多未刊刻行世。桐城派批校本的这些特点,造就了萧穆所拥有文献资源的稀有性。

---

① 相关论说,可参徐雁平《批点本的内部流通与桐城派的发展》,《文学遗产》2012年第1期;尧育飞《秘本与桐城派古文秘传》,《文学遗产》2021年第6期。

萧穆为他人过录桐城派批点本之事，在同治十二年前较多，同治十二年之后渐减，较突出之事是为吴汝纶过录多种，刚到上海为刘履芬临过《汉书》批点，后为吴大廷临《庄子》批点，又为薛福成临《震川集》《渔洋精华录》批点。在日记中所记诸多"稀有桐城文献资源"史实中，就条目数量而言，有递减之势，大约自光绪五年记录有稀落之态。如此变化，一是因为萧穆所用资源毕竟有限；二是因为他在上海的关系网已"编织"成型；三是可能已找到新的文化资源或文化资源生产方式。

桐城先贤著述，对于桐城后人而言，既是传统中的重要组成部分，应当保存传承；又是一种可以转化的本土特色文献资源，将其编刊，能建立自己的声名，获得一些利益。光绪十一年八月，萧穆见桐城刘谦泰"摆印"《戴潜虚集》(即戴名世集)八本，后刘氏以两部戴集托萧穆销售。九月二十日，"检阅《南山文集》抄本印本，将欲细校印本误字，及重编定全本，以备来年刘谦泰等重刊成一完书也"(35/49—50)。二十一日校成四五十页，"而印本果多误字，惜已流布于外数十百部矣"(35/50)。萧穆作为底层读书人中有经营能力者，整体运作尚能如人意，而稍逊者，则路途蹇滞。光绪十四年五月十一日，萧穆在安徽和悦洲，"钱文翰来以抄本《南山文集》十六本托售，后爰老怜文翰之贫，以洋廿元付文翰，又以四元托印田间之书，并赠书墨"(35/452)。稍早几天，钱文翰给萧穆看《田间诗集》一部，半抄半刻配成(35/453)。钱文翰应无力刻书，而以抄本《南山文集》以及半抄半刻《田间诗集》托交往面广的萧穆出售。钱文翰也在利用稀有桐城文献资源，他是萧穆的"化身"，只是面目模糊，境况远不及萧穆而已。

当稀有桐城文献资源在特定群体中流动时，还能"激活"另外一些处于静态的资源。同治十二年六月初二，萧穆过录完梅曾亮圈点《惜抱轩文集》，"此书乃吴桐翁(吴大廷)于同治五年丙寅五月在福建鹾署假新城杨卧云临本照录，余去年冬已借临一本，前送冯竹翁(焌光)，今仍重临一本藏玩也"(31/69)。这则日记内涵丰富，桐城派尤其是姚鼐集圈点本受人关注，不断被过录，这是一层。新城杨希闵（卧云）有临本，推想可能与同县陈用光有关，然萧穆日记有更进一步的记录。

吴大廷似收有不少桐城派批点本，稍后萧穆在醇雅堂书坊买《侯朝宗诗文集》八本，又向吴氏借刘大櫆批点侯朝宗文集临本来过录。同治十二年六月二十七日萧穆日记：

> 早对校海峰批抹侯朝宗文，久之乃毕。另用朱笔录薑坞、惜抱两先生题识。此书乃同治戊辰四月六日吴桐翁借新城杨卧云舍人临本录于马尾。杨君乃道光戊戌在京师借得梅伯言郎中临本照录也。并记云：原有两识，未署名，伯言云一薑坞、一惜抱也，今仍录于左。穆案：此批抹大抵海峰少年手笔。薑坞识语亦在少年。后来两先生识议相同，文律更严，此所批抹不尽精当，有当抹而不抹者，有不必抹而抹者。今姑照录存行笥，以备他日参校阅之。（31/81—82）

两则日记中均提及一重要人物杨卧云，此人即江西新城杨希闵，在《桐城文学渊源考》中，系于卷十三鲁九皋名目下。杨氏乃道光十七年拔贡，道光戊戌（十八年）借到梅曾亮临本，说明他与梅氏有交往，或得梅氏指点。杨氏临刘大櫆圈点《侯朝宗集》、梅氏圈点《姚鼐集》，应是桐城派中较为普遍的传习古文之法。杨氏同治年间任职福建，此前他应该将临录的圈点本带回江西新城，因其珍视喜爱，又将二种临本作为行箧中书带到福建。吴大廷尝官台湾兵备道，主管江南轮船操练局，得胡林翼、曾国藩举荐，为文似或受曾氏影响。杨氏同治七年在与吴大廷交谈中，临本被吴氏“照录”，从福建到上海，又经萧穆两次过录，再次扩大传播范围。从道光十八年到同治七年，从京城、江西、福建再到上海，这又是一条桐城派在全国传播的线索。

萧穆因为吴大廷“发现”杨希闵，由此可见桐城派批点再次传播皆与吴氏有关，吴氏临本当有题识，同治五年五月、同治七年四月六日既记录杨氏在福州的行踪，又标示二人在福州论学谈诗的时段。吴大廷如此爱好桐城派名家评点，似有可阐发之处。查检《桐城文学撰述考》，卷一归有光名目靠后著录吴大廷撰述 23 种，其中有 5 种颇能标示吴氏的文学趋向：《古文约抄》《刘海峰古文选》《刘海峰古诗选》《评点归震川文集》《评点望溪文集》（评点五周）[①]。这 5 种或多或少与萧穆有关联。刘声木在《评点望溪文集》后标注“评点五周”，或包括梅曾亮评点；然《桐城文学撰述考》中梅曾亮“撰述”中未列此书，梅氏评点本有数种，最后可能因为被过录、融汇，被有意无意地隐藏于其他评点本之中，这或是古代评点本不断累积评点后，难以分清评点归属的普遍现象。

杨希闵、吴大廷过录批点本之事，可进一步揭示晚清桐城派存在一种有效且独具特色的文学研习和传播方式；同时，过录批点也是一种有个性的书籍生产方式。

第三节　上海作为桐城派文人的中转站

长住上海这一中转站的萧穆，媒介作用突出。他一方面可以将上海所得的书籍寄回在桐城或安庆的师友；另外一方面作为在上海的长住者，他能接触到南来北往的读书人。

就书籍中转而言，光绪十四年七月，萧穆收到薛福成寄《庸庵文编》五部，至八月萧穆寄吴汝纶一部、王先谦一部。光绪二十年七月二十二日，寄方守彝（伦叔）《四国日记》；九月十七日，寄周星诒、方守彝《庸庵文外编》；十月二十日，写信给吴汝纶、姚濬昌（慕庭）、吴羹梅，并各寄《庸庵文外编》《四国日记》；二十四日，又寄黎庶昌“文外

---

① 刘声木《桐城文学渊源考·桐城文学撰述考》，第 405—406 页。

编”及日记。光绪二十一年三月初一，萧穆写信给方昌彝（宗屏）、方守彝，并各寄送曾（纪泽）、黎、薛三人集，托人到安庆代交；又写信给姚濬昌、马其昶，托人到桐城县城代交。以上所录日记中，萧穆先后将薛福成、黎庶昌、张裕钊的文集与日记寄回在桐城或在安庆的方守彝、姚濬昌、马其昶、方昌翰（宗屏）等。光绪十四年，薛福成《庸庵文编》刊印后，五月先寄萧穆一部，七月寄五部，九月再寄萧穆六部。光绪十五年二月萧穆又取三部，这是因为薛氏希望萧穆再分送友朋。萧穆也将自己参与编印的《历朝诗约选》寄给马、姚二人；之后也收到他们刊印的书籍，如《昭昧詹言》《方仪卫先生全书》《方柏堂先生全书》。《方仪卫先生全书》还被萧穆索求十部，这显然也是赠送友人的预备礼物。

萧穆不是桐城派中的名家，著述也少，但他在搜集、保存、刊布桐城乡邦文献方面功劳卓著。因为他结识人多，且有在上海的地利之便，遂成为“媒介”人物。他不断收到各种形式的赠书，又有针对性地将桐城派作者群体的著述外送，促进交流，形成趣味相投的读书人群体。

光绪四年十一月初五，萧穆在上海收到张裕钊自南京所寄新刻《史记》归、方评点本一部，初六抄张氏为其抄寄的曾国藩《经史百家杂抄》目录五页（32/505）。光绪十六年十月十九日，萧穆分别写信并寄吴刻姚鼐评点《汉书》给马其昶、方守彝（36/578）。光绪二十一年三月初一，写信给方昌翰、方守彝，“并各以曾、黎、薛三君集分送，托槐亭到皖城代交”（37/555）。光绪二十三年四月二十七日，萧穆收到方伦叔信并所寄马和甫刊刻《昭昧詹言》六本，次日萧穆回赠张裕钊集二本（38/219）。光绪二十六年五月初九，萧穆写信给吴汝纶，并托姚辅臣北上带交吴汝纶《海峰诗集》二本、张裕钊《濂亭遗诗文》二本、《拙尊园集》四本（39/136）。光绪二十七年二月十六日，萧穆向马其昶寄送《黎庶昌文集》《张裕钊文集》等（39/236）。光绪二十九年十一月二十二日，萧穆到长沙访王先谦，送《古文辞类纂》《历朝诗约选》。二十五日与王氏谈刻书事，王氏送所刻《骈文类纂》及所著诗文集各三部。光绪三十年四月二十二，萧穆托人带《古文辞类纂》送给在北京的廉泉、吴闿生。

桐城派作家的著述在以上海为中心的邮路中有序流通，更多的是经萧穆之手寄出，接收者以安徽桐城本土友朋居多，如方昌翰、方守彝、马其昶、马和甫，这不全是“图书的回流”，而是一种新动向，经此动向，可见本土桐城派有意识地与在外活动诸文人保持联系，而不甘于一邑之内的自给自足状态。

萧穆日记中记录了不少转手再寄书籍的现象，这更能体现萧穆的媒介作用。

光绪十二年三月三十日，萧穆“接黎莼斋（黎庶昌）正月二十三日自遵义寄信，并贵阳周公起渭《桐野诗集》二本、遵义郑子尹名珍《郑学录》二本、《仪礼私笺》二本、《说文逸字》一本附录及《经说》一本、《巢经巢诗抄》二本。又别有一分属寄王益吾（王先谦）”（35/144）。光绪十四年七月初六，接薛福成寄《庸庵文编》五部、《筹防录》一部（35/474），七月十一日和十六日萧穆先后转寄吴汝纶《尚书》《庸庵文编》。据此可知，黎庶昌主动和王先谦建立联系，然是托萧穆转送。黎庶昌所送书经过萧穆再寄王先谦，薛福成所送书经过萧穆转寄北方的吴汝纶。黎、薛如此安排，或出于“顺手”处理减少周折的考虑，更多的原因可能是黎与王之间、薛与吴之间虽闻名已久，然尚未熟悉，有萧穆在中间处理，似更有人情、交往的分寸。光绪二十七年五月二十六日，“上午有日本人小村俊三郎冒雨来访，以吴挚甫二月初三京信见交，坐谈久之，索《张濂亭遗文》，乃并以吴殿麟、黎莼斋等集送之，又以海峰诗托带交挚甫。伊亦欲之，亦即以赠。伊今晚附海船到津门入京，乃辞去。小村年三十，志向中学，可嘉也。余询往交东京诸子，多物故。岛田重礼亦去世三年，为之凄恻。东国如此君者，恐罕也”（39/279）。上海是小村的中转站，从日记所记推测，小村似是从日本返回北京，他很可能是吴汝纶的弟子。萧穆的赠送以及小村的索赠，均关注桐城派诸家诗文集，查《桐城文学渊源考》卷十所著录吴汝纶日本弟子有四人，未见小村。

龙继栋乃龙启瑞之子，名列《桐城文学渊源考》卷七，据该书小传，龙氏尝主讲江宁尊经书院讲席，然未及主讲上海求志书院。光绪十八年闰六月二十六日，萧穆去求志书院访龙继栋，得赠新刻龙启瑞《经德堂诗文集》。此后几次交往记录，皆与桐城派著述有关，如次年二月初二日到求志书院访问龙氏并送薛福成《庸庵文编》。光绪二十年，龙继栋不知是否主讲书院，萧穆送钱载年谱及薛福成《四国日记》。光绪二十三年二月二十三日，萧穆在南京访龙继栋，其时龙氏主讲尊经书院，萧穆送龙氏《通雅》及"方植翁全书"(即方东树全集)。

就人物往来而言，上海是晚清的交通枢纽，如京官到江西、湖北、湖南等地上任，不走原有驿道，而是从北京到天津，乘轮船到上海，然后从上海经长江到达目的地。萧穆在当时有一定声名，更因为地利之便，交往的文人学者也较多。这些交往，在他的日记中皆有记录，其中，他有意记载桐城同乡以及非桐城同乡的桐城派文人。萧穆在上海期间，一年之中常有八九个月不外出，在与他有关联的众多过客中，有不少是以上海为中转站。上海在新交通网络中的枢纽地位，得益于新式轮船的海上与内河运输。萧穆身处此交通中心，还有他在读书人中的声名，自然吸引了不少过客来访。这些来访，必有晤谈，以萧穆的兴趣和兴致，必多涉及文人轶闻、书林掌故。这一倾向也造就了萧穆日记信息丰充、可读性强的特点。光绪十四年十月十六日，张裕钊自天津至上海，访萧穆。次日，萧穆回访："至长发栈回候张廉老，坐谈久之。回读味楼取《新安志》一部及前存火腿二枝，送交张廉老，又坐谈久之，乃别。伊今亦搭江裕轮舟回湖北省城，乃彼都人请主讲江汉书院也。廉老长子字道岷，名□□，今亦晤之。次子名浍，字会叔，本科中大兴籍举人，今尚在直隶。又廉老述在北有两门生，一为武强进士贺涛，字松坡，年四十余，长于文字。又有盐山刘若曾，字宗鲁，乙酉解元，博学多才，在近人均不可及云云。"(36/29)这一群人有来自桐城的同辈及晚辈(见附录8"萧穆所见路过上海的桐城或桐城派文人辑录”)，从萧氏日记中辑录出的事例，有13条与桐城有关。桐城读书人中有游幕者，或在张之洞幕府，或在天津李鸿章幕府，或主讲书院，或在京城、南京、扬州做馆师。众人中徐宗亮(椒岑)先后有同治十二年、光绪十八年、光绪十九年记录，其中涉及徐氏在黑龙江游幕、撰写《黑龙江述略》六卷、入李鸿章幕诸事。从萧穆光绪十九年记录中，可见徐宗亮子徐次德亦随父在天津谋事，李鸿章幕府中或有较多桐城人。桐城读书人的另一投奔对象是在保定的吴汝纶，范当世北上，或是应吴汝纶之邀。徐次德、李光炯等晚辈也偶尔成为吴汝纶、萧穆之间的信使。

晚辈群体在外奔波谋生的处境，如汪石坡、汪菊坡兄弟的窘况，大约也是这一代桐城读书人在桐城科名黄金时代远逝之世如何安身立命的缩影。与此相应，萧穆也是一代表，刘开之子刘继也在萧穆日记中留有较连续的漂泊影迹。萧穆无意记录了与他近似或境况略逊的读书人群，表明桐城已经无力或没有空间容纳他们，谋生与经世作为双翼将他们向那些最有活力的远处推动。

吕思勉年谱中收录其1919年所作杂文《苏常》，其中有一句评说：“常州人好出外做官游幕，苏州人则好在家守产。”[①]作为常州本地人的观察与感受，吕氏此说与常州此前文人活动的历史比较，应该颇具真实性和概括性，这也是常州学派经世思想的一种外现。以外出做官和游幕来衡量桐城一县文人或者桐城派文人，也比较客观。这种现象，可与钱穆所说桐城派文章中有时世关联[②]，从而可见整个桐城派的内在精神。

晚清桐城一县读书人已无清代初、中期先辈显赫的科名与功业，

---

① 张耕华、李永圻《吕思勉先生年谱长编》，上海古籍出版社，2012年，第220页。

② 徐雁平《桐城文章中“尚有时世”：以同光年间莲池书院之讲习为中心》，《清代文派与文体论丛》，凤凰出版社，2021年，第37—81页。

然大多人未困守一乡一邑，在桐城之外的广阔世界寻求可能的机会，或教书，或入幕谋事，如徐宗亮早年曾入李续宜、胡林翼幕，后入李鸿章幕，晚岁居黑龙江三年，有《黑龙江述略》六卷。姚莹子姚濬昌，监生，入曾国藩幕，受曾氏奏荐，补江西湖口知县，继为竹山县知县、南漳县知县。苏惇元子苏求庄、苏求敬皆诸生。叶玉麒于光绪年间佐山东巡抚张曜筹议河防，后官于新疆。方昌翰，屡试不第，先后主讲多所书院，入河南巡抚幕，援例用补新野知县，其经历与萧穆近似。方宗诚子方守彝，诸生，官太常寺博士。方宗诚长子方守敦，随吴汝纶赴日本考察学制，后助吴氏创办桐城学堂。

萧穆的日记中记录了众多在外往来的桐城读书人，其中常有多少年未见之语：

光绪二十四年十月十二日，萧穆在桐城，“刘一清来晤谈。盖自乙酉夏在轮舟相晤，伊后幕游吉林、直隶、高丽等处，今年八月间乃归也”(38/487)。

光绪二十五年十二月十八日，在回桐城的船上遇同县潘承烈(景周)，“伊前随薛星使(薛福成)出洋，后来保举知府，现回安庆寓居，人颇老成，状貌敦厚”(39/85)。

刘一清的幕游与徐宗亮略同，已经到边疆或者域外。域外经历，吴汝纶、萧穆亦有。晚清桐城读书人虽不再声光显耀，然所见所闻，则已是开阔许多。日记中“乙酉”是光绪十一年，与刘一清是在“轮舟”中相见，这也是一种新起的会面空间，萧穆日记记载他在长江轮船中遇见多位学者或桐城熟人，如光绪七年二月十七日在大通镇上船，遇到将往扬州的沈曾植。

再找寻萧穆日记中往来人物的身影，还可见来自苏州的王韬、赵元益，来自武进的陈容民，以及与王韬往来较密切的来自江宁的管同之子管嗣复。他们都被吸引到上海，除王韬、赵元益著译之事声名较大之外，其他诸人若不是萧穆或王韬日记记录，恐难找到更丰富的文字。不是在京城，而是在上海、天津或保定，汇聚了来自江南(东南)

的读书人，人的流动中蕴涵一种新的动向，或者预示一种新的社会正在形成。萧穆往来上海与其他各地，改乘新式轮船，每月定期取月薪，回家或外出有请假销假规则，途经上海者多住客栈，邮寄交流更为便捷频繁，诸如此类，皆显示上海作为接触外来文化的前沿，日常生活已有新变。

第四节　萧穆与吴汝纶的交往

桐城派作家日记中常见记梦文字，其中梦见前辈或同道、同辈之事隐然有一线索，如曾国藩在日记中记录他梦见姚鼐，吴汝纶日记中记载他梦见曾国藩，萧穆日记中则有梦见黎庶昌、吴汝纶的文字。光绪五年正月初六，萧穆在桐城，“夜梦友人吴挚甫至，与谈话良久，并读所作吴桐翁（大廷）墓志铭，首尾甚晰”（33/4）。记梦之外，还有表现牵挂之情的占卜。光绪十五年十月三十日，萧穆日记记录：“前两闻挚甫有东坡海外之耗，早间请兰老卜之，颇吉。今又接信，心乃释然，幸吾邑尚长存一读书种子也。”（36/275—276）占卜以及收信后“幸吾邑尚长存一读书种子”的释然之叹，联想到萧穆对桐城晚辈关爱的诸多细节，此叹乃忠厚仁爱之意的自然流露。光绪二十三年四月十三日，萧穆接到方守彝复信，“知姚慕庭（姚濬昌）同叔节（姚永概）已到湖北竹山县任，闲伯（姚永楷）于三月间病亡。仲实（姚永朴）主讲扬州书院，盖承叔节之馆也。又伊前信云皖中传言吴挚甫有东坡海外之事，今尚未知确否。然余处无影响，想亦如前十多年有人到北言余已死于上海，挚甫大为惶惑，托程禧之、李又龙等写信到上海探问，得余手书，乃为欣慰。诚望亦如是也”（38/212）。这段文字显示彼此惦念、关心。四月十五日，“一早焚香，卜友人吴挚甫之在保定、黎莼斋之在遵义原籍安否，卜象颇好，各有文书发动，不久似有两信至”（38/213）。由占卜之举可见萧穆心目中已然有一情感密切的读书人群体存在，这一群体包含桐城师友之外，还有黎庶昌等人。

光绪二十九年正月二十二日萧穆日记记载："任良甫来，云闻吴君挚甫已于十二日疾殁于其家，虽疑信参半，然亦隐伤于心矣。"(39/350)这次所听不是传闻，萧穆失去挚友。次年萧穆病逝上海。曾门弟子或萧穆同辈皆在这一时段换代性凋落[①]。从萧穆日记记载看，吴汝纶到北方之后，有两个时段与萧穆书信交往较多：一是同治十二年至光绪元年，主要围绕借还书以及过录批点；二是光绪十二年至光绪二十七年，所及之事是编印书籍以及相关学术讨论。

同治十二年三月九日，萧穆收到吴汝纶同治十一年十月二十五日深州所寄信，吴氏同时寄《荀子》请萧穆代临姚鼐批点，并赠银二十两，然被吴氏堂弟挪用。十二日萧穆回信，寄《文史通义外编》三册、《和州志》《凤台志》序目一册。同治十三年正月初十，写信并寄吴汝纶自己所临姚鼐批点黄山谷诗十一本，节抄梅曾亮《五代史》一本，"借其照录"(31/173)。同治十三年正月十五日，得吴汝纶回信，并还所借《礼记》《左传》《荀子》《法言》四种；又借得吴氏所藏《景城纪氏家谱》一册，曾国藩"晚年选读诸经文史目录数页"(31/175)。十九日为吴汝纶临姚鼐批点《大戴礼记》。同治十三年十一月初三，收到吴汝纶寄其父墓志铭拓本、张裕钊文(31/310)。光绪元年正月十八，收到吴汝纶信。吴氏同时寄渔洋诗、惜抱文二种，托萧穆代录姚鼐、梅曾亮批点(31/346)。二十四日萧穆录完渔洋诗批点(此书从吴大廷处过录)。

吴汝纶身在北方，时时关注上海出版或书籍流通信息，这可能得自于《申报》的广告等。萧穆光绪十七年九月二十六日复吴汝纶函，从如何回复，能推知吴氏关注的问题：

---

① 萧穆这一辈桐城派人士卒年较接近：张裕钊(1823—1894)，萧穆(1834—1904)，徐宗亮(1834—1904)，黎庶昌(1837—1898)，薛福成(1838—1894)，吴汝纶(1840—1903)。诸人生卒年皆依据江庆柏编著《清代人物生卒年表》(人民文学出版社，2005 年)。

所示敝局刊本经书白文，仅有《诗》《易》两种，各以一本奉上。《三唐人集》旧为广东冯氏所刊，其板已久收去，印本无存，容俟乞诸其邻，或回家搜求之。日本近来无古书到申，旧刊有《一切经音义》全部五十五册，乃中土所无者。近来印本亦少，不知往者有人购送否？容当为致一部于左右。[①]

吴汝纶留意从日本回流的古书。萧穆充当“沪上古书搜访者”的角色，当然不止这一次，此前也为王先谦、黎庶昌、郭庆藩多次购书。吴汝纶也将自己编印的书送给萧穆，如光绪十七年送姚鼐评点本《汉书》《学古堂选评名人文》，光绪十九年送石印本《尚书》十册。这一时段两人交往的重点在印书。光绪十二年吴汝纶委托萧穆石印《春秋左氏传》，萧穆随即到积山书局商议石印之事。光绪十三年九月萧穆收到吴汝纶寄所注《尚书》一册，并代为刊刻，次年二月收到吴汝纶自保定寄刻书资费五十洋，或是用于是书刊刻。吴汝纶十分推崇姚鼐《古文辞类纂》，在新旧过渡时期，此一重要选本的重印对于文统、道统的赓续至关重要，故以入股方式发起石印姚鼐晚年定本《古文辞类纂》的工作[②]。

---

① 见《敬孚函稿·致周星诒·吴汝纶》，《历史文献》第10辑，第207页。

② 如何选择版本，如何游说有力者加入石印之事，吴汝纶在一信中有详细说明：“姚选《古文》为古今第一善本，曾文正一生佩服此书，亦屡见于日记、尺牍，言之详矣。通行康刻本，系李申耆所校，其晚年定本与康本时有异同，吴氏据晚年定本，又请管异之、梅伯言等勘校，视康本尤精。乱后板毁，沪上传有翻刻，讹谬异甚，此下走欲议石印之本旨也。康刻有圈点，吴刻为其近俗，复刊去之。敝处藏有晚年圈点，与康又复不同。今拟附刻圈点起止于后，又遍考诸书文字同异为吴刻校勘记，亦附于后，俾便于学者之参考。于是姚氏一家之学，可以复存于世，后之学者，必当有赖于是书。元刻印本流传已希，纸无佳者，今改用倭纸，焕然改观。若公等仕路中用作赠送之礼，则尤极好人事。执事近归本缺，计财力当可稍纾，望仍允照元议，入本三股，以成此举。”见吴汝纶《与裴伯谦》，《吴汝纶全集》尺牍卷二，第251页。

石印《古文辞类纂》这部大书之事，仍由萧穆操办。光绪二十五年九月初六，萧穆接吴汝纶上月二十二日信，“知其印书股分近乃有定，不久书纸等件当可寄到”（39/40）；七日萧穆到洋厂鸿文书局商谈石印《古文辞类纂》，稍后议定印书价。十月萧穆就收到吴氏托人转交的《古文辞类纂》黄、白纸本各一部；十一月十三日，接吴汝纶十月二十二日及本月初一两信，以及所作“《古文辞类纂校勘记》二本、姚氏定本评点一本，托为石印，附于《古文辞类纂》后”（39/70）。

萧穆自己编印书时，与吴汝纶时有讨论。光绪二十一年十月萧穆寄吴汝纶《徐骑省集》《黑龙江外纪》及《札迻》，吴氏对萧穆用力颇多的《徐骑省集》略有不以为然之意：

> 往年承惠《徐骑省集》，并未细读。昨岁又承见惠，始行翻阅，乃知朱仲武元校，执事又复再校，视朱益精审，近今盖无此等精校。抑某以为此等书古今多有，其存久者特幸耳，骈俪家并不谓骑省为名手也。欧阳永叔《论李淑札子》云“自古有文无行之人，多为明主所弃，只如徐铉、胡旦，皆先朝以文章著名于天下，二人皆以过恶废弃，终身不齿”云云。据此，则骑省文集盖亦不足珍重，未可因其小学名家，遽尔旌异。执事费日力于此等，校雠虽精，未必为世所传宝也。①

信中“朱仲武”是朱孔彰。《徐骑省集》经名家朱氏校勘之后，萧穆再用力细校，欲成精本；然吴汝纶直言此集价值被高估，并提出“于刘无与，不必校勘”“当是余义”之说。在校勘层面上衡量，吴氏所言有学理，而萧穆则另有见解，其中一条理由是徐铉有功于桐城一地教化：

---

① 吴汝纶《与萧敬甫》，《吴汝纶全集》尺牍卷一，第116页。

> 弟前寄《徐骑省集》校刊本，吾兄颇不谓然，此亦不妨各据所见。然弟所心仪其人其集者，特出所见之外，此不具悉。又其人于吾乡颇有教化之事，为地方所感。往见《太平寰宇记》载连城有徐常侍庙，今询之土人，至今尚有香火，俗称为徐王庙是也。[1]

萧穆助李承渊刊刻《古文辞类纂》，亦征求过吴氏建议。萧穆苦心经营的刘大櫆《历朝诗约选》得吴汝纶及北方同道捐资，吴氏在看到初印本之后，颇多批评：其一，刘氏诗选编选失衡，“似专以明清两朝为主，故明以来各家，较唐宋大家所录尤多，似颇以贪多为累”[2]。其二，刘氏删古人诗，“刘喜删古人诗，于明清诸家，所删则皆允当，于李、杜、韩诸公，则往往不应删而删，盖其学识不及作者，则以私意去取，不能餍人人之心。故不佞前请尽抄元诗，而于刘所删之句，上下勾乙，以识其处，如此，则读者不以妄删为病，方氏《古文约选》即用此例。今径删削本诗，而但注删几句于下，实使读者不快，殆此书之一憾也”[3]。其三，校勘体例欠妥，这是针对萧穆的批判。

> 执事所从之本，弟即不敢附和，我两人已不能合，况欲驱天下学徒趋于一是，岂可得哉！执事倘不谓然，则请自为校勘，附之卷后，亦但当如玉勾草堂之例，某字注明某本作某而已，不必为之分别是非，听读者自择可也。其刘所平点《高青丘集》中平识，执事倘不肯割爱，亦可附入《校勘记》中。以理论之，刻刘书之校勘，止宜校刘公平点之异同，其各家诗句之异同，于刘无与，不必校勘。弟为我兄不肯废弃数年心力，故为上此策，劝作《校勘记》，则如《高集》圈识平语之异同，乃是正文；而遍考各家诗集

---

① 《敬孚函稿·致周星诒·吴汝纶》，第214页。
② 吴汝纶《与萧敬孚》，《吴汝纶全集》尺牍卷二，第209页。
③ 吴汝纶《答萧敬甫》，《吴汝纶全集》尺牍卷一，第214页。

> 之异同，当是余义。故校刊凡例中与刘书相关者，尚可附列；其泛论各字之善否，则歧中之歧，决宜删削也。又刘所删节之句，校勘中不可不载，其不能全得专集者，姑阙不妨，此亦校勘中之正义也。其余鄙意不安者，均记在文眉，不更赘论。①

吴汝纶在萧穆稿本基础上，利用所藏诗集校勘，将所得寄萧穆。萧穆复信云：

> 今幸得吾兄大力，以校记十三纸见示，可省弟三两月之功。然此次命工刊改，尚须费一两月之功，择其可改者刊改之。凡有同异字句，及刘氏原书所疏忽失载各诗之小序及自注者，别为校勘记一书，俟此次刊改脱误、印书补送诸君之后，再行从事此记，后来刊补分送之。②

在萧穆及其友朋书信中，萧穆不是日记中所呈现的寄人篱下、如履薄冰、为稻粱谋的形象，而是理直气壮、敢于讨论的以学问为志业的学人。这种在书信中讨论学问的态度与意气，应是乾嘉学者商量学问的遗风。在讨论中，吴汝纶多次批评刘大櫆《历朝诗约选》，萧穆在与黎庶昌往复讨论时，对姚鼐《古文辞类纂》的编选篇目不当有批评，甚至对赏识自己的曾国藩文有激烈的删减建议。刊本《历朝诗约选》已无繁琐校勘，似已接受吴汝纶的一些建议。就具体学术问题，萧氏与黎氏就《续古文辞类纂》下编选目的争论几乎互不相让，但最终黎氏也有妥协；而吴汝纶对《徐骑省集》的否定，如泼冷水；对刘大櫆《历朝诗约选》初版，在批评之余也提供校勘所得，供萧穆改进。交往礼节的温润与恰如其分，没有遮挡讨论文章学问真刀真枪的较量。

---

① 吴汝纶《答萧敬甫》，见《吴汝纶全集》尺牍卷一，第158页。

② 《敬孚函稿·致周星诒·吴汝纶》，《历史文献》第10辑，第209—210页。

此种内部情状，与我们预设或已形成的桐城派平静稳妥的发展样态颇有不同，在协作、合作与友好交往中，有品评高下、直面问题的内部激荡。

第五节　萧穆对桐城派后学的关照

就桐城派的发展而言，到萧穆这一代，经历衰变；然其衰变，并不是无人传承或无所作为，只是缺少大家，从而影响一时风气。在此衰变时期，就文派的信守者而言，还是有较多后起者竭力延续余波、再现昔日荣光。刘开之子刘继（少涂）的经历在萧穆的日记中约略可见。换言之，刘继可视作另外一个萧穆。咸、同、光三朝的桐城文人远不如康乾，亦逊于嘉道。谋生的栖惶，或可视为群体境况。光绪八年十月十四日萧穆日记：

> 少涂来，以新本《海峰诗文集》《八家文百篇》及时文并《惜抱轩稿》共十四本见赠。又以其太翁《论语补注》《孟涂诗文集》共九本分送松韵、静涵、虎臣三君，各引至其室一晤谈。（34/95）

刘继也是用赠书的方式建立人际关系，可见稀有桐城文献资源或家学已经成为一种读书人之间的媒介。刘继似也刊刻过桐城前辈著作。光绪十四年九月初五，萧穆“午食后取《海峰集》《答吴殿麟书》抄录页半，因刘少涂刊本错误，付伊刊改也”（36/5）。作为回应，萧穆在刘氏十六日话别时送洋三元。光绪十三年七月初九，刘继送萧穆新刊刘开遗诗三卷一册（34/352）。八月初八又送新刊《广列女传》一部，此书乃刘开编，同治八年初刊，光绪十年重刊，刘继所送，当为重刊本。光绪十五年三月，刘继托萧穆售卖《广列女传》两部。刘继可能因为游走，已建立了自己的“微弱人际网络”。萧穆光绪八年十二月初九日记：“少涂至，晤谈，云李眉生及沈仲复（秉成）欲商写刻刘氏《历朝诗选》事，眉生欲余往苏一谈也。”（34/116）则刘继亦与苏州李鸿裔（眉生）有往来。光绪十三年十月十五日：“巳刻刘少涂来，交到仁和谭仲修所寄《复堂类集》六本，乃其诗、文、日记也。时仲修与少涂同来寓天保栈，与少涂约明日往访之。”（35/385）刘继与李鸿裔、沈仲瀛、谭献等人交往，或借助其父刘开之名，拓展世界之法与萧穆略有不同。

刘继应较早与谭献相识，或者他是萧、谭相交的牵线者。见面之后，萧穆点阅《复堂日记》并作摘抄。桐城的一些信息或掌故，刘继也多有传递。光绪十四年二月十一日两人同船到上海，“在舟与少涂谈，并询伊少时见阮文达、汤文端诸公风度，又谈王文恪谏死事，均娓娓可听”（35/420）。三月初一日，“少涂来谈，报到方柏堂先生于前月廿一日在皖中弃世，不胜悲感，深悔正二月间未能到皖中省视”（35/429）。光绪十四年十二月二十一日，刘继由宁波回上海，拜访萧穆（36/122）。就认识的人而言，刘继的人际网络与萧穆有一部分重合。

光绪十五年正月，萧穆在桐城，其时刘继亦回桐城，十二日，“刘少涂着人送信来，言少鹤馆事”（36/132）；二十五日，萧穆返回上海，“上午，少涂同姚叔节来见，与谈，留午食乃去”（36/137）。刘继似与萧穆一样，年底返乡，年初外出。类似经历的还有姚永概（叔节）。光绪十五年二月二十八日，刘继转交萧穆黎庶昌信和文集一本（36/156）。光绪十五年四月初五，刘继谈掌故：“道光间祥符周之琦、长乐梁章钜先后任广西巡抚，声名均劣。……又谈今豫抚倪豹岑之曾祖倪伟，字薏园，好金石字画，其堂兄倪模，字于存，喜藏书籍，著有《钱谱》。两房各三兄弟，家业富饶，后分居，为一株树相争兴讼，以致家败云云。又薏园即孟涂先生岳丈，少涂之外祖也。”（36/173）四月十九日，“少涂来谈话久之，中及齐梅麓（齐彦槐）、姚石甫（姚莹）两公生平官政知遇，娓娓可听”（36/178—179）。光绪十六年、十七年偶有交往记录。光绪十八年闰六月二十三日刘继来访，将有浙江之行。光绪十九年三月初四，刘继来见萧穆。五月二十二日，刘继向萧穆借方植之丛书、洋三元。七月十二日，遇刘继，自杭州回，刘氏向萧穆介绍在杭州得新印本王镃《月洞诗事》等书；八月十四日，在回乡的船上遇见刘继。以后萧穆日记未见刘继记录。

刘继的身影也出现在谭献的日记中，谭献首次记录也在光绪八年，与萧穆所记年份相同，只是时间稍早，五月二十八日日记有记录：

桐城刘少涂继，京邸故人，卅年不相见矣，颓然老矣。过访，话软红旧事，坠梦如烟，良知如雨，徒有太息。君盖孟涂先生之子，方谋呈进《广列女传》请入《四库》云。谈至二鼓绝去。[1]

交往记录延续到光绪十九年。将萧、谭二人关于刘继记录合观，更可见刘继四处漂泊情状。刘继有时充当两人交往媒介，如前文提及光绪十三年十月十五日所寄书及日记。查谭献日记，十月初他到上海，初十与刘继一起到嘉兴，十三日又回到上海，住天保客栈。谭献托刘继转交萧穆书和日记事，当在此日。又如光绪十八年闰六月底，萧穆记刘继将有浙江之行。在杭州的谭献在七月、八月日记中也有刘继来借书、代人求寿序之事。

管同子管嗣复（小异）与刘继经历相似，他在萧穆的日记中也有一条记载，光绪三年五月初四，萧穆请人帮助抄录管嗣复（小异）文四篇，管氏文从赵元益处借得。“小异乃江宁管异之（管同）子，文有父风，且表彰忠节之作也”（32/235）。关于管嗣复的更多记录，可查检王韬日记，此处暂不展开。简言之，可将刘继、管嗣复视为萧穆的化身，从三人行事可见一群或一代桐城派文人在咸同之际的生活状况，以及桐城派作家在群星闪耀时代过去后的平常、平淡与平稳发展。

廉泉名列《桐城文学渊源考》卷十，光绪二十年举人，师事从舅吴

---

① 此则材料见谭献稿本日记，由湖南大学吴钦根提供。

汝纶，复问业于萧穆、马其昶。所谓“从舅”，是指吴汝纶侄女吴芝英适廉泉这一姻亲关系。廉泉与萧穆交往或问业之事，萧穆也留意记载，对这位后学也颇为欣赏。光绪十九年十二月十一日，接廉泉信并所刊方苞《左传义法举要》《左传平点》。光绪二十年二月十八日，收到廉泉所送《左传义法举要》四部、《左传平点》八部、刘大櫆《论文偶记》四部。从所赠书看，这些桐城派要籍由廉泉刊刻，其中《左传义法举要》《左传平点》送两次，而且第二次送书皆多部，这或是廉泉已知萧穆会将副本转送友好，或是萧穆有求送多部之意。光绪二十年二月二十日，萧穆评完廉泉古文四篇，“每日夕以朱笔评阅一篇，今辰乃竟。此子年甫二十六，文境居然老成，他日必以古文名世”(37/373)。此年三月，两人还有往来。萧穆所藏施补华文集抄本中的十篇文章为刊本所未收，廉泉借抄，萧穆为佚文题跋。

科举考试在清代读书人心目中乃头等大事，从现存日记来看，萧穆日记对参加考试整个过程皆有较详细的记载，对考题的记录尤其在意。萧穆多次应乡试，皆未中举，然对每次考试情形皆不惜笔墨，对桐城县中式者皆录出名单、名次。光绪十一年九月，江南乡试出榜，萧穆已知自己名落孙山，仍看题名录，录出“吾县中式者”。日记中多次出现此类记载。萧穆常从《申报》上查看题名录，光绪二十年九月二十四日日记补记十三日阅《申报》所载乡试题名录之事，知姚永朴中式顺天乡试，又知江南乡试题名录中“吾邑中式”有方象堃、吴祥麟、马振仪三人，相识者有金匮廉泉，“均为欣慰”(37/492)。惯常的“吾乡”“吾邑”，已有亲切之感，此次不记一己之成败而用“欣慰”一词，则桐城人才与文运是他心系之事。

萧穆日记中论桐城读书人，似总以一县作为背景，如光绪二十二年十月二十七日，在桐城，“(方)和甫出近作诗稿十数首，均大佳，近邑中同辈当为第一手”(38/141)。以桐城一县为范围论人才，在萧穆日记中以马其昶较为突出。萧穆长马氏二十岁，多次称赏这位晚辈。光绪五年三月十五，“阅通伯文稿一本，计十六七首，各首均有独造之境。今年甫二十五,实为美才,甚为心折”(33/35)。七月二十五,“通伯自论所学亦归诚笃,又好访有学行之人,尤为难得,心甚仪之”(33/113)。光绪九年八月初七,“通伯亦出日记见示,读经颇有心得,邑中后辈无有加于此子上矣,他日当以二子从之受业”(34/200)。马其昶果如萧穆预料,后成为桐城派末期重要人物。

萧穆对桐城先辈著述、掌故皆用心搜求,与同辈读书人如吴汝纶等也有密切交往;同时,他还关注比马其昶年岁更小的一群后生。光绪二十二年四月十三日,在安庆,“闲伯(姚永楷)之子佐燧,字遂生来晤,年甫十五,来应院试,气宇大好,不胜心仪”(38/32)。十八日,“伦叔第二三双生之子时简、时介来晤谈久之。年均十九,近多读《文选》之赋,可喜”(38/35)。光绪二十四年六月十五,在安庆,“高仿青、姚慎思、孙东甫、亚甫各有二子,均出见,看其状貌,将可继父祖之业,为之心慰”(38/428)。记录中孙东甫、孙亚甫是桐城人孙云锦之子。孙云锦(海岑)尝入曾国荃幕府,后任江宁知府,对萧穆多有关照。在书香世家丛集的桐城,孙氏是新起家族。从“气宇”“状貌”到“心仪”“可喜”“心慰”等语词,萧穆对孙氏后人欣赏之意溢出;而读《文选》、“继父祖之业”则与家学传承或一地文脉延续相关。因为考试,南京也成为桐城读书人定期集会之地。光绪十五年八月,萧穆在南京应试期间先后购置《古文辞类纂》送姚永朴、姚永楷。光绪十八年八月在南京,送方守敦(常季)《续古文辞类纂》等书,又送刘诚甫吴刻《归方评点史记》。此外,同年十月,在和悦洲寄马其昶吴刻《姚鼐评点汉书》,可见萧穆对桐城后进特别关照。

萧穆对桐城小辈多赏爱之意,然在日记中有不少文字写对自己儿子不成器的怨叹。光绪二十二年七月初七,萧穆在上海收家信,“年谷顺成,大为可喜,惟家累甚重”(38/75)。丰年叹家累重,寥寥数语中似有隐藏。在后续的日记中可见其家累的原因之一,是因为萧穆两子不走正道。光绪二十四年五月十六日:“两子昨日均有欺诈含混之罪,致余手窘之时,误付洋蚨廿五元之多。”(38/420)光绪二十五年三月二十八日,萧穆在桐城,“下晚,在厨房与家人闲话。大儿受谦突归,余素悉其不法,亦不与言。窥其行迹,生意似未亏空”(38/559)。光绪二十五年六月十日,在上海,“接大儿初二日信,知伊大烟已戒,为之心悦。又知镕儿吃烟,劣迹多端。观澜面瘦腹大,腹上又有青筋,医药无效,不胜忧戚”(38/590)。光绪三十年正月二十日,“晚间大骂大儿不知情理时事、任性不明久之”(39/498)。萧穆对两个儿子的愚钝或早就知晓,而胡作非为加上恶习,使得他对书香传衍已不抱希望,这反而促使他将目光转向“别人家的孩子”,原本关心一地读书人成长的情感更加强烈,甚至时时有欣羡之情流露[①]。

从文字记载回看萧穆的人生,稿本日记的整全性远在刻本《敬孚类稿》这部文集之上;同时,日记未经清理的混杂性也远超规整的文集。在令人瞩目的整全与丰富的混杂中,一条标识萧穆文化身份的桐城文献脉络被清晰地理出。循此脉络,可见萧穆在上海时期如何保存、传播桐城文献,利用桐城文献建立自己的交往世界,因借助上海地利之便,与桐城派晚期文人或桐城后辈交往。这些书、人、事,他在来上海之前,就有关注;他所做之事和兴趣所在,皆有连续性,只是在上海时期眼界更开阔,做事更有规模,同时作为上海的“长住者”,日记中对感兴趣的事情的记录更有连贯性。通过几个层面的梳理,可从萧穆这一个体的境况联系到近似或稍好的一群读书人,桐城派文章或观念就是在这群声光不显耀的人手中平静地传播,在平淡中持守或期盼,如对旧文献或者旧法(抄录批点)的坚守,对后学的关注与记录。

从萧穆日记中可以辑录出众多人事的几个片段或者一段记录,

---

① 光绪二十九年五月二十六日,在上海,“过严□□寓,其长子子材出见,年十五,状貌秀雅,读书聪颖可爱,余心仪之”(39/386)。

这当然是萧穆日记价值的一种体现;从这里也可看出萧穆日记或日记这类文献本身的特点与功能,其价值不仅仅是史料的辑录或者与其他史料的印证与互补,而是通过其丰富的记录激发其他文献被隐涵或被略去的关联性、若有若无的脉络,并寻找这些关联与脉络中的意义。

第四章　晚清上海与桐城派的“长距离关系”

萧穆一生将志业与职业融于与书籍相关之事，为谋生计，他必须不断寻找为他人编刊书籍的机会。他在上海广方言馆有薪水，且有缓慢上升之势，从同治十二年的每月银洋二十二元逐渐升到光绪二十一年的三十多元；然萧穆在上海生活，基本费用之外，应酬支出及购书费用不菲，更重要的是家累太重，据日记记录，他从光绪五年开始借债补贴家用。获得固定薪水之外的报酬，对于没有科名的萧穆而言，最可能、最适合之事，应该就是与书打交道之事了。为人著书，难度大，萧穆一生忙碌，自己也无专门著述；最得心应手或有读书人谋生体面之事，无疑是为人编书、校书以及联系刻书、印书。

萧穆乐此不疲地助人刊书，对于他而言，首先是将不少自认为重要的书籍刊行于世，使热爱文献的情怀见诸行事，似乎有完成使命的欣慰；其次是可以得到或多或少的资助；再次是可以得到一定数量的赠书；最后，能加入到理想的读书人圈子，获得他特别在意的同道认同。萧穆作为一名底层读书人，相较活动在光绪朝以前的读书人而言，有更多做事的机会。机会增多，得益于他身处中西交汇的上海。当交通、银钱汇兑、邮递、电报等条件改变以后，即使是传统的刻书事业，境况也明显不同于此前，这从上述萧穆为蒯氏刊书事就可看出。上海如何发挥作用，以及身处上海的萧穆如何做事，正可以视为过渡时代的考察对象。简言，对于晚清的读书人而言，上海如同一个“试验装置”[①]，将“传统读书人代表”置放其中，可考察他发生何种变化。

上海之所以可作为研究中的“试验装置”，是其特殊地位所致。从内河航运、沿海航运、远洋航运来看，上海地理位置得天独厚，又因中外不平等条约的保护、轮船技术的推动、贸易的发展，上海成为航运枢纽和贸易中心。据相关研究，“上海地区内河小轮航运有条件地开放以及内河小轮定期航班的正式开通大约是在1890年下半年。当时清政府虽然仍旧坚持光绪十年总理衙门的决定：商置小火轮，只准行驶通商口岸，不准擅入内河。但同时又不得不承认上海一口每有华洋官员、商雇小轮前往内地，相沿已久”[②]。甲午战争以前上海内河小轮的航运航线主要集中在毗邻的苏、杭、嘉、湖四地之间。内河航运之外，以上海为中心的海上航线渐具规模。“在60年代以后，实际上形成以上海为中心，西面有长江航线，北面有北洋航线和朝鲜、海参崴航线，东面有日本航线，东南面有菲律宾航线，南面有宁波、福州、台湾、汕头、香港及南洋和澳洲进而连接欧美航线的国内外商业航运网络”[③]。萧穆在时代大潮中，也被裹挟进入这一航运网络。萧穆从上海到南京，到靠近桐城的大通镇，都是乘大轮船。长江水道之外，光绪十年五月十五日萧穆乘轮船从上海出发，十八日就到

---

① 此处所谓“试验装置”，是指晚清上海地区有来自上海县城和租界的权力的对比，有中学、西学的交汇，有官署、书院、书坊、翻译机构、报馆等诸多空间的并生，有各种技术、器物的集合。简言之，上海是一个权力、知识、人、技术、媒介混杂生长的动态空间。

② 丁日初主编《上海近代经济史》第一卷（1843—1894），第433页。

③ 以上皆依据丁日初主编《上海近代经济史》第一卷（1843—1894）第七章“外资轮船航运业的兴起”（第213—214页）。上海的远洋航运业、沿海航运业与长江航运业的近代化，亦可参看张仲礼主编《近代上海城市研究（1840—1949年）》中“近代航运业的拓展与东方明珠的腾起”一节（上海人民出版社，2014年，第143—160页）。

达天津大沽口;九月四日从上海出发,五日到镇海,由镇海城东入甬江,行五十里,到宁波轮船码头。至于海外航线,光绪十四年十月二十日萧穆应黎庶昌之邀往日本,即乘三菱公司轮船,二十日从上海出发,二十二日到长崎,在领事馆稍停留,二十三日到神户,又在该地领事馆稍停留,二十七日到横滨。行路方式的改变,以及上海中心所发挥的作用,注定萧穆在"保存国故朝章"过程中要面临新变。

这种变化和适应,正如研究上海城市史专家在引述《共产党宣言》中关于生产工具、交通条件改进的论断时所说,是被卷入后的反应:"在以上海为中心的内外贸易新格局形成、发展过程中,无论自觉与否,一切'不想灭亡的'中国人,都不能不改变传统经济活动方式,'采用资产阶级的生产方式'。开埠以后的上海,不同层次的社会,都在这样的历史逻辑下不断地分化。"①这段文字所论重在经济,其实推及文化和其他领域,不同程度的改变和不同层次的分化也在进行,萧穆作为最传统的读书人,也经历这些变化。

第一节　上海·北京·长沙:萧穆与王先谦的两部大书

就国内航运而言,自十九世纪六十年代初期,外轮可以从上海出发在长江上航行,又或往来于沿海各开放口岸。上海位置的优越性,要将其置于全国的书籍生产流通网络中考察,这样从上海之外看上海的视角更能看出发生作用的机制。王先谦的书籍事业基本都在上海之外展开,然因为萧穆与他的交往,其事业就延伸到这个新的文化中心。

论萧穆与王先谦的交往,陈衍撰《萧穆传》往往被引述;然此传细

① 张仲礼主编《近代上海城市研究(1840—1949年)》,第159页。

节有不准确之处，如“积书至数万卷，间多善本。长沙王先谦任江苏学政，刊《皇清经解续编》，又续姚氏鼐《古文辞类纂》，取材出于穆者十八九”[①]。陈衍叙述稍显含混，《皇清经解续编》是王氏在江苏学政任上编刊；而《续古文辞类纂》则在任江苏学政之前。两种书皆取材于萧穆十之八九之说，也值得推敲。相较而言，《续古文辞类纂》得萧穆之助较多，但或不至于十之八九程度。王先谦在其自定年谱中述及《续古文辞类纂》之编纂：“是编创始，闻见苦隘。桐城萧穆敬甫于其乡先辈遗文及海内名家专集，储藏略备，远道见饷，数逾百种，往复论列，裨益宏多。成书后，就正于吴冀州汝纶挚甫，开示大义，匡我不逮。”[②]王先谦光绪五年五月升补翰林院侍讲，充补日讲起居注官，七月底转补翰林院侍读，八月《乾隆朝东华续录》一百二十卷刊刻。这部大书刊刻完工，可能正是王先谦启动《续古文辞类纂》的原因之一。萧穆日记对王氏此举措有记录：

> （光绪六年正月三十日）早间检近代人文集八种，并作字复王逸梧。……（逸梧）去年五月在京寄信，便道访余，代觅近代人古文集，欲为《续古文辞类纂》也。余乃将复逸梧信及刘大山[刘岩]、孙麻山[孙学颜]、方植之[方东树]、蒋剑人[蒋敦复]、戴存庄[戴钧衡]、邵位西[邵懿辰]、吴桐云[吴大廷]、姚子展[姚谌]诸文集及《艺概》三本交桐。（33/208—209）

萧穆在光绪五年就应王先谦之请，搜集近人文集。光绪六年寄送王氏书籍最为集中，七月、八月各寄诸家文集十种，五月回桐城，“检阅

① 见萧穆撰《敬孚类稿》附录一，第557页。陈衍光绪十六年五月入江南制造局刘麟祥幕，兼任广方言馆汉文教习。见张旭等编著《陈衍年谱》，福建人民出版社，2020年，第66页。

② 王先谦《葵园四种》，第723页。

各书,并取乡先辈文集、文抄十余种存一处,拟寄王逸梧祭酒采择”(33/256)。桐城人的文集或文章得到萧穆有力推荐,如萧穆为王氏抄录过姚鼐《书海峰诗后》,单独寄过刘开文集。光绪七年王先谦开始返还萧穆所寄之书,并开始刊刻:光绪七年二月二十二日,萧穆收到王先谦当月初三自北京所寄信、所还书十六本(33/380)。光绪七年二月二十三,萧穆寄姚椿、李文哲文抄以及代购《万国史记》给王先谦(33/381)。三月二十二日,又给王先谦寄送陆锡熊集、潘德舆集(33/393)。五月二十五日,王氏托人还陆、潘、程、李四家文集十本(33/419)。七月二日还姚椿文三本(33/433)。光绪七年八月初九,寄王先谦《松陵文征》及李宗传、龚自珍二集(33/460)。光绪七年九月二十六日,阅读王先谦八月二十五寄所刻《续古文辞类纂》二卷(33/484)。

萧穆为王先谦编书寄送的诸多文集,王氏应是请人抄录后尽快返还。王先谦光绪七年八月底所寄《续古文辞类纂》二本,当是整套书中的一部分,由此可推知王氏编印是一部分或以文体为单元推进;不然八月初九萧穆给王氏所寄三书之事,不易得到合理解释。有萧穆在上海、桐城一带选书,有数人在京城协助王先谦具体编辑事务,不然光绪八年二月《续古文辞类纂》三十四卷不会编成。

萧穆为王先谦所选之书,王氏在编选时并未都采纳,对照《古文辞类纂》选目,萧穆以上所列的名单中方东树、戴钧衡、邵懿辰、姚椿的文章被选入,而刘岩、孙学颜以及潘德舆、龚自珍等的文章皆未入选。吴定(殿麟)有九篇文章选入,或与萧穆有关。光绪五年萧穆回桐城,挑选一批桐城先辈文集寄王氏,当被王氏采纳不少,如《续纂》中有姚范、王灼、姚莹文章,或得益萧穆寄书之举。王氏《续纂》对桐城派的岭西五家以及江西籍、江苏籍桐城派主要作家收录较为完备,这有上文所引王氏得萧穆搜求百余种书的助力。故这里可作一判断:王氏编选,有自家策略和识见,然其中在选目和文献范围方面,定有萧穆的直接影响。

据上文提及的萧穆日记所记，王氏《续纂》在光绪八年刊刻行世，此后有光绪十年刻本等多种刻本和石印本，比照光绪八年刻本和光绪十年刻本，光绪八年刻本“杂记类五”所收曾国藩文七篇，到光绪十年刻本则被删去三篇[①]。曾国藩文在王氏、黎氏各自《续纂》中皆有绝对的数量优势，萧穆对黎氏选曾文多次写信建议宜精选。

光绪八年三月王先谦母去世，自此年六月到光绪十年九月，王氏在长沙丁忧。在此期间，及稍后在京城以及在学政任初期一段时间，王先谦经济并不宽裕，托萧穆在上海销售自己编刊的乾隆朝《东华续录》。光绪九年十一月萧穆到抱芳阁、扫叶山房、读未楼、醉六堂，为代售王先谦《东华续录》；十二月到醉六堂、读未楼，为王氏到扫叶山房、抱芳阁、醉六堂收取书款交蔚丰、厚庆钱庄汇兑寄长沙。光绪十年六月，萧穆收到王先谦赠雍正、道光两朝《东华录》《郡斋读书志》《魏书校刊记》《魏郑公谏录》等书，或是作为酬谢。光绪十年十月王先谦经上海北上，遣人送书十五箱存售，又送萧穆《东华录》等书。此年十二月萧穆到读未楼、抱芳阁代王氏收书洋。光绪十二年五月，萧穆又到江左书林、扫叶山房、芸缃阁代收王氏书洋。萧穆在一段时间内，成为王先谦所编刊书籍在上海销售的经办人；而萧穆所得报酬，则主要是王先谦的赠书。王先谦光绪十一年八月出任江苏学政，次年萧穆还代王氏收取书款。此类迹象表明，王先谦不如萧穆交往过的其他官员出手大方，如光绪十二年正月，萧穆到江阴阅王氏所撰文，并予以增易删节，商定文稿选目拟付刻工，月底王氏赠洋三元。七月底王先谦寄萧穆近作一本，萧穆又作批订。

王先谦编《皇清经解续编》或在光绪十二年已有筹划，因为萧穆光绪十三年正月十七日日记有如此记录：“下午开列近人著经目录五十种封寄王益吾，以备《续经解》之采也。”(35/270)萧穆所说开列书目之事，或与这一通信札有关：

---

① 所删三篇曾国藩文是《湘乡县宾兴堂记》《江宁府学记》《箴言书院记》。

前所示在各处刻经以期速成,深为欣慰,但外间人言论中有一节颇与愚见有合:照所刻经目一一刊板,既伤于芜杂,又嫌于疏漏,兼又有现在之人稗贩说经者存于其中。鄙意数月以来,当有续得佳制。近来闲暇,当取各经细阅,凡不能贯通全经,及援引泛滥,无当经旨,及武断有类于西氏者、毛氏[此处疑为"西河毛氏"]之所为者,一概割爱,再求乾嘉以来名作补其不及。就穆所知,确能传世者尚有四五十种,有符《续编》之例。惟寒家大火之后,现无可出而为助,假之各藏书家,又非费数月之工登门坐索者万不可得,得之之后,又虑川途修阻,经理非人,不能完璧归赵,则将来别有大力者出,精刊各种秘本,属穆取于各家者,势难再得,只俟之后来者已。①

据信札内容,此信时间约在正月选目之后,故有"续得佳制"之说。王氏之意,《续纂》求速成,似是一贯作风;而萧穆选目,不全依循王氏之意,而是有自己学术主张。此事可举徐璈(1779—1841)《诗经广诂》为例。徐璈虽是桐城前辈,但萧穆自有判断,以为此书"宜不入《经解》,单行尤妙。而徐公不能独享其名,宜题曰'桐城徐璈原编,仁和龚公襄校补',又必得执事为一序例发明之,则善矣"②。

王先谦计划刊刻诸书之中有《中兴礼书》。光绪十三年八月受王氏之托,萧穆写信向孙诒让借书,九月借到;萧穆又鼓动王氏刊邵晋涵辑《旧五代史》,此书亦为孙诒让收藏。萧穆在游说时,字里行间巧妙地将张之洞设定为"刻书竞争对手",这是萧氏信函中常见的一种修辞方法,王氏在江苏学政任上,是以阮元为仪型,期望王氏能在"衡

① 朱荣琴整理《敬孚函稿·致王先谦》,上海图书馆历史文献研究所编《历史文献》第7辑,上海古籍出版社,2004年,第162页。

② 朱荣琴整理《敬孚函稿·致王先谦》,第164页。

文之公”时，兼及“爱戴之意”[①]。萧穆先后两次致函王先谦，提示他为左宗棠撰写碑传文：“左文襄公身后，竟无人为撰传状等文，阁下本为文襄公知己，当勉力为志表之文，存诸大集中，不问其后人知请否也，此等关系颇大，切不可忽。”“左文襄公身后未见有行状及碑表之文，缘此等题非如阁下之大手笔为之不称，不知左公子知而拜求否。去年吴挚甫曾应左公子之请为神道碑文，尚非挚甫得意之笔，倘阁下为之，当推杰作，不知大集内已有此篇否。”[②]推寻萧穆之意，王氏为左氏作传状，首先是知己之间义不容辞之事，其次是为人扬名亦借此为自己留名，再次可与吴汝纶文并驾而行。

萧穆协助王先谦编刊《续古文辞类纂》《皇清经解续编》，主要是为王氏搜集书籍。当然，这种搜集，也必定有选择与推荐，如上文所示《皇清经解续编》编选，很能看出萧穆的坚持，如对桐城前辈徐璈《诗经广诂》著作权的辨说。萧穆博览，结交广，且又常在作为书籍流通中心的上海，故能充分发挥作用。萧穆日记对书籍、信件、人物往来、银钱记载十分细致，王先谦送给萧穆的酬金很少；想必是王先谦经济也不宽裕，故托萧穆在上海各书坊寄售他新刊刻的书籍，并游说李宗熉赞助王氏的刊书事业。

第二节　上海·东京：萧穆与黎庶昌的往复论学与书籍编刊

关于晚期桐城派与日本文人学者的交往，一般会论及吴汝纶的日本弟子；然还有黎庶昌、萧穆这一条线索可以追溯。

光绪二年九月黎庶昌随郭嵩焘任驻法参赞，三年间办事无贻误，

---

① 朱荣琴整理《敬孚函稿·致王先谦》，第165页。

② 朱荣琴整理《敬孚函稿·致王先谦》，第174—175页。

驻美公使陈兰彬赏识其才能，调其入使团，任驻西班牙参赞并代办公使事务。据李文杰《庚子前驻外公使资料一览表》，驻日公使先后有何如璋、黎庶昌、徐承祖、李经方、汪凤藻、裕庚、李盛铎。黎氏先后两任(1880—1884，1887—1891)，共八年[①]。光绪八年至光绪十年，黎氏得杨守敬之助，在东京编刊《古逸丛书》。萧穆光绪九年十月在上海知县莫祥芝处见黎氏在日本刊古书八种，不知是否为《古逸丛书》其中一种。光绪十年十二月初十，访莫善征，商议搭印《古逸丛书》事。“后同仲武、楚生、果斋(即廪生昌洸)至印工处看印书。盖黎莼斋前在东洋刊古书二三十种，现将版寄到此，而卫抚军命在此印五十部，今乃开工也”(34/418)。至光绪十一年三月十五日，得到装好的《古逸丛书》六十册，“以上凡二十六种皆黎莼斋出使日本所搜得，次第刊成，今其版归江苏书局，去冬十二月，版至上海，苏抚及诸人先于上海署中买东洋纸刷印百数十部。余去冬作字寄莼斋索此，伊以东洋印本数十送人，已完于冬杪，回至上海即属司事者以此印本见赠也”(34/466—468)。

据萧穆日记，《古逸丛书》书板的国际流动，在上海用东洋纸二次刷印等经过，皆有清晰记录。因为《古逸丛书》以及后来黎庶昌邀请，萧穆对日本汉学家及日本留存汉籍也有兴趣，如请黎氏在日本购买高丽板《一切经音义》，查访《论语义疏》版本。萧穆光绪十四年在日本旧书肆购得日本人松皋圆撰《毕校吕览补正》五卷，就书中所关涉日本学者致信岛田重礼询问，光绪二十五年岛田氏回信，就松皋圆、松泽圆、太田方、盐田屯、依田利用、冈本保孝作出解答[②]。萧穆在东瀛与岛田重礼开始的学术交往后来还有“续章”，光绪十八年闰六月初二，萧穆接日本岛田重礼(岛田翰父)、市村瓒次郎信并邀于海天春

① 李文杰《中国近代外交官群体的形成(1861—1911)》，生活·读书·新知三联书店，2017年，第283、263—264页。

② 萧穆《跋毕校吕览补正》，《敬孚类稿》卷六，第137—141页。

会饮；次日至海天春“番菜馆”，参与会饮者有海盐陈哲甫，吴门王韬，上海黄梦畹、苏稼秋、姚赋秋(37/65—66)。

自光绪十四年起，萧穆参与到黎庶昌的《续古文辞类纂》，其时萧氏在上海，黎氏在东京(萧穆助黎庶昌刊书，可见附录9“萧穆为黎庶昌编刊《续古文辞类纂》事迹辑录”)。光绪十四年六月二十四日，萧穆“接莼斋信及所选定经史子及诸家古文目一本，将以与姚氏《辞类纂》相辅而行也”。当日下午阅读，二十六日复薛氏信，并以《汉书》四本、《紫石泉集》五本、方宗诚杂著及文集共二十九本寄到日本(35/470—471)。七月初九，萧穆在读黎氏所寄《续古文辞类纂》初选篇目之后复信，先肯定选目“洵有廿余年讨论之功”，是精心之作；然后提出该书的编纂建议。据《续古文辞类纂》刊印本，选文分为三编，上编选经子，中编选史，下编选“方、刘前后之文”，以二十八卷篇幅补姚选所未备，亦即萧穆在日记中所说与姚选相辅而行。萧穆在信中指出三个关键问题：其一，是中编“传状类”的增删，“《史记》增李斯、张释之冯唐、日者三列传，《汉书》增东方朔、杨胡、朱梅云及儒林、循吏、酷吏等传，而‘奏议’之《梅福上成帝书》及‘书说’之《杨王孙报祁侯书》从删”；其二，下编应增加几位清代名家文章，“既取朱竹垞，则姜湛园、李巨来二家，亦宜酌选若干篇，此二家刻意讲古文法律”；其三，曾国藩文应谨慎选择，“曾文正公文本多可传，然入选必有限制，宜于同治以来十余年之作慎择之；其官京师时作可存者尚少，鄙意欲删其半，而《书说》十首皆近尺牍，拟全删之”①。萧穆对正在成形的黎选《续古文辞类纂》的上编几乎无意见，对中编的看法不多，且较具体明确。对下编的设想最多，他在与黎氏书信讨论选目时，不时顺势推进，如推荐吴殿麟的文章，称吴氏深入经学，文体雅正，特别提示此前已经寄送吴氏诗文集。

---

① 萧穆致黎庶昌函(光绪十四年七月初九)，见黎庶昌著，黎铎、龙先绪点校《黎庶昌全集》第1册《黎庶昌遗札》，上海古籍出版社，2015年，第707—708页。

桐城派作家大约都喜欢在前贤选本的基础上改编、新编一种选本。曾国藩的《经史百家杂钞》在未刊之前就开始在曾氏幕府中传抄选目,莫友芝、张裕钊都抄录过。现存黎庶昌《黎选古文稿本》四册,依照曾氏《杂钞》分为十一类,选文一百五十六篇,据考证,成书时间应该早于初刻本若干年[①]。若上引萧穆信中"洵有廿余年讨论之功"是实指,则《黎选古文稿本》至少成于同治六七年前后。若《黎选古文稿本》形成较早,则更能理解在王先谦作为"友朋对手"抢先出版之后,黎庶昌仍以同题名编刊另外一选本的证明与竞争之意图。从黎氏的长期准备,请萧穆提供书籍以及虚心吸收其建议来看,黎氏是有意想编出一种自己理想中的选本,立足于桐城派诸家选本之林。萧穆建议增加的《史记》《汉书》选目,黎选全部收录,而《黎选古文稿本》中皆未见。黎选中卷十六"奏议"类未见《梅福上成帝书》,卷十六《书说类》未见《杨王孙报祁侯书》,也是接受萧穆建议。统计黎氏初刻本《续纂》,收李绂(穆堂)文 2 篇、吴定(殿麟)文 4 篇、姜宸英(湛园)文 1 篇。萧穆在信中提及黎选"书说类"所选曾氏文有十篇,建议全删,初刻本卷二十只保留三篇。

萧穆光绪十四年九月初六致黎庶昌信,"一草一正本",次日又将所写删除大半。此信回复黎氏八月十六日信,仍就所示"增删文目三纸"商量"续纂"选目及相应办法。删改重写,是萧穆对选目反复思考的表现。信中建议更加具体:其一,姜宸英、李绂还有佳作可选;其二,朱熹的文章至少有八篇不在唐宋八家之下,汤斌有四篇文可选;其三,乾嘉时期,建议鲁一同、陆继辂、王灼、刘开、方东树五人文章可

---

① 《黎选古文稿本》四册,现藏遵义市图书馆。《黎庶昌全集》第 6 册《续古文辞类纂》"校点说明"将此稿本与初刻本进行过比较,认为稿本深受曾氏《杂抄》影响。见该书第 3727—3729 页。黎氏《续纂》分上中下三编,上编"经子",选录六经诸子之作;中编选录"《史记》《汉书》《三国志》《五代史》《通鉴》";下编"方刘前后之文",选录清人之文。

各选一二；其四，方苞的文章应该增补；其五，薛福成、吴汝纶有两篇文章可入选。在讨论方苞文章时，萧穆批评姚鼐《古文辞类纂》和刘大櫆《唐宋八家古文约选》(即萧穆日记中提及的《唐宋八家文选》)：“姚氏所选八家之文，大抵皆本于刘氏八家文选。……刘氏之意盖欲备体，而姚氏沿之，鄙意皆不以为然。凡选古人之文，贵于精当，不在体之备与不备也。”①萧穆此信中所建议朱熹文八篇，皆未被黎氏《续纂》初刻本收录。萧穆大力推荐朱熹文，或受《古文渊鉴》影响，这种理学趣味，也延及汤斌文的推荐。然黎氏《续纂》下编所选皆清代作者，朱熹文未被增补，是凡例所限。萧穆所推荐汤斌文亦未收录，只是卷二十五“杂记类”录汤氏《石坞山房图记》。所建议鲁一同等五人，仅在黎选卷十九“论辨类”选鲁一同《秦论》。萧穆所荐方苞文未选，所推薛福成(庸庵)、吴汝纶文则被选入。

光绪十四年九月，萧穆接黎氏信以及阎敬铭撰《丁文诚公墓志铭》，知黎氏有意选此文入《续纂》。萧穆记录的阎敬铭文，即《续纂》初刻本卷二十四“碑志类”所收录赵国华(菁衫)《代阎丹初丁文诚公墓志铭》(36/9—10)。萧穆稍后复薛氏信并寄《望溪集》一部，似在推方苞文入选。光绪十四年九月底，莫梅城自日本回上海，带回黎庶昌给萧穆信及“点文萃”一本，“乃为商定《续古文纂》之用也”(36/16—17)。十月初，萧穆回信并返寄“点文萃”，则已形成《续纂》选目初稿。

为强化光绪十四年九月给黎氏信中建议，萧穆再写一信，修订此前看法，以为可删去《日者列传》，而多选《庄子》，今在黎选卷一“论辨类”中选《逍遥游》《养生主》《骈拇》《马蹄》《胠箧》《秋水》，卷二“序跋类”中选《天下》。《庄子》入选篇目之多，应与桐城诸家对《庄子》之文的推赏有关。晚清治《庄子》以文章胜出者，桐城派当之无愧，钱穆已

---

①　萧穆致黎庶昌函(光绪十四年七月初九)，见《黎庶昌全集》第1册《黎庶昌遗札》，第709—710页。

注意到此现象。“丁公志文”，建议删润后入选。桐城派好删改前代作家或同代作家之文，以求符合自己心目中的文章审美标准[①]，此处可再增加一例证。方苞、刘大櫆文入选问题，从萧穆信推测，黎选一篇未见，姚鼐文则格外突出；现存《黎选古文稿本》也是如此[②]。推荐增补的名单又有扩充：朱熹、汤斌、钱澄之、朱绿、陆继辂、王灼、刘开、方东树、鲁一同，其中新增的钱澄之、朱绿，在黎选刻本中也未见踪迹。在交流讨论中，曾国藩文减少十四篇，然在黎选中曾氏文仍是大宗。

可能是萧穆对黎氏编选《续古文辞类纂》不断提建议，黎氏认为很有面谈的必要。光绪十四年十月十二日，“接莼斋信并其文稿一本，其信以招往东洋商定所选《续古文辞类纂》为辞，余亦拟月半后起程也”(36/26)。萧穆十月二十二日到长崎，后经横滨，到东京。光绪十四年十月二十八日，“夜同莼兄、衡山食。后以所携先辈及同时文集数种示莼兄，以备《续古文》之采”；十一月十二日到二十九日，萧穆多次与黎庶昌谈论古文选目，如“莼兄即来谈《古文汇编》所选姜西溟、刘大山等文大略”(36/99)。黎、萧在东京一个多月陆续商谈，推动《续纂》编选逐步成型。姜宸英文已多次讨论，刘大山文在黎选中也选录一篇，而“等”字表明还有其他文章的选录问题。大约黎氏在光绪十四年底已确定《续纂》选目。然萧穆对选目事颇为执着，光绪十五年正月二十九日致信黎氏，表明“生平不欲为喧宾夺主之事，亦不作随声附和之人”的立场，不同意黎氏自认为《续古文辞类纂》“已斟酌尽善，无可再易”，以为上、中两编基本稳妥，而下编还要再考虑

① 这一现象，参见张知强《桐城派的“义法”实践与古文删改》，《文学遗产》2019年第5期。

② 由此可看出《黎选古文稿本》选文更能代表黎庶昌最初的文章观念；此后不断吸收、调整、改变，《续纂》遂成为个人文章观念、群体意见、人情关系的“融合性”选本。

一段时日。同时将笔锋指向参与讨论的薛福成:“昨接叔老手书,云所寄之文目收到,并云尊函有减无可减、增无可增之说,则与弟函所云大旨相似,是吾兄之果于自用,已不欲人议论长短。叔老即有所见,似难以形于纸墨。”[①]萧穆以为薛氏面对黎氏征求意见,碍于情面,未说出真实想法。

光绪十五年二月十九日,萧穆日记中记录收到已经回国的黎庶昌所寄文集一巨册、格纸二百张。次日复黎氏信,“并以《记事稿》,汪、吴、徐三集共十九本封寄”(36/151—152)。萧穆这通复信篇幅较大,从信中可知薛福成于二月十二日与萧穆见面谈,拟从杭州返上海后再谈。在薛氏寓所,萧穆见到黎庶昌圈点的《庸庵文外编》,以为“其文加圈之处,均为精细,弟亦无以有加,不过于有关考证之处为批数条”。薛氏其时尚未出使欧洲,这一细节表明黎、薛交往密切,黎、薛、萧三人之间有互动交流。萧穆二月二十日寄黎氏信并《记事稿》,汪、吴、徐三人别集。此后数日,萧穆又与薛福成互访晤谈,所谈内容,据三月初二之前数日萧穆的一封信看,是讨论选文之事。“此数日内颇晤叔耘,稍谈文事,大旨与穆略同。文正公文目一纸,伊阅文拟删六篇,穆再阅之,似是仰体尊意,或者英雄之见大抵相同,亦未可知”[②]。信中将薛福成想法引入,《续纂》的编选便有群体讨论之意。信中意图显豁,“以方、刘前后之侯、魏及植之、伯韩、翰臣、少鹤、月沧等具从阙如”,可见萧穆有意在选文中体现桐城派晚期代表作家的完备性,然比照《续纂》初刻本,朱琦(伯韩)、王拯(少鹤)各选入一篇,方东树、龙启瑞(翰臣)、吕璜(月沧)文皆未入选。钱泰吉、钱仪吉、吴桐云亦未入选。汪士铎(梅村)入选三篇,徐宗亮(椒岑)入选一篇。萧穆二月二十八日复黎氏信,对黎选主张、选目仍有批评之意,因为黎

① 《黎庶昌全集·黎庶昌遗札》,第712页。

② 萧穆致黎庶昌函(光绪十四年七月初九),见《黎庶昌全集》第1册《黎庶昌遗札》,第715—716页。

选偏重韩文，故萧穆笔锋甚至转向姚鼐编选《古文辞类纂》之弊："今辰正欲发信，适接文报局寄下十六日大札三件，并文一册，再悉壹是。胡文忠《祭李迪庵文》及丁文诚遗折，本不一定要选，缘此二公为近代名臣，亦不可不存一二，故此次所寄胡公文入选，鄙意亦以为然。至文正公文，鄙意已详前札，此次所删三篇甚妥。又增入《复李眉生书》，鄙意终不以为是。此与《复朱仲武札》，入之文集尚为勉强，以此入选，则文正公全集一总搬入可也。不意人之嗜好悬殊至此。即如《修治金陵城垣缺口碑记》，若使唐人为之，当何等古雅雄奇，今不过如此，且以元次山《中兴颂》拟之，两相参校，果能及其万一否？凡此皆不可以理测者，各尊所闻，各据所见可也。大抵短篇文字，昌黎以后几绝音矣。鄙意下编之文，到秋间再行定本，不必求之太急。执事用心光明正大，一无偏私，不过现在意境所见如是，有如东坡云：'不识庐山真面目，只缘身在此山中。'执事现在庐山中，鄙人现在庐山之外，故两人意见时有参差耳，安得彼此互为中外之人乎？"[①]萧穆关于下编选文设想，语意坚定，与《续纂》初刻本比照，此信所及胡文忠(胡林翼)、丁文诚(丁宝桢)文被重刻本收入，《复李眉生书》《复朱仲武札》未被收入，说明黎氏接受萧穆建议，而《修治金陵城垣缺口碑记》黎氏坚持保留。批评姚选或是一种委婉劝说的"修辞术"，是体会到二月二十八日信所说有未尽之处，故申说之："执事心地英明正大，为同侪中所仅有。叔耘唯唯否否，虽不免宦场积习，亦由未能深知执事之秉性故也。姚氏《古文辞类纂》七百多篇，录韩文至一百多篇，亦未免滥登。鄙意此本须删去五分之一，乃为善耳。"[②]稍早萧穆在信中以方苞编《四书文选》如何显示一代风气、人文大略为例，表明黎选的倾向有必要调整："今执事于不以文名及有文不甚满人意者，颇有入选，而于真有文名大部巨帙及愚旧所示诸家，多不当意，果足以服世

①② 萧穆致黎庶昌函(光绪十四年七月初九)，《黎庶昌全集》第1册《黎庶昌遗札》，第717页。

人乎?”[1]萧穆态度激烈,笔锋直指姚选收韩文过多,批评好友薛福成对黎氏《续纂》选目长短含糊其辞,乃“宦场积习”。据此,黎氏曾将《续纂》选目寄给薛福成征求意见,其时薛氏尚未出使西洋。

光绪十五年三月十五日,萧穆“早理莼斋所定《古文》,久之乃付写工照写,日凡两三起。下午乃有定准格式”(36/164)。编辑流程至此,黎选《续古文辞类纂》应该是木已成舟。然萧穆仍觉黎选下编选目较牵强,尽管黎选已吸收薛福成建议,萧穆乃希望下编编刊之事暂缓。萧穆三月二十七日再致黎氏信,表明选目之事已定,萧穆既愤激,又无可奈何:“以为国朝人文至此已可见一朝风气,不必再待搜罗,亦非必果有奇文、名大家而为兹选所遗者,此可想而知之。”[2]据萧穆三月份写给黎庶昌的几封信,黎氏《续纂》已基本确定,进入刊刻阶段。黎庶昌原有约写工到日本写样的设想,萧穆回复打听到的情况,认为在本土写样更合适。从萧穆四月初四信中来看,是用广方言馆刻工。“今寄上各卷写本,校阅一过,即行发下,鄙人须覆校一过,乃能上版,以中间有俗笔及相沿误笔,执事未必一一经意故也”[3]。因为《续古文辞类纂》有王先谦之作在先,数年之后的黎氏同题之作便自然进入比较的框架之中。两选本的编纂萧穆先后皆参与,然比较而言,王先谦之作,萧穆主要是帮王氏选书,而选目之事,则全由王氏作主。前引光绪十四年七月初九萧穆致黎氏信中有一片断:

> 王益吾学使之《续古文辞类纂》,鄙意颇多不然,盖伊以所选诸集多出自鄙人所寄序例,遂以所选半出自愚见,乃云“往返商榷,洵为益友”云云。其实鄙人当日所寄各家之集皆玉石杂糅,

---

① 萧穆致黎庶昌函(光绪十四年七月初九),《黎庶昌全集》第1册《黎庶昌遗札》,第714页。

② 《黎庶昌全集》第1册《黎庶昌遗札》,第720页。

③ 《黎庶昌全集》第1册《黎庶昌遗札》,第721页。

聊以验其目力所及。其所选之文皆出伊之独断，书成乃得见之，欲以书札相争，而伊已各处流布，木已成舟，无从纠正矣。然伊自著文颇佳，实为同人中一著作手，伊已刊为一集，俟其印出，当寄上一部以验之。[①]

对于黎氏之作，萧穆也提供一些清人别集，但主要是多次讨论具体入选编目以及赖以运作的编选凡例。以现存萧穆书信以及黎氏的反应，甚至两人情绪波动而言，萧穆对黎氏之作更为投入。当然，为兼顾谋食，萧穆也得巧妙应对，说一些顺耳的话。大约在光绪十七年，王先谦已听说黎氏《续纂》信息，或询之萧穆，萧穆回复云："黎莼斋《续古文辞类纂》出月半可以开印，开正方能奉寄，但其书实为曾文正公《经史百家杂抄》之体，而强袭尊书之名，是其识见不到处。"[②]将两封信中关于《续纂》的文字对照，萧穆是在左右周旋，利用修辞之术推动书籍编刊。

黎庶昌在东京编《续古文辞类纂》，萧穆在上海协助，写工在上海广方言馆，刻工及印刷装订由南京李光明承担。黎氏对《续古文辞类纂》也多用心力，亦参加校勘，光绪十五年六月初一萧穆致黎氏信中有语云："接前札，知目疾久未能愈，此皆由校勘《古文辞》各卷目力过多之故，鄙人当引以为己咎。"[③]萧穆是整个编印过程中的媒介，他所发挥的具体作用，日记中有具体记载。据这一系列记载，黎氏《续古文辞类纂》并不是完全按预定选目编校刊印，黎庶昌可能也在不断思考如何微调改进，更何况还有萧穆的执着建议。

光绪十六年闰二月初一，萧穆寄黎庶昌《古文》五六卷写样，又接黎氏上月二十日回信，"及校写刻之样二起，又增文四首"(36/333)。

---

① 《黎庶昌全集》第1册《黎庶昌遗札》，第708页。

② 朱荣琴整理《敬孚函稿·致王先谦》，第172页。

③ 《黎庶昌全集》第1册《黎庶昌遗札》，第729页。

校写刻黎氏“又增文四首”，编印过程灵活而开放。光绪十七年七月二十一日，取《续古文辞类纂》五部，“莼斋以四部送两王、一吴、一张，余乞一部。此现在金陵，印本颇劣，尚有改补未清也”(36/534)。萧穆在负责收发、沟通之外，还要校阅写样[①]、调整板式、管理刻书费用；作为参与这一编印工作的报酬，他每月得黎氏发送薪俸洋十五元。此外，李宗煝(爰得)捐洋二千助黎氏刻书，萧穆也在其中联络、推进。

光绪十五年十月二十三日，萧穆在安徽和悦洲，“与伟臣言爰老捐二千金助黎莼兄刻书事。伟臣早已知之，即作字寄上海慎余钱庄交余代致，以便随时支用。余乃作字与爰老并及宜刻白氏文集及莼斋《续刻古文辞类纂》等书事”(36/270)。十月二十九日，萧穆致信黎氏：

> 李爰翁助赀本意欲代刊大著，穆将代达其意，将所刊《续古文》之赀全在二千金内销用，前此元源庄所兑三百金，俟嘉平月初旬穆将归时先为代缴还元源庄，以后金陵局支银即由敝处付给可也。[②]

据这通信(可能写于光绪十五年十月十九日)判断，黎氏将《续纂》板片赠送给萧穆。到光绪二十四年九月二十六日，萧穆将黎氏《续纂》板片出售李晴泉，“先收英洋百元，尚有二百元存完前帐”(38/479)。《续古文辞类纂》光绪十七年刊刻，然信息传播范围有限，曾国

---

① 萧穆在编刊过程中重视校阅写样，他在致黎庶昌信中有如此解说：“凡刻七八十万字、二三十卷之书，欲字字征实，毫发无憾，从古罕有此精本。昔朱竹垞太史刻书，先于写样自校三遍，然后发付他人，有能校出一字者酬一百钱；今观其书误字虽少，而俗字尚数数见之，故校书全要在写样之时着力。”黎庶昌著，黎铎、龙先绪点校《黎庶昌全集》第1册《黎庶昌遗札》，第731页。

② 《黎庶昌全集》第1册《黎庶昌遗札》，第726页。

藩曾经的宾僚王安定（鼎臣）还想名列“续纂”。光绪十八年四月二十九日，“封寄莼斋信并以王鼎臣《空舲阁文抄》一本封寄之，乃王君旧托寄黎君选入《续古文辞类纂》中也”（37/43）。光绪十九年八月初十，萧穆日记中记录他致信黎庶昌，并校《续纂》。这次校改，表明还有修订，光绪二十年五月二十九日，萧穆收到书坊主人李光明寄来的两部《续古文辞类纂》，或是修订后的版本。

至此，可将萧穆信中关于选目建议与刊行的黎氏《续纂》进行比较。《续纂》初期有两个版本，一是初刻本“金陵书局遵义黎氏初定本”，选文435篇；另一是光绪二十一年状元阁重刻本，收文449篇。关于初刻本、重刻本的版本差异，《黎庶昌全集》在所录《续古文辞类纂》的“校点说明”中有清晰的说明。笔者注意到《续纂》版本差异，是因江瀚光绪二十八年正月初一日记中的一段文字[①]。从日记记录看，江瀚似不知自己文章被选入，不然不至于到光绪二十八年才翻看并作一记载。可以明确的是王定安（鼎臣）文章被选入重刻本，上引萧穆日记中提及王氏寄送《空舲阁文抄》。王氏文集未见著录，疑为抄本，而王氏确实有一文被重刻本选入。这也意味着在初刻本之后的数年间，萧穆还参与《续纂》的增订[②]。新增篇目，结合萧穆日记记录来看，他仍然发挥一些作用，如魏禧文的删去以及王定安文的入选。王定安追随曾国藩多年，又是推尊曾氏的重要人物。故易得萧、黎认可。王先谦、张裕钊是萧、黎友朋中的核心成员，江瀚则是黎氏在川东任职时的熟识。故重刻本增加的篇目，黎氏主导选择，人情关系或较明显[③]。

---

① 江瀚日记云：“取黎莼丈《续古文辞类纂》读之，其重刻本将鄙人与王益吾祭酒、王晋卿大令文增入，其板尚在金陵也。”江瀚撰，郑园整理《江瀚日记》，凤凰出版社，2017年，第169页。

② 据《黎庶昌全集》中《续古文辞类纂》“校点说明”，初刻本和重刻本除篇目差异外，重刻本还订正文字，此外，对注释也有调整。

③ 王定安编有《曾文正公事略》《求阙斋弟子记》《曾子家语》《湘军记》等。

萧穆一直在推动的翻刻要籍计划，因为黎庶昌出使日本任满而被搁置。光绪十七年黎氏任川东兵备道，就印书而言，重点是自己的《拙尊园丛稿》，黎氏依旧请在上海的萧穆协助。光绪十八年十一月二十日，萧穆接黎氏信并寄渝平银五十两汇票（二十三日兑银洋七十二元一角），作为鸿宝书局石印黎氏书费。然石印书局在次年改换，光绪十九年三月初八，萧穆到醉六堂商定石印文集，初十改黎氏所作文集跋语。九月初一，到醉六堂取黎氏文集四部。

《拙尊园丛稿》有两种版本，其一即上海醉六堂二册石印本，其二为金陵刻本，共六册。《拙尊园丛稿》先印好，因为薛福成在英国，所作《拙尊园丛稿序》寄回国内用时较长，故至十月初十才由醉六堂石印，次日萧穆包装九十九份寄川东黎氏。醉六堂石印本印成后，萧穆于十月初四接到黎氏信，嘱萧穆存书百部，分送同人；又送莫棠五十部，送其侄黎汝谦百部。从光绪十九年年底起，萧穆陆续从醉六堂取黎氏集分送友好，其中送莫梅城二十四部。萧穆做此事，亦先后得黎氏酬金，光绪十九年十一月得赠银票七十两。光绪二十年十二月初六收到黎庶昌寄赠银票；十二日萧穆兑英洋一百三十九元八角及大钱九十三文。

第三节　上海·伦敦·巴黎：萧穆与薛福成不断延伸的合作

萧穆协助王先谦编《续古文辞类纂》《续皇清经解》等书，是在北京、长沙、上海这一大三角范围内展开；到协助黎庶昌编书时，邮件与人员在上海与东京往返，已经跨越国界。黎氏回国后在川东任职，交流则依靠上海与川东之间的水路进行。从东京到上海，再从上海向内延展到川东，航海线路与内河线路连接。这一颇为可观的线路中，上海是内外线路的连接点。至于萧穆协助薛福成以邮件的方式编书刊书，是从上海、宁波起步，在东南展开；此后因为薛福成出使西洋，范围就通过航海线路拓展到欧洲,东南的上海、宁波、南京所生产的书籍半成品和成品也就进入到国际航线延展的更大空间。虽然这一跨越还较为原始、初步,然毕竟是得航海技术之助,是编辑、出版或书籍流通的全新样式。

在刘声木《桐城文学渊源考》一书中,萧穆列入卷三(首位是刘大櫆),黎庶昌、薛福成列入卷四(首位是姚鼐),王先谦列入卷十一(首位是邱维屏)[①]。连同吴汝纶等,他们与萧穆的年岁相仿,也是萧穆交往最多的核心友朋。萧氏与王氏的交往中,上海的特殊作用已经有初步的显现;而在萧、薛更大范围的远隔重洋的往来中,上海的枢纽作用发挥得更为显著。

晚清读书人利用上海这一枢纽,依靠轮船的航线拓展自己的世界,这是此前时代未曾有过的生活图景。夏曾佑生活的时段有一部分与萧穆重合,他也有日记记录行动轨迹。光绪十五年正月,夏曾佑从杭州经由嘉兴到上海,寓大马路天保栈,然后乘船出发到天津大沽,再进北京[②]。光绪十七年正月夏曾佑从上海出发,三天后到香港[③]。光绪十八年正月夏曾佑到上海,与汪康年住长春栈,在海天春、杏花楼、味莼园、愚园等处餐聚、活动,王韬时有参与[④]。汪康年、王韬是萧穆交游圈中人物,上海那些客栈、菜馆、戏园、书院,萧穆也去过多次,嘉兴到上海,上海到天津大沽的水路萧穆也经历过。上海航运中心的形成,也重塑黄浦江边的诸多空间,如以上所列举这些在码头附近的客栈,就成为旅行中的读书人见面晤谈之所。

---

① 《桐城文学渊源考》卷十一所收诸人,是否是较严格意义的桐城文派还待商榷,然至少有某种桐城文派倾向,不然刘声木也不会将他们列入。

② 夏曾佑著《夏曾佑集·日记》,上海古籍出版社,2011年,第604—605页。

③ 《夏曾佑集·日记》,第627页。

④ 《夏曾佑集·日记》,第636页。

作为一位比较传统的读书人，萧穆在这个航运网络中，还算比较活跃，南下北上，还乘轮船到过南昌；而与之有交往的王韬则是当时的新式人物，活动范围更大，以上海为中心，已经至英国、日本，用他的话来表述，就是“经历数十国，往来七万里，波涛助其壮志，风雨破其奇怀”[①]。以上海为立足点观看，这一代读书人活动空间较此前更为辽阔。

上海因特殊的时势和地理位置的塑造，在不同的人、物、文化的交流中形成此前本土未见的纷繁复杂的社会。萧穆协助王先谦编书、帮助他代售书，较为便利的邮寄能让在上海之外的王先谦利用到上海的多种资源。然在编刊中，王先谦自己操办的部分较多；而在与袁昶的交往中，则有典型的跨区域编刊。萧穆助袁昶编校《湛然居士文集》《黑龙江外纪》《吉林外纪》。其时袁昶在芜湖；萧穆一般在上海，有时回桐城老家，三种书分别在宁波和南京书坊刊刻。主顾、襄助者、书坊分布在四个地点：光绪二十年八月，萧穆在上海校抄本《湛然居士集》，并将所校寄宁波童惠甫写样上板；同年九月，萧穆接童惠甫所写《湛然居士文集》一、二两卷写本，稍后校勘，再寄童氏；光绪二十一年三月，萧穆仍旧校对《湛然居士集》，寄童惠甫刊改。《黑龙江外纪》付南京李光明刊改；四月，萧穆在安徽和悦洲，收到童惠甫所寄《湛然居士集》十二部。编刊中的几个步骤，参与者在空间完全分离的基础上流水性整合成一种书，这在传统的雕版印刷业中较少见；然萧穆在上海经手的诸多书籍刊印，都是这种性质。更有甚者，萧穆与薛福成合作的事业还能跨越重洋。

萧穆与薛福成的关联可分为三个阶段（见附录10“萧穆为薛福成编刊书籍事迹辑录”），以薛氏出使英、法、意、比大臣为中间阶段，前此一阶段以薛氏在宁波作为标志；后此一阶段，主要活动是薛氏去世后萧穆校刊薛氏著述。

---

① 王韬著，钟叔河整理《漫游随录》，岳麓书社，1985年，第43页。

第一阶段自同治十三年四月开始,萧穆到苏州访薛氏,薛氏取萧氏所携圈点本《汉书》,请刘履芬过录。此后两人联系不多,直到光绪十一年十一月初六接薛福成信,“并以法人游历南洋各国记二本、《昭昧詹言》六本托校”(35/69)。此事萧穆让广方言馆生徒胡某完成。光绪十二年六月,萧穆在上海抱芳阁买《震川集》,于次月为薛氏临姚鼐批点,又为薛氏录姚鼐圈点《渔洋精华录》,并于八月二十一日寄往宁波,其时薛氏任宁绍道台。

萧穆在为薛氏过录桐城派批点之外,另一项更为长久的事业就是为薛氏编刊著述。光绪十二年五月,萧穆应邀从近海航线去宁波,为薛氏编定《庸庵文编》目录,光绪十三年刊成。在第一阶段,薛福成对萧穆颇多捐助,光绪十一年六月送洋二十元,十月寄洋三十六元;光绪十二年五月送洋十六元,八月寄洋二十五元;光绪十三年二月送洋二十八元,十一月送洋十六元,十二月送洋票九十七元;光绪十四年三月送洋六元。此年九月,薛氏升湖南按察使,光绪十五年二月薛氏卸任后暂寓上海,萧穆阅《庸庵文外编》三本,并作评点。光绪十五年十一月二十二,薛福成送洋六十元,托萧穆代刊《庸庵文外编》,稍后又送洋十六元,为萧穆父窆仪。《庸庵文外编》的编刊在萧、薛交往过程中,即将成为一种新型合作。大致而言,这一阶段萧、薛二人的交往与萧穆同其他同辈且位高者交往情形近似,只不过薛福成对萧穆帮助更多。从薛福成送萧穆酬金数量和频次来看,薛氏是有意帮助萧穆纾解经济困难,上列酬金近似计酬薪水。这种与邮件相伴随的计酬薪水,薛氏后来出使英、法等国时,因为有越洋轮船往来,也大致得以延续。

萧、薛交往的第二阶段始于光绪十六年。光绪十五年,薛福成经丁宝桢、郭嵩焘保举,被任命为出使英、法、义、比大臣。在薛氏之前,驻英公使有郭嵩焘、曾纪泽、刘瑞芬,薛氏在任四年(1889—1893)[①]。

---

① 李文杰《中国近代外交官群体的形成(1861—1911)》,第231、262页。

光绪十六年正月十一日，薛福成于上海金利源码头登上法轮“伊拉瓦第”号赴西洋，同行者三十余人，有许珏、黄遵宪、赵元益、顾锡爵、钱恂、潘承烈(景周，萧穆日记提及)、胡惟德等[1]。薛氏出使西洋之后，其著述由萧穆统筹编刊。萧穆在上海协助薛福成编刊薛氏诸书，在薛氏日记中基本未留下记录。“出使日记”是一种有意显示公务的工作记录，或受稍早出使日记写作传统的影响，较少或很少记录私事。薛氏日记对于解读萧穆日记中所记录的薛氏书信或邮寄往来提供了时空定位；同时，萧穆日记也为薛氏在忙碌于公务之余留下重要私事的连续记录。

1863年法国邮船公司开辟欧洲至上海的定期航线，次年，英国贺尔特公司开通利物浦至上海的航线。越洋航线的开通与定期性往返，将萧穆以及与萧穆有密切联系的诸多资源组合到新的空间。薛氏多在英国，有时在法国；萧穆在上海，刊刻书稿的书坊在宁波。为显示将近四年半的“跨洋编印”过程，现将萧穆日记中所做相关事情作一梳理(见附录10“萧穆为薛福成编刊书籍事迹辑录”)。萧穆日记中记录薛氏写信时间，以及萧穆收信时间，还有薛氏寄信地点，如伦敦或巴黎。光绪十八年正月收伦敦信、三月收巴黎信、八月收伦敦信，光绪十九年五月收伦敦信、七月收伦敦信、十月收伦敦信，光绪二十年三月收巴黎信。据以上梳理条目，越洋邮寄，一般40—45天，只有光绪十六年巴黎信到达上海时间较长。国际航线的定期与准时，为薛福成及时编刊著述创造了有利条件，四十多天的越洋邮路，在清代前期、中期，也近似国内邮路所用日程。薛、萧二人编刊往来，或有一种在清帝国版图内活动的错觉。又如光绪十七年十月萧穆写信给薛福成、赵元益，并托此前萧穆在广方言馆的学生瞿昂来带送两包书，其中有他助刻的《白香山诗选》《徐骑省集》，还有姚鼐评点本《汉书》。这种事情，近似萧穆在上海托人给在保定的吴汝纶捎带书籍。

---

① 王珂编《薛福成年谱》，2001年自印本，第48—49页。

身处东亚航运中心的上海,萧穆与薛福成联系,应该有新的时空感觉。

正式刊书始于光绪十八年,薛氏托萧穆将出使日记以雕版、石印两种方式印行。薛氏的这种选择,或有多方考虑,雕版印刷延续传统著述的样态,有求不朽之意;石印出版,求速度,降低书籍价格,为广泛宣传诸如求新法、选贤能、造机器等关于洋务、关系时局的记录。上海是中国近代石印业的中心[①],委托萧穆经理此事,当是十分合适的选择。石印选上海醉六堂办理,很快就付印;而雕刻,仍托宁波童氏,并于四月初九、二十三日将宁波刻工所写出使日记写样两卷先寄给薛福成;到六月又寄薛氏两卷日记写样,还有已完工的石印日记两部。七月二十五日,薛氏已返回所校写本出使日记第一卷,萧穆再校,返寄宁波童氏,嘱其改补上板后刷印。到十月,日记卷一已刊刻,萧穆再寄薛氏。日记其他四卷,皆如此往复运作,最终皆是修补板片之后才印刷。此外,光绪十五年十一月薛氏请萧穆代为编刊的《庸庵文外编》,到光绪十九年五月薛氏将自校本寄给萧穆,萧穆又让宁波童氏照改,到十二月底,萧穆校完《庸庵文外编》二卷,寄宁波童刻工上板。

薛氏出使期间,因为萧穆的媒介作用,光绪十九年萧穆将黎庶昌文集寄往伦敦请薛作序(即《拙尊园丛稿序》)。十月初,薛氏序由萧穆请广方言馆生徒陈慕良小楷书写,初四交醉六堂付石印书局补印千份,分装于各本之首。同时,薛福成请黎庶昌为出使日记作序。薛福成在出使任满回国之前,寄萧穆奏议一本,此奏议或是《出使奏

---

① 上海近代石印书业滥觞于道光二十三年传教士麦都思创办的墨海书馆,正式开端于光绪四年成立的点石斋,光绪三十一年科举废止后走下坡路。见许静波著《石头记:上海近代石印书业研究(1843—1956)》,苏州大学出版社,2014年,第20页。

疏》，似是托萧穆刊刻①。

薛福成去世后，萧穆于光绪二十年七月初一将《庸庵文外编》卷四刊本校样校完，七月十六日就收到童惠甫信及新印《庸庵文外编》两部。萧穆又代薛氏寄童氏印书费用。九月十三日到扫叶山房取八月所托代印薛氏日记一百部，寄给无锡薛南溟；九月十八日到醉六堂取代印《庸庵文外编》一百部，亦寄往无锡。光绪二十一年闰五月初四，至醉六堂取《庸庵文外编》板四捆一百十二块，转寄无锡薛慈明。《庸庵文外编》应是由宁波童氏刻板，然后运到上海醉六堂印刷装订。印装完毕后，板片归无锡薛氏收藏。

萧穆的办事能力强、编刊书籍经验丰富、与新旧书业界有较广泛联络，形成他编刊书籍的独特优势；因为身处上海，他能凭借国际航线的便利，将这种资源或优势部分传递到远在英、法的薛福成，联通东南刊刻、印刷、流通网络。此前，光绪十四年黎庶昌在东京为薛福成的《浙东筹防录》《庸庵文编》撰序；五年后的光绪十九年，因为萧穆的沟通与联络，薛氏在英国为在川东的黎氏文集撰序，因为国际航线的便利，以及萧穆的推助与实干，在宁波与东京、川东与伦敦的晚期桐城派两位重要人物建立联系，并且在萧穆参与编成的书籍中“会面”。就薛福成而言，他虽然没有编辑像王先谦、黎庶昌《续古文辞类纂》等大书，但他的著述多得萧穆的协助持续出版（延续到薛氏辞世后），也能保证他作为“曾门四弟子”之一的持续影响。

前文在论述薛福成、黎庶昌所在的驻外公使系列，引用李文杰论著中的《庚子前驻外公使资料一览表》，两个公使系列，与曾国藩、李鸿章集团有很紧密的关系；李文杰特别分析了驻外参赞的来源与招募，其中出使大臣任用亲属、同乡、部属的倾向较为明显，如黎庶昌曾

---

① 薛氏去世后，由薛氏出使随从张美翊于光绪二十年刊刻。张美翊得薛氏指点之事，可参《桐城文学渊源考》卷四所录张氏小传。

调郭嵩焘侄子郭庆藩任驻日参赞，黎氏此前曾任郭嵩焘属下的驻法参赞[①]。他们在国内多有往来，即使在海外，也偶通书信，如光绪十六年十月十六日薛福成就收到黎庶昌自日本寄到的诗作[②]。萧穆得到曾国藩的赏识并与曾氏幕府中的不少宾僚有较多交往，因而能与两个在外的使团群体有联系，而且还有部分时间重合，书籍是越洋交往的媒介，而且延续到他们回国后，如黎庶昌在川东的编刊之事，仍是由萧穆经手。此外，如郭庆藩在归国之后，请在上海的萧穆代为搜购书籍[③]。

以上诸多看起来属于更高的层级或文人集团的诸多文人，因为有萧穆的媒介性串联，二三十年间在比较大的范围内建立了一种虽松散然持续的关系。因为近似的文化兴趣和文章品味，他们以多样的方式建立关联，还经营了“长距离”的书籍编刊事业。

萧穆以上海为中心为王先谦、黎庶昌、薛福成提供帮助，主要是传承旧学，对学问的更新影响较小，似只有薛氏出使四国日记以两种方式及时刊行是突出的例子；然而我们要注意到，萧穆的投入以及与

---

① 这些出使大臣、随行参赞之间有密切关系，参见李文杰《中国近代外交官群体的形成(1861—1911)》，第284—285页。在《清史稿》卷四百四十六收录郭嵩焘、曾纪泽、薛福成、黎庶昌等人，属于出使大臣系列；而张裕钊、吴汝纶等收入卷四百八十六，属于文苑。

② 薛福成著，蔡少卿整理《薛福成日记》，吉林文史出版社，2004年，第588页。

③ 萧穆比郭庆藩(1844—1896)年长十岁，他们的交往以书作为媒介。光绪十八年十二月初九，萧穆接郭庆藩信及王刻《荀子》一部，书价洋一百元，寄赠二十四元。所谓书价洋，应是萧穆在上海为郭氏代购书的费用，因数日后萧穆就到醉六堂购《陈氏读书记》《娱亲雅言》寄郭氏。光绪十九年萧穆先后寄郭氏《援鹑堂笔记》及《黎庶昌文集》，八月九日，访郭氏，赠其西学书数种，“并阅其所著《泊然盦文录》一卷凡廿一篇，均为佳作，可存，旋录其文及书札各一篇存玩”。郭庆藩以其伯父郭嵩焘文集十二册及善化李桢《说文逸字辨证》回赠(37/281)。次年年底，郭氏又赠萧穆英洋银票二十六元有余。

王、黎、薛所成就的事业中已经融入“新技术”的因素，如书籍编刊因为航运与邮递条件的改变，变得更加迅速；萧穆得上海位置的优越条件之助，变得更加博学多闻，能搜罗挑选到更大范围汇合而来的书籍，或者了解到更多信息，譬如，萧穆有阅读《申报》的习惯。新技术的社会渗透，改变了书籍编印的方式或各工序合作的方式。空间障碍的克服，也让桐城派作家编纂著述在“时间序列”上不因为黎、薛等几位晚期“强势作家”出使而留下空缺。

桐城派的发展，方、刘、姚、梅、曾等关键人物构成主脉；陈用光、曾门四弟子等是次要人物，有拓展之功；而在次要人物的背后，还有一群如萧穆这样的“默默贡献者”，他们的姓名或所做之事，在王、薛《续纂》中也会出现，然所做的琐细之事，如日记及书信中展示的过程，被浓缩为序言中简要的两三句话。

萧穆日记的相关记录，还有其他有丰富层次文献的配合，可以一定程度上展示书籍的编辑、雕版、印刷、版本、流通、阅读、批点等诸多构成书籍史重要单元的“过程性”，可部分重构一种流派或一些重要著述形成中不同人的力量如何汇合。学问或著述呈现于世，往往是集体力量的呈现。当我们看某一著述由某人“撰”“著”“编”时，或许应稍作停顿，超越这些个人责任者，略揣测背后的众人之力，这样或更有利于理解那一时代学术风气、文人群体与作为结晶的书籍之间的关系。

余　论

萧穆日记内容丰富，以上四章的论述，似可简化为三个问题：萧穆从桐城到上海，对于考察桐城派的发展有何作用？作为一位底层的读书人，萧穆如何对桐城派做出实在的贡献？萧穆日记为探寻桐城派的发展机制提供何种启发？

从桐城走向上海，是萧穆读书生涯与文献事业的关键一步，也是桐城派近代发展的重要阶段。桐城是明清中国传统文化的县域典型，而上海则是中国近代化的象征性城市。为了谋生，萧穆在两地之间往返，由此奇妙地成为两地共享的长住者。不断变换的时空，造就了萧穆生活视野特殊的两端：一端是桐城派的“龙兴之地”，一端是桐城派不能不面对的急遽变化而充满未知的未来都市。从桐城派大本营走出的萧穆，身处清帝国位置特殊的上海，由此对桐城派和周边社会形成不同于从前桐城派文人的文化认知和时空体验。这一时期，萧穆的“桐城经验”和“上海经验”既相区别又相联系，形成“走出桐城＋立足上海＋回顾桐城”的桐城派研究新视角。

避免单一的地理环境决定论，以上海为据点，可以提供重新思考文学（人文）与空间互动的可能。活动空间的变化，伴随空间功能的变化，如晚清在上海看桐城派，民国初年在北京或北京大学看桐城派，与在桐城看桐城派，所见桐城派的状态当各有不同，究其原因，是因为观看者所在的空间已被赋予新的功能。在所有桐城之外的桐城派新空间中，上海尤为特别。强调上海的特殊性，是为突出萧穆能借助此交汇之地，成为晚期桐城派的联络人。将上海引入研究框架，技术因素（包括航海、邮递等）对桐城派的影响也随之凸显。技术因素如水运条件的剧变，造就桐城文人群体的一种“长距离关系”，形成可以立足上海面向北京、南京、宁波、川东甚至东京、伦敦、巴黎的合作方式。邮递的速度和规律性，也提升了散处各地文人诸如交流、编刊的效率。萧穆作为无科名的读书人，之所以称其为晚期桐城派的联络人或媒介，不但因为他能游走、联络诸多人物，更因为他深度参与了两部《续古文辞类纂》的编刊、《古文辞类纂》的校勘重刻，以及独立张罗《历朝诗约选》的编刊，凭借这些实绩，他能立足桐城派之林，得到诸多学者的认可。

萧穆的上海经验，其可贵之处，在于将考察桐城或桐城派读书人群体的目光引入近代都市或新机构的内部，也在于它凸显了萧穆作为个案，为一群看似面目模糊的近代读书人留下可贵的实录。萧穆所处的时代，是桐城一县科名整体衰落的时代，读书人纷纷外出谋生，或教书，或游幕。在有限文献所记载的那些人物之外，还有一个“看不清”或“看不见”的群体。这个群体在近代研究中之所以隐而不彰，与他们的社会地位、文化选择与职业取向关联密切。这是一个功名普遍较低的阶层，他们赖以生存的技能主要在于传统诗文的素养与传统学术的训练，面对西学与西方物质文化的涌入，既不能全情拥抱，又无法刻意拒绝，在徘徊犹疑中小心翼翼地生活，最终成为“不被看见”的一群人。萧穆日记就记录了这个转变时代的一部分人物。如果萧穆没有日记存世，他也可能沉入这一轮廓模糊的群体中。因为有丰富的日常生活记录，萧穆的人生主线得以较为清晰地展开：人与书，或更多的人与更多的书；从桐城到上海，顺带一些“旁逸斜出”之地。而在如此简略的“人与书”“桐城到上海”之间，还应该加入一个“做事”的观察维度。只有从“做事”以及与“做事”伴随的“渴望被承认的欲望”这个角度，才能看清萧穆何以能走出桐城、立足上海。

萧穆的“桐城经验”和“上海经验”的并存，或者说走出桐城、立足上海研究桐城的视角，有助于了解桐城派作为全国性文学流派“构图方式”的某种变化。桐城派的基本分布是以桐城为中心，向南京发展，然后以书院讲学、幕府集结、京城传播等方式扩展，传到湖南、广西、直隶，这一传播方式的重点是要依靠文人的集合与交流；而从萧穆在上海的经验来看，晚清还有一种凭借较为便捷的内河、近海、远洋航线建立起的桐城派关联方式，以上海为中心，连接北京、长沙、南京、宁波、安庆、桐城、川东等地，以至东京、伦敦、巴黎等地，因为技术便捷地实现，书信论学变得越来越有效果；跨地域编刊的新运作方式也可以运作；而交流速度、办事效率的提升和往来空间的扩大，应该给萧穆造成此前未有的体验。

萧穆执着地保存桐城文献，且能充分利用桐城文献中的稀有资源。桐城派的声名以及萧穆拥有的相关稀有桐城文献，形成所谓的"社会吸引"。"社会吸引是诱导人们主动地建立社会交往的力量，并且一旦形成了交往，又会扩展他们的交往范围"[①]。萧穆是书籍网络中的"行动者"[②]，将旧有书籍作为稀有文化资源，建立基本的友朋圈；而新生产的书籍，可作为礼物赠送。作为礼物的书籍，经萧穆之手，扩大了萧穆的世界，生存或生活的意义得以丰富，产生了新的人情关系，大约也能生成一种有文化意味的群体。萧穆利用书籍联通或在一定程度上促进了一个跨越阶层（科名、官位）、地域的读书共同

---

① ［美］彼得·M. 布劳著，李国武译《社会生活中的交换与权力》，商务印书馆，2008年，第56页。

② 作为书籍网络中的"行动者"，有一重要事件值得特别提及，即萧穆对章学诚《章氏遗书》刊刻的推动。光绪十七年他在章善庆处见到鸣野山房抄本《章氏遗书》之后，多次借抄、校勘，并为此书保存、刊刻出力，还在去世前奔走筹资刊刻，有学者利用萧穆日记将其中诸多细节辑出整合，并指出：正是因为萧穆的努力，这一重要文献在经过嘉兴沈氏、贵池刘氏收藏之后，由刘承干借抄刊刻。"以萧穆为中心的传统旧派学者对《章氏遗书》保存、刊刻付出的努力，实则是章学诚学术流传过程中，一条虽不张扬却极其重要的脉络。"见王园园《桐城萧穆与章学诚〈章氏遗书〉谋刻考略》，《经学文献研究集刊》第24辑，上海书店出版社，2020年，第310页。

体或者群体。关系网络的建立、维系与拓展，皆取决于萧穆积极推动的方式；在不断地变动中，书籍网络也塑造了萧穆。彼此互动，互相建构，比如，萧穆编辑《戴名世文集》就是典型的一例，《戴名世文集》作为资源也给萧穆带来交往的潜力。萧穆不断编书、刻书，是能力的外现。能做事、做成事，有眼光和实效，在读书人网络中形成一种良好的公众形象，这是一种文化生意经营策略。一位底层读书人，若不著书、编书、刻书，不持续地活动，很快就会被所在圈子遗忘。萧穆不断地谋求编刊书籍，固然有借此谋生的考虑，但更深层的意图，恐怕还在于想通过这种方式，保持与群体的关联和互动。据日记记录，这一方式是后一种书紧接前一种书编刊，或后一种书与前一种书的编刊叠加。在持续的编刊之外，还有新书的赠送以及上海书坊面向全国的发售，这些举措有助于萧穆在读书人中保持一定的关注度。深入考察萧穆日记中所包含的书籍史与文学史，更能看出晚清以来一种愈发明显的趋向：某种书籍或某类书籍对小型文人群体的催生与融合作用在强化。萧穆关心的书籍还比较传统，这些书籍关联的是较传统的读书人群体；放开眼界，新学书籍的传播催生新型文人结社，更是过渡时代文化风貌的新标识。

探究某一学术流派或文学流派的形成机制，过程性、细节性文献的大量存在与充分利用颇为关键。从这一点上来讲，由萧穆日记，以及曾国藩、吴汝纶、姚永概、贺葆真等人的日记，同时包括与日记关联的其他文献组成的桐城派文献集群，恰恰提供了这种先决条件。桐城派研究之所以能不断吸引学者加入，首先是因其重要性，其次是因为现存文献的丰富性和文献之间的关联程度，还因为有日记、书信之类的“催发性”文献，可时时引发新的可能，发现桐城派内部诸多关联和脉络。就单一的文学流派或学术流派而言，目前在近代文学研究或扩大到古代文学研究领域中，桐城派所涵盖的文献无论从质、量，还是关联性，皆可谓独一无二，桐城派因此有成为文学流派、学术流派研究样本的必要条件,而这一研究,应该接近“理想型研究”[①]。之所以如此推扬这一体量较大的“理想型研究”,就是强调研究古代文学流派没有比桐城派更合适的研究样本了。

萧穆日记及其书信同时也显示桐城派内部的喧哗众声,在桐城派内部,即使关系最密切的友朋之间,也有直露的互相批评之举,如萧穆批黎庶昌《续古文辞类纂》中选录姚鼐文失当、曾国藩文过多,吴汝纶批萧穆编校《历朝诗约选》过度校勘,而这些批评,或多或少地被受批评者消化吸收。学界研究桐城派,似乎很重视早期大家的独创性,然到桐城派的中后期,学问的集体性开始呈现,即使是名家出现,也不可能大变桐城派观念的格局,更多的是增补微调,应时而变。桐城派不是个人学问的发明与创变,而是累积或汇合群力的叠加与改良。所谓汇合,一方面表现在众人参与、筹划并成就某一具体之事;另外一方面则呈现于桐城派内部的过录批点之风,汇合、累积,最后难分彼此,形成一种融汇性的“桐城派批点”。

桐城派包括文学观念、创作和学术研究,也包括可触及的物质文化载体,如稿本、抄本、刻本状态的书籍,以及附载其上的不同形式的手迹。桐城派在观念、理论的建构之外,还有实践的建构,如藏书、编书、刻书,如讲学、传授。涵量丰富的萧穆日记,从一个底层读书人的视角揭示了这一流派日常性的发展机制,这个流派没有现代学术体制中的章程、机构、报刊,但他们在有意识地、有责任感地投入一种有共同方向的实事。诸多细小的支流,经编辑、出版的汇合得以显露其轮廓。实物、实迹、实事,证实了流派广泛的存在。萧穆日记是其自传,其中有以他个人为节点参与的书籍网络,置放在晚清帝国中,这个网络只是一个“微结构”;萧穆日记也记载众多其他人物传记的片段,这些人物中有耀眼者,还有更多必须仔细检索才大略知道其背景

① 近代文学的“理想型研究”简要论说,见徐雁平《“文献集群”与近代文学研究的新拓展》,《文学遗产》2022年第3期,第175页。

的小读书人，萧穆日记的一种价值，在于保存了包括他自己在内桐城一邑小读书人的群像，而这一切恰好发生于桐城派退出历史舞台的前夜。有学者指出，“生活”本身“没有开端、中段或者结尾”[①]，这一判断或立足于普遍意义上的“生活”；然聚焦个体，则可依据其所记录或讲述的，看出个体“生活”的开端、中段、结尾。萧穆日记的存在，提供了大时代取景的框架，琐碎的片段中有自己记录的生活史或者生命史；而在萧穆的生活史或生命史中，作为上海的长住民，有一种底层读书人前所未见的生活节奏，这在萧穆的桐城经验中未曾出现。这一节奏在萧穆为人编书、校书以及联系刻书、印书的诸多细节中体现，那是一种近似流水线工作的忙碌，以及不断“找下家”式的焦虑。萧穆这一谋生方式从光绪二年帮助蒯光典刊书开始，直到光绪二十七年才消歇。赞助者不稳定，赞助者的兴趣和计划也不稳定，这使得萧穆要有眼力捕捉，有时是促生机会，他逐渐炼成“经营文化生意”的头脑。萧穆头脑中的经营文化生意这一部分，在覆盖的空间、时间密度、经营方式、运筹能力等方面，已略具近代面目。

郑伟章《文献家通考》卷一至卷二十六共收录文献学家 1358 人，其中无科名者（不含举人、拔贡，或捐纳做县令以上官者）有 690 人[②]。萧穆就在这 690 人组成的清代底层读书人或“小儒”群体中，也可视为其中典型。因为萧穆留有较长时段、信息丰富的日记，故可清晰地考察其所思所想、所作所为。“有如此群体存在，则可知传统社会中普通读书人对文字、对文献的敬重意识及其自觉的著述与传承责任，这或是文献文化史所应当揭示与推扬的‘文献意识’或‘文献精神’”[③]。所谓“文献意识”和“文献精神”也是源自个人生活并通过

---

① [芬兰]汉娜·梅雷托亚（Hanna Meretoja）《叙事与人的存在：本体论、认识论和伦理学》，《新文学史》第 3 辑，浙江大学出版社，2020 年，第 88 页。

② 郑伟章《文献家通考》，中华书局，1999 年。此数据由笔者统计。

③ 徐雁平《清代的书籍流转与社会文化》，第 7—8 页。

生活来实现的，这样的意识和精神有一种亲切实在的人性和朴素意味；与此同时，在“文献精神”之光烛照下，再来翻阅萧穆的那一厚叠稿本日记，或许能减少些许日常生活的琐碎、无序之感，更能见其超越庸常的性情光焰，有令人观感而兴起之意。在这一缕光引导之下，萧穆日记中蕴涵的所谓书籍史与文学史线索，变成观看、体验萧穆人生的路径。

附录1　萧穆同治十年八月《辛未功课目》

萧穆对自己的文献校录工作时有总结，大约成于同治十三年的《校录经籍总录》，所收三十种书大多属于桐城文献，这是阶段性总结；而同治十年八月所作《辛未功课目》则是年度记录。现录此目如下：

《秦板九经》十二本，内《周易系辞》《礼记》《周礼》《左传》乃姚惜翁圈点并大谷藏本。

刘选《历朝诗》，宜借朱伯平藏本校对，前伯翁送交七古一本，五律三本，至九月初六日乃对校毕。

刘本《左传》，宜借张大谷本对。十月三日临起。

刘本《国语》，借二谷本。

惜翁批点黄山谷诗，缺四五十页，程济川为补抄，十月十五、六日加圈点，尚未校也。

刘氏批点《古诗选》。

惜翁批点《扬子法言》，宜借二谷本，九月四日子经见假。十三日抄起，二十八日强甫录毕，十月二日对校毕。

《田间年谱》。共□页。方国瑞抄。

《田间书札》，宜抄。江荣波抄。章春芝续抄，八月廿七日毕。

《藏山阁诗》，宜抄。钱香□文本。

薑坞圈点朱竹垞诗，宜借惠甫本照抄。已借录。

薑坞批点《潜邱札记》，宜借惠甫本。已借录。

禁书目，借强甫本，九月十九日抄起，十月□日乃毕。

《年[精]华录》，宜借慎甫本抄。

惜翁批点《精华录》，已临大谷本。并校。已还。

海峰圈点《唐人万首绝句》，已临大谷本。并校，已还。

植翁临惠氏校本《说文》，慎甫藏。

光给谏遗书，请光慎伯抄。

光给谏诸序传，慎伯藏。

补抄律元方伯文，慎伯藏。

律翁校勘《望溪集》，慎伯藏。

律翁书目，慎伯藏。

坚白石斋书目并画帖，大谷藏。

朱鲁岑先生遗集，宜抄。文集一册，九月五日马步瀛抄毕。

《桐城人物传及科第目》，借张季彝。

刘本《楚词》，借进甫。

惜翁圈点秦板《九经》，借马谦谷。九月十四日子敬寄到。《左传》十二本，《孟子》一本，《周礼》一本，《论语》一本，《诗经序》一本，《书经》一本，共十七本。十六日夜校起，至十七日及夜三更后乃毕。

《知德轩文抄》，宜选抄。

《知斋文前后集》，已抄。

《复庵文抄》，宜选录。胡慎思代抄。抄毕宜校。

《杜溪文》一册。

《桐彝》二本，存翁本宜抄校一册，余谨纯、章春芝共抄一册。

《迩训》二本，存翁本宜抄校。抄，已交慎甫收存。

《方氏诸贤文抄》三册，宜抄校。借。

《十松文抄》，宜校。

《伯山文抄》，宜抄校。九月十四日毕，送缴。

《樗亭文抄》。宜抄校。九月廿六日徐华生送交，乃其仲子秩卿为抄也。

邵位西删订《人谱》，强甫藏。十一月十三日为临一本。

三家批点《古文辞类纂》，强甫本。九月廿八日寄交，孙积甫代录方、刘批，十一月初毕。后强甫为临圈点。

《草茅一得》。

《续疑年录》，缺末二页，八月十三日强甫代补抄。

叶花南太史《春秋序例并说》，八月初八日抄毕并校。

《猗觉寮杂记》，强甫藏，宜备补，然不可据。已得知不足斋本二册矣。

叶花南《诗经拾遗》并《易经》，强甫本，十月初八日交阅，旋以见赠。

潞王府藏本《穀梁传注疏》十六册，现为叶仲郛藏，云有敬一道人及潞国公藏本印章，当是宋本，他日当借校。

前《汉书》圈点，仲郛藏，云有色笔圈点，甚简明，疑是临惜抱阅本，宜借览。后云不见佳也。

旧抄本《南山集》，强甫藏，后示目，甚少，均有之。

叶花南太史诸传，八月九日借韵涛处，二十七日章春芝抄，九月一日毕。

《李太白集》批校本，南门书店，俟详何氏手笔，已购得，乃不全之本也。

《桐城县志》，宜参强甫本校。

惜抱《庄子章义》原本四册，椒岑临本，已临一部。九月二日寄到，十二月初□日寄还。

开方表，椒岑藏。

惜抱法帖题跋抄本，二谷之子借得，二十一日抄起，九月初十日二更毕，十月三日早校对毕。

方扶南批点《春秋传》，张四开藏本，俟问季彝。九月廿一日小梁送阅，乃是临本，只存一半也。

吴大司马《抚蜀疏草》六册，吴竹宾藏，宜抄。九月六日假到，二十七日程济川持第三卷抄毕，共六十八页。

《皇朝谥法考》，八月廿九日及九月一日强甫补录，九月廿六日徐华生借去，十月十二日取回。

日释引用诸家名氏,三页。

《六安州志考证》,九月十二日抄,十三日毕。

吴氏《绎孟百二篇》,记问孙积甫,据云小梁抄存。又王小麓云是吴文□著,不必录。

植之先生选古近体诗。张勤士有七律。

方息翁批点《太玄经》一册,方氏藏本,张小梁为转借得。

叶花南《易经补义》五册十二卷,仲郛见假,因见赠也。

何玄子《易经》八册,张小梁本,可易。已送。

《安徽通志》拾函,张子昭遣价送假,九月廿七日乃到。

方氏书目一册,十一月七日借方恭愚及小鲁本,程济川为抄副本。

《方望溪先生从祀乡贤录》一本,小梁代抄,强甫代校。

《拾香录》二册,强甫本。

《七言古诗诵节》一册,强甫本。二书均托程济川代抄。

张石绮先生临惜翁《古文辞》圈点全部。[1]

---

① 萧穆辑《萧敬孚丛钞》(一),《晚清四部丛刊》本,第2363—2370页。

附录2　萧穆在上海广方言馆领取薪水及借款简表①

时　间		领薪水	借款与典当
同治十二年	二月初一	银20两	
	三月初一	银20两(曹平银18两6钱)	
	九月三十日	银20两	
同治十三年	二月二十九日	洋26元,钱1200文	
	八月十四日	26元,钱870文	
光绪元年	十二月十七日	本月及正月薪水曹平银30两、英洋10元,大钱903文	
光绪二年	三月十一日	英洋27元,钱570文	借洋20元
	九月二十八日	规平银20两	
	十月二十日	月初收薪水8元,现取洋16元,钱958文	
	十二月十六日	十一月、十二月、正月共洋78元,钱1100文	借洋50元

① 此表主要选取一些节点(如薪水变化),或较特殊的情况(如预支薪水)等,常规性薪水领取情况从略。时间从同治十二年起到光绪三十年止。

续表

时　间		领薪水	借款与典当
光绪三年	二月初一	收挚敬银 10 两	
	三月十九日	洋 26 元,钱 201 文	
	八月二十八日	本月馆用及节礼,共洋 24 元,钱 93 文	
	十二月初三	本月馆用英洋 10 元,钱 540 文	
	十二月初九	年内薪水洋 23 元,钱 100 文	
光绪四年	十月初四	本月馆用洋 10 元,钱 762 文	
	十月十八日	27 元,钱 492 文	
光绪五年	十月十五日	22 元,钱 149 文	借洋 60 元,到川沙
	十二月十八日		回桐城前,向莫祥芝借洋 100 元
光绪六年	六月初六	账房送到洋 34 元,大钱 627 文,合前两次取洋 20 元,四、五两月薪水收讫	
	六月二十日	洋 27 元,钱 516 文	
	十一月十六日	收洋 14 元,钱 190 文,合前支洋 13 元,本月薪水乃讫。九、十两月薪水为李兴锐扣除	
	十二月十五日	洋 34 元,钱 381 文	

续表

时　间		领薪水	借款与典当
光绪六年	十二月十八日		向启丰店借得英洋50元
	十二月二十一日		到安庆,向方宗诚表示借贷之意,后借得250元
光绪七年	三月初四	一月、二月薪水洋28元,钱511文	
	三月十六日	当月薪水28元,钱252文	
	五月十五日	洋28元,钱553文	
	十二月十五日	当月、正月薪水51元	
光绪八年	七月初八	七、八两月薪水洋57元,钱172文,到南京应试	
光绪九年	二月十九日	洋28元,钱834文	
光绪十年	七月二十五	洋28元,钱452文	
	九月十七日	洋28元	
光绪十一年	二月十六日	洋28元,钱630文	
	九月十六日	洋28元,钱252文	
光绪十二年	八月十四日	洋28元,钱403文	
光绪十三年	六月十七日	洋28元,钱784文	
光绪十四年	十二月十八日	两月洋56元,钱680文	

续表

时间		领薪水	借款与典当
光绪十五年	十二月十二日	两月俸洋 56 元	
光绪十六年	正月二十二日		在和悦洲借本洋 28 元、英洋 2 元。寄家 26 元,余作川资
	十二月初六	支本月及正月薪水洋 57 元,大钱 291 文	
光绪十七年	五月初三	洋 32 元,大钱 850 文	
	七月十六日	洋 33 元,大钱 37 文,又预支八、九月薪水洋 66 元,大钱 74 文	
			本年还借款 70 元之外,又借 40 元
光绪十八年	四月二十三日	到账房取本月俸余洋 10 元,又预支五月俸洋 30 元,大钱 851 文	
	十二月		本月到和悦洲利和钱庄“结算今年往来支帐”,又向敬文借本洋 40 元
光绪十九年			本年借洋 600 元
光绪二十年	正月十七日		在和悦洲向“伟臣”借本洋 70 元,让人带回家中日用
	三月二十二日		向周莱仙借洋 400 元

续表

时间		领薪水	借款与典当
光绪二十一年	四月十七日	领两月薪水洋80元	四月十三日借本洋100元，以90元托人带回家；四月二十三日托利和庄发本洋60元付家中应用
	六月十六日	洋32元，大钱28文	
	十月初二	在和悦洲领取八、九月薪水洋62元，大钱660文	
	十二月二十三日	十一、十二及正月薪水共英洋96元一角五分二厘	借50元，汇兑利和庄
光绪二十二年	五月十九日	二、三、四、五共四月薪水洋130元，大钱1416文	
	十一月二十四日	七至十一月五月薪水英洋163元，大钱1424文	
	十二月十八日		向元源庄借英洋250元
光绪二十三年			本年共借363元
光绪二十四年	四月十五日	返回上海，领两月薪水洋62元，大钱885文	
			本年借洋104元，典当物品115元

续表

时间		领薪水	借款与典当
光绪二十五年			本年借洋 600 元
光绪二十六年			本年借洋 240 元
光绪二十七年			本年借洋 250 元
光绪二十九年	七月十七日	当月薪水洋 41 元,大钱 77 文	
			本年借洋 730 元
光绪三十年	正月	二十八日到上海,领取儿子萧受谦上年八至十二月共五月薪水 29 元,次日领取自己上年十一、十二月及当年正月薪水洋 124 元,大钱 1410 文	

从萧穆的出身和贡献来看,作为底层文人,他在广方言馆的起始薪水及其每年略有上调的幅度,相较他此前教私塾所得,或者晚清其他教私塾者所得,他的月薪应该是令人满意的,或者说并不低。张寿镛回忆他在江南制造局谋事经历:“丁酉(光绪二十三年)乡试不售,庚子遭父丧,自是不得不谋衣食。会余播珊(余联沅)先生任上海道,委我充江南制造局文案,月薪十六两,借此养家。公暇每日看书。”① 此年,萧穆每月薪水有洋三十元,远高于张寿镛;而张氏所得虽低,然尚能“借此养家”。

从上表看,萧穆密集借债是从光绪十六年开始。此前各年也有借款记录,借款多为家用,如光绪十一年九月借洋二百元。萧穆家中

① 张寿镛《六十年之回忆》,《约园杂著四编》,浙江古籍出版社,2019 年,第 199 页。

花销颇大，如光绪七年十二月底回家，取薪水五十一元，又去钱庄取本洋二百七十八元。自光绪十六年起始筑债台：光绪十七年九月一日，因病在家，刘麟祥(康侯)令人将二、三、四月薪水英洋百元兑汇到大通镇利和庄。萧穆还在利和庄借款七十元，"又借四十元附仁寿带家应用，又以本洋五元、英洋五元代内人赎当，尚未全也"(36/496)。这一年内还有一笔较大的费用，十一月萧穆安葬岳父，付洋七十七元。借款愈来愈多，家中诸多问题也愈来愈多：光绪六年家中失火，旧屋均焚，藏书亦多被毁，建新房舍要大笔费用；两儿子成家立业，亦全依赖他张罗。

光绪十九年正月十七日，萧穆在和悦洲出发往上海，向李蕴贞出售自己所藏仇十洲画，得英洋五十元，遂还去年底所借本洋四十元。光绪十九年二月六日又从上海到和悦洲，"与永年兄商以蕴贞寄刻书英洋百元先支本洋家用，他日另代偿书资。今收得本洋八十元，大钱九百文。余又以薛叔耘(薛福成)兄寄赠英洋五十元，又以还垫款四十元，截付英洋六十五元存利和庄，以待他日支取本洋家用"(37/203)。二月二十七日，萧穆由和悦洲出发到上海前，向"南池"支取本洋三十元，以两元买布草，以二十八元交人带回家用。光绪十九年十一月二十三日，萧穆携薪水洋七十元，再往周莱仙处借洋二百元，汇往利和庄，用于桐城家中盖房。十二月初四，他到元源钱庄借英洋四百元，约次年三月还；同月十八日，还章敬文英洋二百元。

光绪二十三年，萧穆在领取薪水之外，十月前已借洋一百六十元。十一月，他从上海回桐城时，在利和庄借本洋一百元，"为谦儿(萧受谦)经手买马家山田及大圩周亲家名下典业。又以姚大令银款所存英洋三十元兑本洋二十三元大钱八百文寄家用"(38/328)。十二月底萧穆回桐城前，又向周莱仙借英洋三百五十元，在大通给"镕儿"本洋一百四十元，"到家开发一切之帐"(38/351)。

光绪四年八月初七，萧穆四十岁生日，感叹自己"实为天地间一弃人"；二十年后，他并未成为弃人，而是成为深困于家累之人，在借钱之外,典当自己心爱的字画,甚至在年底典当皮袄作为家用。光绪二十九年,萧穆六十九岁,也就是辞世前一年,十二月二十八日,有过年如同过关之感:"债务多端,心急如火,不知将何以了之。"(39/492)同月二十九日,"到汤镇当坊当皮袍一件,以九元付章姓田户。欲当字画未遂"。三十日,"以旧存银四定、英龙洋五元交金福,到汤镇钱庄兑得本洋十一元、大钱二百廿多文,家用及开发伙工及外帐,然亏欠诸人之帐尚有六七十元之多。无法可想,不胜忧愧"(39/492)。

萧穆所说"债务多端",其中包括光绪二十七年回桐城葬父借洋二百五十元,而年底典当皮衣以解急困,在光绪二十四年十二月日记中亦有记录,典当或出售字画记录就更多。光绪三十年,萧穆七十岁,从正月到五月,仍是在借新钱还旧债中度过,五月十七日一次借英洋五百元,回桐城还清债务,五月二十四日又"命荣遇到周家墩完债卅元、利十二元"(39/540)。

附录 3　萧穆赠送《徐骑省集》记录

光绪十七年

八月初三，在南京。送王鼎臣《水经注》、《白香山集》（日记中常简称《白》）、《徐骑省集》（日记中常简称《徐集》）、《续古文辞类纂》（日记中常简称《续古文》）①。

八月初四，在南京。送方守敦（常季）《续古文辞类纂》《白香山诗选》、《徐骑省集》。又送申成《徐》《白》二集。

八月初七，李光明送萧穆《徐骑省集》五十部。萧穆托人带到上海。

八月九日，在南京。送刘诚甫《徐集》、吴刻归方评点《史记》。

十月初一，从桐城返回上海。寄顾香远《徐集》。

十月初二，各送凌德（嘉六）、周莱仙《白》《徐》二集。送凌子与《徐集》。

十月初三，送孙文卿《白》《徐》二集。

十月二十三日，送刘麟祥（康侯）《白》《徐》二集。

十月二十四日，托人将《白》《徐》二集及姚评《汉书》带交在英国的薛福成。

十月二十五日，寄送吴汝纶《白》《徐》二集。

十月二十八日，送谭献《徐集》。

十二月十二日，送章善庆（小雅）《白》《徐》二集。

---

① 以下所记录诸事，凡发生在上海者，皆不标明；在上海以外发生者，皆标明地点。

光绪十八年

六月初十，一直在校勘《徐集》，到上海求志书院送龙继栋（松岑）《白》《徐》集。

闰六月二十五日，寄袁昶《徐集》及《四国日记》。送到访日人市村圭卿、滕田排云《白》《徐》集及《四国日记》。

八月二十四日，送章寿康（硕卿）《徐集》。

十月十七日，寄钱志澄（怡甫）《徐集》。

十一月初六，寄钟厚堂《白》《徐》二集，以及《庸庵文编》。

光绪十九年

三月前，仍校《徐集》。

六月初六，山阳韦古渔将往北通州，萧穆赠以《白》《徐》二集、《庸庵文编》。又托韦氏转赠马月樵、张笃生《徐集》《庸庵文编》。

光绪二十年

二月二十七日，送陆心源《徐集》《四国日记》。

光绪二十一年

六月二十五日，寄谭献《徐集》。

八月二十七日，赠何维朴《徐集》、莼斋集。

九月初三，寄王鼎臣《徐集》。

十月十一日，寄吴汝纶《徐集》两部、《黑龙江外记》、《札迻》。

光绪二十二年

四月初九，在安庆。送方守彝《徐集》《罗鄂州集》《新安志》、黎莼斋集等。

六月初四，寄葆良、诒孙《徐集》。

六月初五日，送闻人杏卿《徐集》。

六月二十六日，到醉六堂书坊，取《徐集》四部、《湛然居士集》两部、《吉林外记》、《黑龙江外记》各三部、《于湖题襟集》两部，拟带杭州送人。

七月初六，在杭州。寄钟厚堂《徐集》。

八月二十一日，在南京。张謇来访，萧穆送《徐集》《新安志》。

九月初二，再送陆笔城《徐集》一部。

十二月十八日，送莫棠《徐集》。

光绪二十三年

九月十三日，在安徽大通镇。取《徐集》六部，将带往扬州送人。

十二月十九日，送李正则《徐集》。

光绪二十四年

十一月初四，送徐宗亮《徐集》一部。

光绪二十五年

十月三十日，送贝元徵《徐集》一部。

光绪二十六年

四月二十六，送俞晋珊《徐集》、黎集一部。

闰八月十三日，送李承渊《徐集》一部。

光绪二十七年

十月十七日，送桐城诸生张蓬仙《徐集》《香山诗选》。

光绪二十九年

十一月二十五日，送叶德辉《徐集》、黎集。

附录4 《历朝诗约选》募捐集资记录

光绪二十年

七月二十八日，“接李勉林[李兴锐]观察信，并代吴挚甫寄信及集股刊刘氏《历朝诗选》《八家文选》银四百五十两”。

九月二十六日，马其昶代向周缉之（周馥第四子）募京平银一百两。

光绪二十一年

七月初五，收到吴汝纶信，“并津平银二百零三两多，乃李勉林、罗稷臣两观察助刻刘选《历朝诗》款也”。

光绪二十二年

八月十三日，高丙卿助刻百金。“聚卿述其仲兄丙卿之意，承其先人中丞公之志，助刻刘海峰《历朝诗选》百金”。

八月十四日，“（张星五）为其二兄筱传观察代助刻《历朝诗选》百金，伊先付五十金”。

九月初二，陆笔城助刻英洋四百番。

十二月二十五日，收到姚叔节转汇“扬州同志者助刊”银九十九两五钱六分。

光绪二十三年

十月十一日，姚锡九助刊规平银一百两。

十月二十八日，严筱舫助刊二百金，刘康侯之子助刊二百金。

十二月初二，童米孙代向江蓉舫募曹平足纹一百两（兑英洋一百四十二元七角，大钱七十多文）。

十二月十八日，林稚眉助刊五十金。

光绪二十四年

正月二十二日，在大通镇。李子嘉答应助刻书资五百两，“去年李仰超已收二百□十□两，今初旬本庄又寄二百两”。

八月初五，收到裴伯谦（景福）从广东番禺助刻英洋一百元。

八月二十二日，吴汝纶寄冀州信都书院诸生助刊津平银一百两。

光绪二十五年

三月二十七日，追记许仙屏助刊二百金。

附录 5　缪荃孙日记中的萧穆记载辑录

缪荃孙与萧穆初次见面是在光绪十五年十一月，其时缪氏到上海，见面记录是日记中的惯常性的备忘式记录。光绪十六年四月二十五日所记则较特别："早偕申甫、小雅上一马车至广方言馆，访萧敬敷(穆)长谈。敬敷为桐城古文，工赏鉴，海内文人均有交契，才人也。"[①]此后有多次书信往还、晤谈、餐聚，皆以寥寥数字记录。光绪二十二年八月二十三日，缪荃孙看徐乃昌、萧穆、龙继栋所携书，"敬敷出宋本九行十七字《家语》抄配两卷，一旧抄，一新抄，汲古跋及图记，皆真。旧拓《麓山寺碑》字字精神，年月后赞俱全"[②]。

据吴孟复撰《文献学家萧穆年谱》，光绪三十年萧穆病逝于上海，《敬孚类稿》十六卷，由沈曾植、蒯光典、徐乃昌、刘世珩等助资刊行，光绪三十二年刊成。在诸人外，萧穆身后事亦与缪荃孙相关。缪氏光绪三十一年十二月初三校勘《敬孚文集》，二十四日日记中有重订《敬孚文集》之语。光绪三十二年正月初三，勘定。光绪三十二年五月二十八日，缪氏到上海，日记中有"拜孙问青，未晤，留《敬郛文稿》一册"[③]，或是请孙氏过目已定之稿。六月初五，陈庆年取萧氏文集去，六月二十六日寄徐乃昌《敬孚类稿》，仍在商量之中。七月二十五日在南京，校勘《敬孚文集》(以下简称《萧氏集》)第十五卷，次日仍校

① 缪荃孙著，张廷银、朱玉麒主编《缪荃孙全集》日记第 1 册，凤凰出版社，2014 年，第 122 页。

② 《缪荃孙全集》日记第 1 册，第 429 页。

③ 《缪荃孙全集》日记第 2 册，第 399 页。

之。十二月初七寄蒯光典信并《敬孚类稿》五册。光绪三十三年四月二十三日，缪氏寄沈曾植信，并《萧氏集》一部；五月十七日交敬孚已刻、未刻稿与萧幼孚，五月廿二日，送《萧氏集》五十部与萧幼孚，并余资五十元；六月初三，送书屏一部；六月初四，送陈庆年、李详《萧氏集》；六月初六，寄徐乃昌信并《萧氏集》五部；八日送端方《萧氏集》一部；十四日，送刘世珩十部、莫仲武一部；十五日送章钰一部；廿一日，送上海五洲同文局孙问青五部、梁慕韩一部；二十六日，送蒯光典十一部；七月二十一日，送黄仲弢一部；七月二十二日，送梁鼎芬一部；八月十日，送柯劭忞一部；九月七日，送柳诒徵一部；九月八日送秦际唐一部；十一月二十二日，寄刘世珩四部；十二月初六日记："萧幼孚来，所带书不堪入目，奈何？"[①]十日理萧氏书；十一日，"学堂交二百元来，送《敬孚文集》书卅八部，版全数交幼孚"[②]；十二日，"丁善之、王绶珊来，头批书全收入图书馆。武仲平来，言五百元提布作抵。送洋二百五十元、不用书一篓与萧幼孚"[③]；光绪三十四年二月初七送丁秉衡一部、丁善之一部；二月初八送缪衡甫一部。缪荃孙日记中记录最后一次送《萧氏集》是在一九一五年十二月十四日（农历），乃朱祖谋索书。

光绪三十年十月缪荃孙见萧受镕（少甫、少孚、幼孚）；光绪三十一年十月廿四日，萧受镕送《郘亭书抄》来；廿八日，"萧少甫送其尊人文集求点定，又送字画来看，无一真者"[④]，数日还之；卅日，"读《萧先生文》一"[⑤]。此后十一月初一、初三有读《萧文》二、三记录。十二月初三，"勘校《敬敷文集》一、二、三、四"[⑥]，初六日记有萧受镕来访记录。萧受镕当是在筹刊其父文集，而由缪荃孙校勘、选定。

---

① 《缪荃孙全集》日记第2册，第481页。

②③ 《缪荃孙全集》日记第2册，第482页。

④⑤ 《缪荃孙全集》日记第2册，第364—365页。

⑥ 《缪荃孙全集》日记第2册，第370页。

光绪三十三年六月二十日缪荃孙寄萧受镕信,日记中留存地址是"皖省龙门口程步云笔店",龙门口在安庆,其时萧氏在此谋生。

光绪三十三年十一月十日缪荃孙收到萧受镕自安庆寄信,数日后回复。十二月初三接萧氏信,六日萧氏带家藏书到南京。

宣统元年九月十一日,萧受镕寄缪氏《碑传集目》一册,缪氏以为"心壶先生底本,无用之书也"①。十六日,"购萧敬夫书四十元"②。二十二日,缪氏检《南山集偶抄》、方戴姚三家尺牍等书送刘世珩,或是来自所购萧氏藏书。

宣统二年四月二十日缪氏送萧氏四元。大约是萧氏困穷之时的求助。

一九一五年十月二十六日(农历),缪荃孙撰吴汝纶、萧穆传,应是为《清史稿》"文苑传"撰作。

---

①② 《缪荃孙全集》日记第3册,第49—50页。

附录6 《戴名世年谱》"后谱稿"中萧穆辑录戴名世文献事辑[1]

同治十二年

闰六月,编选戴名世四书文一册。

同治十三年

四月,在苏州。以《南山先生文集》转借李鸿裔。

光绪五年

四月,马端甫[2]代江宁杨长年向萧穆借《南山集》二本。

六月,与杨氏谈南山文。

十一月,马端甫代杨氏还书。

光绪八年

十月,钱文翰以所抄《南山集》八本托萧穆出售。萧穆以《南山全集》十三本交钱氏,让钱氏抄录清本。

光绪九年

正月,萧穆还钱文翰《南山集》八本。

十二月,钱文翰示萧穆南山遗文二篇。

---

① 事辑依据戴廷杰著《戴名世年谱》,相关史实,选录稍重要者。

② 马端甫,安徽当涂人,其叔祖是马寿龄(鹤船)。

光绪十年

正月，在桐城。抄录南山文，又于钱彝抄本南山文中得佚文一篇。

光绪十一年

八月，在南京。得刘谦泰印，戴钧衡编《潜虚先生文集》。

九月，萧穆"阅《南山文集》抄本印本，将欲细校印本误字，及重编定全本，以备来年刘谦泰等重刊"。

光绪十二年

六月，萧穆复书吴县袁遂，批评刘氏印本《南山集》粗率，且论此集摆印之事。

九月，萧穆以《潜虚集》四本托人转交安庆方守彝。

光绪十三年

闰四月，萧穆在上海抱芳阁装订《潜虚文集》二册。

光绪十四年

二月，校补刘氏印本《潜虚先生集》。又代王先谦校南山文。

三月，拟以《潜虚文集》赠王先谦。

五月，在大通。钱文翰以抄本《南山文集》十六本托萧穆出售。

光绪十五年

二月，萧穆闻桐城吴大有将摆印《南山集》，致书马其昶，"促之出所藏张炜评本"，以免脱误流传，且告知梓行戴氏全集之夙愿。

光绪十七年

十一月，萧穆得方守彝代抄姜筠所藏戴名世殿试卷一本。

光绪十八年

五月，萧穆借给龙雨峰南山时文四本。

光绪十九年

正月，在桐城。萧穆以《南山集》十三册借刘文朗。

四月，在安庆。姚濬昌以新印《潜虚先生集》送萧穆。

十月，萧穆以《潜虚文集》送诸暨进士孙廷翰（问清）。

光绪二十年

二月，无锡廉泉欲刻南山古文，萧穆为选文一百四十余篇。

三月，萧穆以《潜虚集》十二册交廉泉。

光绪二十一年

二月，廉泉还萧穆《潜虚集》。

光绪二十二年

四月，方守彝送萧穆印本《潜虚先生集》二部。

七月，在桐城。桐城张山来送萧穆《潜虚先生文集》巾箱本。

光绪二十三年

八月，萧穆以《南山集》八本借桐城进士郑辅东（觐侯）。

光绪二十四年

闰三月，萧穆以《南山集》八本寄黄松青。

光绪二十六年

九月，萧穆见赵申乔后裔赵宽。赵宽藏有其先人赵申乔参戴疏稿。

光绪二十七年

五月，借阅赵宽所藏疏稿。

附录7　桐城文献作为交流媒介辑录

同治十二年

正月二十五日，江潮（海门）来借姚鼐为其祖（岷雨，即江濬源）所作墓志铭去，“欲抄刊入其祖著作前后卷也”。

正月二十六日，江潮向萧穆展示所藏姚鼐与其祖尺牍卷子、姚鼐批点其父七峰先生诗稿册页。萧穆抄录，纳入“重编惜翁尺牍”中。

二月初七，到龙门书院沈祥龙（约斋，娄县人）处看书，借到扬州张符骧《依归草》抄本二册，其中有桐城方、戴评语。

三月初九，在桐城。收到吴汝纶去年十月二十五日寄信，请萧穆代临姚鼐《荀子》批点。

三月二十四日，以李刻《惜抱轩十种》赠冯焌光。

四月六日，为沈秉成对校临本归批《史记》。

四月十四日，萧穆以所抄姚鼐《书录》第四卷及《尺牍补编》寄吴汝纶，以便刊刻。

五月二十七日，萧穆向吴大廷借姚鼐《庄子章义》批点本、梅曾亮圈点《惜抱轩文集》。

六月初七，萧穆向吴大廷借刘大櫆批点《侯朝宗文集》一部。

八月二十日，在南京。刘思安来，以渔洋《唐人万首绝句选》二本托萧穆临刘大櫆圈点。

十月初三，送道台沈秉成《望溪集》一部。

同治十三年

正月初十，在桐城。写信寄吴汝纶，“并以临本惜翁批点黄（山谷）诗十一本、节抄梅伯言《五代史》一本，借其照录”。

正月十五日，吴汝纶回信，归还借临姚鼐圈点《礼记》。

正月十九日，为吴汝纶临姚鼐批点《大戴礼记》。

四月十八日，在苏州。“叔耘（薛福成）取余临本《汉书》八册，乃与刘泖翁（刘履芬）过录也”。

八月二十八日，马质甫向萧穆借“姚、左二本，姚选《四书文》一本”。

九月初四，以裱好的姚鼐手札赠吴大廷。

光绪元年

正月十八日，吴汝纶来信，“并以渔洋诗、惜抱文二种托代录姚、梅批点”。

六月十八日，萧穆以新本《海峰集》六本等书赠方功惠。

十一月二十八日，为郑藻如临《史记》归氏圈点，“从张晴岚（张若霭）阁学所传望溪先生家藏简本也”。

十二月二十二日，在桐城。“吴挚甫作字遣人索书，后以前临惜翁批点《精华录》二函并李文一部付其来人携回”。

光绪二年

正月初九日，“俊民赠新刊《汉学商兑》及《书林扬觯》各二部（吴仲宣制军刊本）、《求阙斋文集》二本（李中堂刊）、《日知堂集》二本。今又取出新刻《海峰诗文集》三部、《仪卫轩诗文集》三部、静海毛氏春秋三子传一部、《北学编》二本、《日知堂集》六部、吴竹如侍郎《拙修集》一部”。

正月十三日，在安庆。从姚濬昌处取“旧借《望溪集》八本回”。

正月十七日，“检理诸书，将为携到上海之用”。

二月初五，在醉六堂买《苏氏易传》一部，因合所携《游定夫集》《仪卫轩文集》等送冯焌光。

二月二十二日，送江潮《李文公集》《邓析子》《日知堂集》《马征君遗集》、刘履芬骈文。

二月二十五日,吴大廷以方苞《朱子诗义补正》二本“示阅,且商为之刊板也”。

四月初六,送李兴锐《史记例意》,因其“以旧买传录震川《史记》圈点本见示,未有《例意》”。

四月初八,为郑藻如“补录归批《史记》后,又校阅凡例,并朱批跋语一段”。

六月十四日,在南京。向方朔借刘大櫆选定古文二函,并赠方氏《麻山集》一本。

六月二十一日,到上海龙门书院,向黄尔瀓借《方苞文稿》二本。

六月二十三日,请沈少苏转赠沈炳成(仲复)《日知堂集》二本、《麻山集》一本、《枕经室文抄》一本。又赠刘履芬《麻山集》。

六月二十四日,赠黄尔瀓《麻山集》一本、《独秀山房课草》六本、《枕经室文抄》一本。

七月初三,刘履芬“寄到所摹刻宋本《书音》(《书传音释》)四部,又寄《味无味斋骈文》四部、《浣花诗词》四部”。

八月二十七日,在南京。送蒯光典《亭林余集》《藏山阁遗集》。蒯氏嘱以《亭林余集》代为付梓。

八月二十八日,送刘履芬《皇甫持正集》一册、方朔著述二本。

九月十八日,“到静涵、仲子、熙台等处,后以《麻山集》《邓析子》《马征君集》及秋石分送之。先以《左忠毅集》《麻山集》《邓析子》送李勉翁……又以《日知堂集》《邓析子》《麻山集》及闱墨送虎臣”。

九月二十日,送郑藻如《邓析子》《麻山集》《曾文正传略》《枕经堂文》共四本。

九月二十二日,送陈容民《麻山集》《可久处斋文》《邓析子》。

九月二十九日,以《皇甫持正集》《麻山集》寄熊育钖。

十月初五,送袁昶《皇甫集》《麻山集》。

光绪三年

二月初一,赵元益来,"携《望溪集》一部去"。

四月初八,为吴大廷"照姚本《庄子》以黄笔画段落成内七篇,并自读之"。

六月二十三日,张生来借《古文辞类纂》。

十月十九日,以《辽史拾遗补》《海峰集》送李兴锐。

光绪四年

十月二十七日,寄送苏州李鸿裔《三唐人集》《诗义补正》《亭林余集》《麻山集》。

十一月初一,送刘瑞芬《朱子诗义补正》《亭林余集》《麻山集》等。

十一月初五,张裕钊自南京寄到新刻《史记》归方评点本一部。

光绪五年

十一月十九日,马端甫代杨长年还《南山集》。

光绪六年

一月三十日,接王先谦上年五月在京所寄信,嘱为代觅近人古文集,欲编《续古文辞类纂》。萧穆复信,并寄刘大山、孙麻山、方植之、蒋剑人、戴存庄、邵位西、吴桐云、姚子展诸人文集。

三月二十九日,抄录姚鼐《书海峰诗后》,合《程子香文抄》、邵懿辰《礼经通论》,同寄王先谦。

五月十四日,在桐城。取乡先辈文集文抄十余种,拟寄王先谦,供其选择。

七月初九,"取近时文集十种共十八本",寄王先谦。

七月十五日,在苏州。以姚鼐对联一副、姚范批《望溪集》五本送李鸿裔阅。

十一月初一,写信并寄苏州李鸿裔《田间诗集》七本(十一月二十六日寄还），寄王先谦《刘孟涂文集》二本。

十一月二十八日，寄李鸿裔《左传义法举要》《仪礼析疑》《史记注补正》以及《管子》《荀子》删定本。

十二月初三，送方兰坨《惜抱轩三种》（徐宗亮刻）。

光绪七年

三月初十，寄苏州李鸿裔姚鼐条幅及方宗诚著述共十三本。

光绪八年

九月十一日，在南京。送方兰坨《柏枧山房集》。

十月十四日，刘继（少涂）来，"以新本《海峰诗文集》《八家文百篇》及时文并《惜抱轩稿》共十四本见赠，又以其太翁《论语补注》《孟涂诗文集》共九本分送松韵、静涵、虎臣三君，各引至其室一晤谈"。送刘氏洋三元。

十一月十五日，为常州吕耀斗（庭芷）临姚范批点《望溪集》。

十二月十六日、十七日，在苏州。向李鸿裔、沈秉成分别送《张忠定集》《国史四传》《续古文辞类纂》。

光绪九年

七月初五，携《刘孟涂集》八本、方存之杂著十三本到高云麟（白叔）寓。

八月二十日，在苏州。送李鸿裔《藏山阁集》《张文端诗》。

光绪十年

五月二十七日，在天津。"合甫来谈，并及海峰文集，因出示旧本，乃乾隆间刻，未圈点，此较后刻少文十数首，又有四首后刻删去，拟补抄之"。二十八日，"录海峰文五首，有四首为后刻所删，其《春秋究遗序》即后刻之《春秋发微序》而大同小异者，俟回申江参考之"。

九月初六，在宁波。送薛福成书多种，其中有《仪卫轩集》。

光绪十一年

八月二十八日，在南京。刘谦泰以《南山集》二部托萧穆售卖。

九月二十日，“检阅《南山文集》抄本、印本，将欲细校印本误字及重编定全本，以备来年刘谦泰等重刊，成一完书也”。

十月初三，“取夏间所录《震川集》诸批点未竟者，续录之”。

光绪十二年

五月初六，萧穆收到姚濬昌所送诗文、《援鹑堂笔记》十二本。

七月二十九日，开始为薛福成录姚鼐圈点《震川集》。此集六月二十二日购于抱芳阁。

八月初三，开始为薛福成录姚鼐圈点《渔洋精华录》，并于八月二十一日将《震川集》《精华录》二书寄往宁波。

九月十七日，将校勘完毕的《潜虚集》四本寄给在安庆的方守彝。

光绪十四年

二月十三日，赵元益还萧穆《昭昧詹言》六本。

二月二十五日，寄宁波薛福成《吴殿麟集》。

二月二十八日，代王先谦校南山文。

三月初七，向在安徽大通的李宗煝寄姚选《四书文》三本。

六月二十六日，向在东京的黎庶昌寄方宗诚杂著、文集等书。

九月十五日，向在东京的黎庶昌寄《望溪集》一部。此集似六月间在南京购买。

光绪十五年

三月初三，送方兰坨《惜抱轩十种》。

四月十一日，寄送黎庶昌《古文辞类纂》《广列女传》《孟涂集》等。

光绪十七年

十月二十四日，托瞿昂来带姚鼐评点《汉书》到欧洲。

光绪十八年

六月初三，在上海。到文瑞楼书坊买李刻《惜抱轩十种》送刘麟祥。

附录8　萧穆所见路过上海的桐城或桐城派文人辑录

同治十二年

十二月十六日，见徐宗亮，“昨自苏州过此回皖也”。

同治十三年

五月初四，马心锴自天津来。

光绪五年

四月初八，马端甫来送女及婿至天津。

光绪九年

三月二十七日，张裕钊过访，“谈久之，伊将就保定书院讲席也，并以其门生海宁查燕绪所刻其《濂亭文集》二本见赠”。

光绪十年

三月二十八日，方柏园“由苏入京，续完姻事，来访，与谈”。

十月初二，王先谦由长沙入京供职，道过上海，来访，“引至洋枪楼等处一看”。

光绪十三年

四月初二，范当世来访，四月五日乘轮船到天津，再转冀州。

六月二十二日，姚永朴自天津回桐城，途经上海，萧穆与谈。

光绪十六年

五月初七，姚永朴“由京过访”。

光绪十八年

三月二十四日，姚永朴来访，“伊时就马生复恒之馆，将附轮往天津”。

四月初四，忽遇邑友徐宗亮，“同至其佛照楼寓，谈话良久。盖自伊到黑龙江一别，今八年矣。伊现又将往天津谋馆事也”。

六月十六日，姚康平来访，“伊将往天津，过此也。与谈邑中各相知近事，久之乃去”。

十二月十六日，同乡汪石坡来，“以石印海峰赠其祖汪宝书七言古诗手迹及近名人题跋十五则见赠，与谈久之。因告旅费已尽，乃以洋两元送之。又其兄菊坡名如金，以优贡得教职，现游幕于金陵”。

光绪十九年

十月二十五日，徐宗亮子徐次德“自天津回，来见，并致其父徐椒岑兄及吴挚甫兄两信。挚兄并以石印《尚书定本》十册见赠”。

光绪二十年

五月二十九日，同乡张世俊（辅弼）之子爱勛来，“托觅抄书事。旋去。属其明日送字来看”。

六月十一日，张世俊送所抄《湛然居士集》一本，萧穆为他在馆中借屋一间，“权住抄书，待之将来”。

九月十四日，接马其昶自京中寄信，“乃邑人阮耀甫便带，乃下楼晤耀甫，谈话京中及津门家乡诸人事，久之乃去”。

九月二十日，同乡张介（小唐）来访，“伊此二三年均在湖北张香涛制军处当差，今奉香帅命到此办公务也”。

光绪二十五年

十月十二日，同乡李光炯、章从龙“自保定及天津回家，见访。李生为挚甫带信及吴刻《古文辞类纂》黄白纸各一部见交，将为石印照本。李生名德膏，即亡友云村之子，丁酉举人”。

附录9　萧穆为黎庶昌编刊《续古文辞类纂》事迹辑录

光绪十五年

三月二十七日，写信给黎庶昌，并同寄写工所写样稿二十多页。同日收到王心如转来的黎氏俸洋十四元六角半。

四月十一日，“将寄莼斋《古文纂》三本、《广列女传》、《孟涂集》、《甘泉乡人稿》及写《古文》样本二起，封为一大包送交文报局”。

四月二十五日，寄黎庶昌信、书三种。二十八日，收到黎氏洋十四元。中间回桐城。六月十五日，寄黎氏信并《古文》三十多页写样。

六月二十七日，收到黎氏信件及写本二件，二十九日萧穆到文报局寄黎氏信及写本三件。在王心如处取薛氏所付五、六、七月三月俸洋共四十五元。

七月十一日，将黎庶昌汇款兑三百元交李刻工（李光明）。

八月二十六日，“早间李光明来谈话，并示写刻之书，旋去。余亦旋出门，至刻字处看所刻《续古文辞类纂》之板，并嘱其四面之线宜宽”。

九月九日，阅宋、汪二写工所写《古文》写样。

九月二十二日，收黎氏八、九两月俸洋二十九元四角，大钱二十四文。十月初五，收黎氏款洋二十元，作为写工数月饭食之用。

十二月十二日，取两月俸洋五十六元，支黎氏俸洋十二元。“晤王心如，伊发莼斋三月俸洋四十四元”。

光绪十六年

闰二月二十日，寄南京李光明信及黎庶昌所校“刻样”四本、“写样”半本。

闰二月二十一日，到王心如处领黎氏两月俸洋二十九元八角，又大钱二十四文。

闰二月二十八，寄黎庶昌“写文样及刻中样本各一卷”。

三月初三，到元源庄为黎庶昌兑曹平银三百两与李刻工（李光明），又支洋十二元处理杂事。

三月初四，接黎庶昌校“刻样”一卷。三月二十五日，接黎庶昌信及“二校刻样一卷”。

五月初三，寄黎庶昌信、李光明账及“初刻《古文》廿六八卷”（原文如此，或是：廿六至廿八卷）。初十，寄黎氏二次校刻《古文》三卷。

五月二十三日，寄黎庶昌校样三卷六本；五月二十五日，写信给李刻工、汪写工，又收到李光明寄修改《续古文辞类纂》六卷。

七月初一，写信给黎庶昌，又寄李刻工（李光明）黎氏校样三本，并将银二百三十一两属元源庄汇兑金陵。

十月初九，将李光明寄来的修改《古文》十四册寄黎庶昌；十八日寄李光明《古文》十卷校样。

十一月二十六日，“晤王心如，云莼斋款俸本以本月十八日停止，今接来信十二月廿日方能交卸，此两月俸仍可照常”。在元源庄领取三十元。

附录10　萧穆为薛福成编刊书籍事迹辑录

光绪十六年

二月初十，寄宁波童惠甫已校《庸庵文续编》上卷。

十月初一，接童惠甫寄《庸庵文续编》初印本三十部。次日以十二部寄薛福成(其时在伦敦)。

十月二十二日，接到薛福成七月十四日、二十日英国伦敦信，并收到送萧穆子娶妻贺礼洋四十元。

光绪十七年

七月十六日，收到童惠甫所寄《庸庵文续编》板片两捆。

九月二十日，收到无锡薛南溟(薛福成长子)所寄《庸庵文编》二部，薛福成汇兑洋票一百元。

十月二十四日，写信给薛福成、赵元益(其时在伦敦)，“乃将《三省黄河图》及《白诗》、《徐集》、姚评点《汉书》本分作两包”，托瞿昂来带西洋交薛、赵。

光绪十八年

正月初四，在上海收到薛福成上年十一月二十日自巴黎来信。

二月二十一日，“到文报局，接薛叔耘星使信并所著《出使英法比意四国日记》两部，一托刊板，一托石印，又寄英洋四十元。……到醉六堂书坊……以薛公日记交(吴)申甫一部托为石印”(寄信时薛氏在巴黎)。二十二日，寄童惠甫薛氏日记。

三月初三，萧穆到吴申甫书坊看石印薛福成日记写样；初十，寄宁波童氏五册薛氏日记。

三月三十日，接薛福成二月十九日自巴黎所寄信。

四月初九，写信寄薛福成(其时在巴黎)，同时又寄童刻工所写《四国日记》一卷。

四月二十三日，寄薛福成(其时在巴黎)信，并同寄写本日记第二卷。

六月初七，到醉六堂取石印《薛福成日记》十部；初八，收到童惠甫写《四国日记》两卷；十二日，将此两卷寄薛福成；十四日，寄薛氏两部石印日记。

闰六月初五，写信并寄薛福成(其时在巴黎)日记两本。

七月二十五日，取薛福成所校《四国日记》写本第一卷再校，寄童惠甫，属其改补上板。

八月二十一日，接薛福成七月十二日在伦敦(以下至光绪十九年，薛氏在伦敦)发信以及所校日记第二卷第一本。

八月二十五日，给薛福成等写信，又校薛氏日记两页附日记一卷寄童惠甫。

十月十三日，寄薛福成信、日记卷一刊本及相阳宅书。

十月十五日，寄童惠甫信及薛氏刻书洋五十元(童氏书坊或名千顷堂)。

十月二十四日，薛福成子薛南溟等来，送新印《庸庵文编》六十部，以十部赠送，"五十部转寄李氏"。李氏或是李宗焻。

十二月初九，寄薛福成信以及刊本日记卷二。

十二月十三日，代薛福成寄童惠甫洋三十元，十九日又寄二十元。

光绪十九年

正月二十八日，接薛福成信并收所赠洋五十元。

三月十一日，寄薛福成信并附日记卷三刊本。

三月十九日，写信并寄薛福成新刊日记第四卷。

三月二十三日，代薛福成寄宁波童惠甫工洋四十元。

四月初三，寄薛福成信以及新刊日记第五卷。

四月二十五日，寄薛福成信和新刊日记卷六。又致信童惠甫并寄已校刊本日记卷二，同时将十九日所收书洋四十元转寄童氏。

五月初三，代薛福成寄童惠甫刻书洋廿六元。

五月二十一日，收到薛福成四月十六日自伦敦寄信、自校《庸庵文外编》四卷。薛氏嘱付刻工"照缮"。

六月二十六日，寄童惠甫《庸庵文外编》后二本。

七月初七，收薛福成五月二十六日自伦敦所寄信并校新刊本日记三、四两册。十一日，萧穆将日记刻样转寄童惠甫。

九月十日，寄薛福成信并附黎庶昌文集二本。

九月二十二日，将薛福成校刊本日记卷五、卷六两本寄童惠甫，嘱付刻工修补板片。

十月初一，收到薛福成八月十八日自伦敦所寄信以及所作《黎庶昌文集》序一篇，并赠中秋节洋五十元。

十月十四日，取薛福成写书洋三十元。

十一月二十七日，收到童惠甫初印薛福成《四国日记》两部，书板已寄朱槐卿处。廿八日，寄薛福成石印黎氏所撰序文一分。

十二月二十一日、二十二日，为薛福成校《庸庵文编》《庸庵文外编》各一卷后，寄宁波童刻工上板。

十二月二十五日，收薛福成（其时在伦敦）赠英洋五十元及印书洋三十元。

光绪二十年

二月初九，到醉六堂，欲石印《庸庵文编》出售。

三月二十四日，接薛福成二月十二日自巴黎寄信及奏议一本①。

四月初五，收到童惠甫寄所刊《庸庵文外编》第一卷。

六月初二，萧穆访五月二十八日自西洋归国暂居上海的薛福成。

六月十二日，接童惠甫寄所刊《庸庵文外编》三、四两册。

六月十四日，萧穆见薛福成，代两书坊领费用，到汇丰银行取出六百五十六元，其中三百五十六元五角付醉六堂，三十九元多代付江左书林，以二百元付刻工及印书之用，以六十元作为萧穆酬金。后于十九日到扫叶山房付印书洋三十六元。

六月十四日，薛福成以《浙东筹防录》百部付醉六堂、二十部付江左书林、四十一部交萧穆。

---

① 薛福成在海外行踪，据蔡少卿整理《薛福成日记》(吉林文史出版社，2004年)确定。

引用文献目录

（本书所引用论著，按作者姓名汉语拼音音序排列）

A

［美］爱德华·希尔斯著，傅铿、吕乐译《论传统》，上海人民出版社，2009年。

B

［美］彼得·M.布劳著，李国武译《社会生活中的交换与权力》，商务印书馆，2008年。

C

陈才智《中国传统文化中诗歌流派范畴的理论性建构》，《河北大学学报》2018年第2期。

陈鸿森《朱文藻年谱》，《古典文献研究》第19辑下卷，凤凰出版社，2017年。

陈文新《中国文学流派意识的发生和发展》，武汉大学出版社，2007年。

D

戴廷杰《戴名世年谱》，中华书局，2004年。

丁日初主编《上海近代经济史》第一卷（1843—1894），上海人民出版社，1994年。

董建《印象：与印章有关的人和事》，合肥工业大学出版社，2014年。

[美]杜赞奇著，王福明译《文化、权力与国家：1900—1942年和华北农村》，江苏人民出版社，1994年。

F

方苞著《方苞全集》第8册，复旦大学出版社，2018年。

方东树撰，汪绍楹校点《昭昧詹言》，人民文学出版社，1961年。

[法]费尔南·布罗代尔著，刘北成、周立红译《论历史》，北京大学出版社，2008年。

费孝通《基层行政的僵化》，《费孝通文集》第四卷《乡土重建》，群言出版社，1999年。

G

郭立暄《中国古籍原刻翻刻与初印后印研究》，中西书局，2015年。

H

汉娜·梅雷托亚《叙事与人的存在：本体论、认识论和伦理学》，《新文学史》第3辑，浙江大学出版社，2020年。

胡恒《皇权不下县？——清代县辖政区与基层社会治理》，北京师范大学出版社，2015年。

胡英泽、张俊峰主编《区域社会史研究读本》，中国社会科学出版社，2018年。

J

江瀚撰，郑园整理《江瀚日记》，凤凰出版社，2017年。

江庆柏主编《江苏艺文志·南通卷》（增订本），凤凰出版社，

2019 年。

江庆柏编著《清代人物生卒年表》，人民文学出版社，2005 年。

蒋寅《海内论诗有正宗，姬传身在最高峰：姚鼐诗学品格与渊源刍论》，见《文艺理论研究》2015 年第 5 期。

K

[美]肯尼思・J. 格根著，杨莉萍译《关系性存在：超越自我与共同体》，上海教育出版社，2017 年。

L

黎庶昌著，黎铎、龙先绪点校《黎庶昌全集》，上海古籍出版社，2015 年。

李诚著《李诚全集》下册，海天出版社，2019 年。

李发根《荒地、巨镇与村落：国家意志与近代安徽和悦洲的百年轮回》，《中国历史地理论丛》2018 年第 2 辑。

李兰芳《刘大櫆十卷本〈唐宋八家古文约选〉考论》，《古籍研究》2021 年下辑，凤凰出版社，2021 年。

李文杰《中国近代外交官群体的形成(1861—1911)》，生活・读书・新知三联书店，2017 年。

理查德・桑内特著，李继宏译《匠人》，上海译文出版社，2015 年。

梁元生著，陈同译《上海道台研究：转变社会中之联系人物，1843—1890》，上海古籍出版社，2003 年。

刘声木撰，徐天祥点校《桐城文学渊源考撰述考》，黄山书社，1989 年。

M

[英]莫尔・利《编织时光的手艺：时间投入在当代西方手工艺中的价值》，见《碧山》第 6 期，中信出版社，2015 年。

N

［挪］诺伯舒兹著，施植明译《场所精神：迈向建筑现象学》，华中科技大学出版社，2010年。

O

欧明俊《“文学”流派，还是“学术”流派——“桐城派”界说之反思》，《安徽大学学报》2011年第6期。

P

潘务正《王士禛与桐城诗学》，《安徽大学学报》2015年第6期。

Q

钱穆《新亚遗铎》，生活·读书·新知三联书店，2004年。

钱穆《中国学术通义》，九州出版社，2011年。

钱穆讲授，叶龙记录整理《讲学札记》，北京联合出版公司，2014年。

秦宗财《明清文化传播与商业互动研究》，学习出版社，2015年。

裘陈江、杨奕望《“输入泰西医学之一大关键”：赵元益及其江南制造局翻译馆的译书事业》，《中国出版史研究》2020年第3期。

渠敬东《探寻中国人的社会生命：以〈金翼〉的社会学研究为例》，《中国社会科学》2019年第4期。

R

［法］让-诺埃尔·卡普弗雷著，郑若麟译《谣言：世界最古老的传媒》，上海人民出版社，2018年。

S

上海图书馆编《江南制造局翻译馆图志》，上海科学技术文献出版社，2011 年。

苏精《清季同文馆及其师生》，福建教育出版社，2018 年。

孙文杰《清代图书市场研究》，武汉大学博士学位论文，2010 年。

T

桐城市地方志办公室编《桐城掌故菁华》，黄山书社，1997 年。

W

汪孔丰《三种稀见刘大櫆〈小称集〉及其文献价值》，《文学遗产》2018 年第 4 期。

汪祚民《〈古文辞类纂〉李刻本校勘原委与学术价值》，《安庆师范学院学报》2009 年第 5 期。

王达敏《论桐城派的现代转型》，《安徽大学学报》2015 年第 6 期。

王达敏《姚鼐与乾嘉学派》，学苑出版社，2007 年。

王汎森《权力的毛细管作用：清代的思想、学术与心态》，台北联经出版事业股份有限公司，2013 年。

王珂编《薛福成年谱》，2001 年自印本。

王韬著，汤志钧、陈正青校订《王韬日记》（增订本），中华书局，2015 年。

王韬著，钟叔河整理《漫游随录》，岳麓书社，1985 年。

王先谦著，梅季标点《葵园四种》，岳麓书社，1986 年。

王园园《桐城萧穆与章学诚〈章氏遗书〉谋刻考略》，《经学文献研究集刊》第 24 辑，上海书店出版社，2020 年。

吴杰《中国近代国民经济史》，人民出版社，1958 年。

吴汝纶《吴汝纶全集》第4册，黄山书社，2002年。

［日］武义内雄《桐城派之圈识法》，朱修春主编《桐城派学术档案》，武汉大学出版社，2016年。

X

夏曾佑《夏曾佑集·日记》，上海古籍出版社，2011年。

萧穆著，项纯文点校《敬孚类稿》，黄山书社，2014年。

萧穆辑《萧敬孚丛钞》，《晚清四部丛刊》本。

徐成志主编《桐城派大辞典》，商务印书馆，2019年。

徐学林《徽州刻书》，安徽人民出版社，2005年。

徐雁平《贬抑桐城派的众声及其文学史意义：以"局外人"日记为考察范围》，《南京大学学报》2019年第3期。

徐雁平《"文献集群"与近代文学研究的新拓展》，《文学遗产》2022年第3期。

徐雁平《论桐城可作为清代地域文化研究的范本：以世家联姻与文献编刊为例》，《安徽史学》2019年第4期。

徐雁平《批点本的内部流通与桐城派的发展》，《文学遗产》2012年第1期。

徐雁平《清代的书籍流转与社会文化》，南京大学出版社，2021年。

徐雁平《桐城文章中"尚有时世"：以同光年间莲池书院之讲习为中心》，《清代文派与文体论丛》，凤凰出版社，2021年。

徐雁平《用书籍编织世界：黄金台日记研究》，《学术研究》2015年第12期。

徐雁平编著《清代文学世家姻亲谱系》，凤凰出版社，2010年。

许静波《〈朱槐庐行述〉整理并序》，《中国出版史研究》2020年第1期。

许静波《石头记：上海近代石印书业研究（1843—1956）》，苏州大学出版社，2014 年。

薛福成著，蔡少卿整理《薛福成日记》，吉林文史出版社，2004 年。

Y

杨抱朴《刘熙载年谱》，辽海出版社，2017 年。

尧育飞《秘本与桐城派古文秘传》，《文学遗产》2021 年第 6 期。

姚鼐编，黄鸣标点《古文辞类纂》，中华书局，2022 年。

姚鼐撰，卢坡点校《惜抱轩尺牍》，安徽大学出版社，2014 年。

姚濬昌《叩瓴琐语》附《五瑞斋遗文》，民国铅印本。

姚永概《姚叔节先生文存》，国家图书馆藏抄本。

姚永朴著，张仁寿校注《旧闻随笔》，黄山书社，2011 年。

袁昶著，孙之梅整理《袁昶日记》，凤凰出版社，2018 年。

Z

张耕华、李永圻著《吕思勉先生年谱长编》，上海古籍出版社，2012 年。

张旭等编著《陈衍年谱》，福建人民出版社，2020 年，第 66 页。

张桃洲《诗人的“手艺”：一个当代诗学观念的谱系》，《文学评论》2019 年第 3 期。

张学谦《关于宋蜀大字本〈孔子家语〉及其衍生版本的考察》，《中国典籍与文化》2017 年第 2 期。

张裕钊著，王达敏校点《张裕钊诗文集》，上海古籍出版社，2007 年。

张知强《桐城派的“义法”实践与古文删改》，《文学遗产》2019 年第 5 期。

张仲礼主编《近代上海城市研究（1840—1949 年）》，上海人民出版社，2014 年。

张仲礼著，费成康、王寅通译《中国绅士的收入》，上海社会科学院出版社，2001 年。

赵宗抃《近代儒林传·萧敬孚先生》，《语林》第 1 卷第 2 期，1945 年 1 月。

郑伟章《文献家通考》，中华书局，1999 年。

周德明、黄显功主编《上海图书馆藏稿抄本日记丛刊》，国家图书馆出版社，2017 年。

后　记

论清代读书人日记内容之丰富，在李慈铭日记外，当推萧穆日记。萧穆日记及萧穆其他著述，长时间以稿本形态收藏于上海图书馆，几乎无人利用。在我利用萧穆稿本日记影印本之前，似乎只有法国戴廷杰查阅过萧穆稿本日记，这从他的《戴名世年谱》（2004）所收“戴名世先生后谱稿”中可见。在我利用这一日记写出第一篇文章发表后，也只看到青年学者王园园梳理萧穆日记，研究萧穆与章学诚《章氏遗书》的关系（2020）。我相信，这部日记整理本（整理者蒋明恩、黄晨晨）在今年或明年由凤凰出版社出版后，一定会推进桐城派以及晚清相关文史专题研究。

萧穆日记如此繁富的记载，既让我兴奋，同时又让我倍感压力：如何有效、独辟蹊径地处理这些信息？如何充分揭示？如何思考、体验萧穆的人生或所处的社会？直到现在，当我看完书稿一校样后，这一问题并未理想地解决，欣喜之余，不可避免的遗憾也再次伴随滋生。

我研究萧穆稿本日记的大致流程是先将影印本日记拍照，然后在电脑上逐页阅读，做摘抄，前后一共作了八册笔记；再做索引，写设想。开始时顺利，利用自己的第一、第二册笔记写出论文《中国古代文学流派的桐城模式：基于萧穆咸同时期日记的研究》（见《文学评论》2020 年第 3 期）初稿，有近四万字。后来发表的版本，是由博士生刘文龙帮我删减调整，现在恢复原初的版本，并适度吸收杂志本的表述。这篇论文的完成，自觉是写作研究中的一次小飞跃，因而对整个萧穆日记研究充满期待。然情况很快发生变化，2019 年初我开始服务文学院本科教学管理工作，这份公益性的工作，难度和琐碎远超预期，因为是本科生的教学，更不能大意。三年之间，基本上不能写较有系统的文章，零星时间，只能是摘抄影印本日记，再利用笔记，做多种专题卡片。就是这样的整理资料，也不能连续，往往是三五个月的中断后才能回到萧穆的世界；而再面对萧穆日记，又要用不少时间温习才有感觉。到 2021 年 10 月之后，当服务工作即将到期，“曙光”初现时，开始写现在书中的第四章，再写第二、三章。续写的感觉，虽然感觉内容还算充实，然欣喜之感，已经大不如开始了。这三年，好像一切都变了。然写作中还是有一点意外收获，我能在阅读与写作中体会萧穆的人生了，有时甚至感觉他的人生轨迹或人生体验，虽过百年，仍与我有部分重合或相似；此前几年，在研究浙江平湖黄金台的日记时，我似乎发现了我远在湖北浠水农村生活的父亲的影子。就是说，通过读这些底层读书人的日记，我在理解他们之外，也在尝试理解自己，理解自己周边的人，范围稍大一点，就是理解身处的社会与时代；再进一层，我有幸凭借这些有温度的文献，细看他人人生的一大部分，贴近地思索人生的意义。

像“后记”这样长度的文字，我可以在电脑上写；然三五千字的文章，我无法在电脑上完成。我的文章、书稿，包括这次的书稿，都是写在纸上，然后由我妻子录入，我再在电脑上初步调整，打印出来修改。这是我的焦虑症之外的依赖症。依赖症似乎还在发展。构思文章、写文章，我很高兴；改文章、校对文章，则有点惧怕，因为看自己的文字，总不如看别人的文字时“眼光毒”。近十年来，硕、博士生组成的读书会对我的文章有较猛烈的、建设性的批评。对这个自己精心培育的读书会，我现在是既爱又怕。这本小书中的两篇，在读书会中反复讨论过；书稿校样，因杨珂、高惠、何振、张德懿、丁思露、胡钰、张圣斓、谢葆塘投入校对，使其面目一新。现在凡是较重要的文字，若不经过读书会讨论，真是有些忐忑。毫无疑问，这是依赖症的表征。书稿质量的提升，当然还要请责编陈晓清老师把关。陈老师在看校样时，通过很有效的办法，发现了潜在的问题，提示我校稿的用力方向，在此向这位众多作者可以依赖的编辑老师表示诚挚的谢意。

2023 年 5 月 7 日，南大和园，其时窗外鸟鸣清脆。